基础教育
国际比较研究丛书

Series of
International and
Comparative Studies on
Basic Education

顾明远　主编

合作共生：
美国的U-S伙伴协作

Cooperation and
Symbiosis：

University–School Partnerships

in the United States

张永军 ──────── 著

上海教育出版社
SHANGHAI EDUCATIONAL
PUBLISHING HOUSE

总　序

2020年注定是人类历史上不平凡的一年，新冠疫情的爆发改变了世界发展的基本格局。一些国家保守主义、单边主义抬头，逆全球化思维盛行；但更多国家和国际组织呼吁全球应加强合作，共同抗击疫情并抵制疫情给世界各国社会、经济、教育等不同领域带来的不良影响。受疫情的影响，不少国家因通信基础设施薄弱已出现了学习危机，加之疫情影响导致的经济危机势必影响很多国家的教育投入，进而加剧教育不平等的现象。此外，疫情期间不少国家不断爆出的种族歧视、隔阂言论和行为，给世界和平和发展带来了潜在的风险。为此，2020年联合国教科文组织"教育的未来"倡议国际委员会发布了《新冠肺炎疫情后世界的教育：公共行动的九个思路》(Education in A Post-COVID World：Nine Ideas for Public Action)，特别强调要加大教育投入，保障公共教育经费，同时呼吁"全球团结一心，化解不平等。新冠肺炎疫情解释了权力不均和全球发展不平等问题。各方应重新倡导国际合作，维护多边主义，以同理心和对人性的共同理解为核心，促进国际合作和全球团结"。[1]

事实上，全球教育发展面临的挑战远非如此。回

---

[1] International Commission on the Futures of Education, UNESCO. Education in A Post-COVID World：Nine Ideas for Public Action［R/OL］.［2020-06-24］https://unesdoc.unesco.org/ark:/48223/pf0000373717/PDF/373717eng.pdf.multi.

顾人类社会进入21世纪以来，经济的快速发展和科技的日益进步的确给教育的发展带来了很大的变化，"经济增长和创造财富降低了全球贫穷率，但世界各地的社会内部以及不同社会之间，脆弱性、不平等、排斥和暴力却有增无减。不可持续的经济生产和消费模式导致全球气候变暖、环境恶化和自然灾害频发……技术发展增进了人们之间的相互关联，为彼此交流、合作与团结开辟出了新的渠道，但我们也发现，文化和宗教不宽容、基于身份的政治鼓动和冲突日益增多"。[1]这些全球可持续发展的危机已然给世界各国的教育提出了巨大的挑战。为此，联合国教科文组织特别重申了人文主义的方法，强调："再没有比教育更加强大的变革力量，教育促进人权和尊严，消除贫穷，强化可持续性，为所有人建设更美好的未来，教育以权利平等和社会正义、尊重文化多样性、国际团结和分担责任为基础，所有这些都是人性的基本共同点。"[2]

对此，中国政府一直高度赞同并积极行动，响应国际社会的号召。我们以习近平总书记提出的"人类命运共同体"和"文化交流互鉴"的思想为指导，坚持教育对外开放，积极地开展各项国际教育交流与合作活动。日前，《教育部等八部门关于加快和扩大新时代教育对外开放的意见》也明确指出，要"坚持教育对外开放不动摇，主动加强同世界各国的互鉴、互容、互通，形成更全方位、更宽领域、更多层次、更加主动的教育对外开放局面"。[3]为此，我们需要更加深入地研究各国教育改革的最新动向，把握世界教育发展的基本趋势。

北京师范大学国际与比较教育研究院作为教育部普通高等学校人文社会科学重点研究基地，始终围绕着世界和我国教育改革与发展的

---

[1] 联合国教育、科学及文化组织.反思教育：向"全球共同利益"的理念转变［M］.巴黎：联合国教科文组织，2015：9.

[2] 同上：4.

[3] 教育部.教育部等八部门全面部署加快和扩大新时代教育对外开放［R/OL］.（2020-06-18）［2020-06-24］. https://www.xuexi.cn/lgpage/detail/index.html?id=12928850217812069436&amp；item_id=12928850217812069436.

重大理论、政策和实践前沿问题开展深入研究。此次组织出版的"基础教育国际比较研究丛书"共10本，既有国别的研究，涉及英国、美国、法国、加拿大等不同的国家，也有专题的研究，如基础教育质量问题、英才教育等。这些研究均是我院教师和博士生近年来的研究成果，希望能帮助从事基础教育工作的教育决策者和实践者开拓视野，较为深入准确地把握世界教育发展的前沿问题，以更好地促进我国基础教育新一轮的深化改革。在出版过程中，我们得到了上海教育出版社的大力支持，特别是此套丛书的负责人袁彬同志和董洪同志的大力支持，具体负责每本书的编辑不仅工作高效，而且认真负责，在此一并感谢！

2020年6月24日
于北京求是书屋

目　录

第一章

导　论

自20世纪70年代以来，世界范围内广泛兴起了大学与中小学的合作实践活动。近年来，我国在这方面也取得了一些进展，但是总体上并不深入，范围也比较小。为此，有必要对这一问题进行深入的研究。从已有研究文献来看，目前对该问题的研究虽然取得了一些成果，但是在研究深度上还存在很大不足，所以还有很大的研究空间。本书以吉登斯（Anthony Giddens）的结构化理论为分析工具，试图通过对美国大学—中小学伙伴协作（在英文中，"大学"对应的单词一般为"university"，"中小学"对应的单词一般为"school"，大学—中小学伙伴协作通常称"U-S伙伴协作"，以下用这一简称表示"大学—中小学伙伴协作"）的研究，为我国大学与中小学的合作提供借鉴。

第一节

研究问题

本研究的缘起主要有三个方面：一是基于对教育改革的观察；二是基于笔者自我经历的反思；三是基于美国的成功实践。在研究内容方面，主要包括美国大学—中小学伙伴协作的兴起、模式、策略分析与启示等；在研究意义方面，本书除了为我国大学与中小学的合作实践提供一些借鉴外，也为大学与中小学的合作理论建构提供一些思路。

一、研究的缘起

任何学术研究都有特定的起因，或是出于研究者的兴趣，或是出于对社会现实的观照，或是出于有关机构的委托等。本书的研究主要出于三个方面的考虑。

第一，对教育改革的观察。按照教育目的、教育内容等对学校进行层次分级，是现代教育制度的一个重要特点。自学校教育形成以来，这种分级对学校教育的发展与进步产生了巨大影响。然而，随着现代化进程的加速发展，这种分级的弊端也逐渐凸显出来。例如，各级学校之间事无巨细的分工导致彼此之间的隔阂越来越大，相互之间的交流和联系也越来越少，甚至在大学与其附属中小学之间也是如此。大学与中小学之间这种"老死不相往来"的现象，不仅对教育的连续性造成了很大破坏，而且影响了大学与中小学的健康发展和学生身心的健康发展。以我国为例，很长时间以来，大学与中小学之间的联系基本上局限于"高考"这个纽带，很少有其他更加密切的往来。结果导致很多高中学生在升入大学之后的很长一段时间内都很难适应大学的生活，甚至还出现了一些极端的现象。与此同时，大学教师也常常抱怨：现在学生的素质怎么越来越差了？

与其他许多国家一样，我国自20世纪70年代以来也开始对大学与中小学的合作问题给予了关注。不过，直到进入21世纪后，我国大学与中小学的合作才开始"精密合作"和"全面合作"[1]，特别是近年来，这样的合作已经引起多方面的重视。

---

[1] 王恒.我国大学与中小学合作机制研究[D].北京：北京师范大学，2011.

首先，从国家政策层面来看，大学与中小学之间的合作有了政策上的依据。其重要的体现是2010年7月底颁布的《国家中长期教育改革和发展规划纲要（2010—2020年）》（以下简称《纲要》）明确提出，"树立系统培养观念，推进小学、中学、大学有机衔接，教学、科研、实践紧密结合，学校、家庭、社会密切配合，加强学校之间、校企之间、学校与科研机构之间合作以及中外合作等多种联合培养方式，形成体系开放、机制灵活、渠道互通、选择多样的人才培养体制"。[1]《纲要》虽然没有明确提出大学与中小学之间要加强"合作"，但其中的"系统培养""有机衔接"等核心概念和大学与中小学协作的基本观念显然是一致的。

其次，从学术理论层面来看，有关大学与中小学合作的研究也有逐步增加的趋势，特别是关于大学与中小学合作模式的"教师专业发展学校"（professional development school，简称PDS）已经成为学术界的一个研究热点。除此之外，一些学术研讨会议也对大学与中小学的合作问题给予了积极关注。例如由香港中文大学卢乃桂等学者倡议发起的海峡两岸暨香港澳门"学校改进与伙伴协作"学术研讨会，自2006年6月在香港中文大学举办首届以来，到2018年已经成功举办了十届（第二届于2007年在华东师范大学举办，第三届于2009年在澳门大学举办，第四届于2010年在首都师范大学举办，第五届于2011年在西北师范大学举办，第六届于2012年在台湾教育研究院举办，第七届于2013年在东北师范大学举办，第八届于2014年在浙江大学举办，第九届于2016年在香港中文大学举办，第十届于2018年在华东

---

[1] 国家中长期教育改革和发展规划纲要领导小组办公室.国家中长期教育改革和发展规划纲要（2010—2020年）[M].北京：人民出版社，2010：37.

师范大学举办），而且影响逐渐扩大，一些重要媒体（如《光明日报》《中国教育报》以及新华网、中国教育网和各大门户网站等）专门做了报道或转载。这充分说明，大学与中小学之间的合作不仅已经被学术界关注，而且也成为全社会关注的一个重要问题。

最后，从教育实践层面来看，我国大学与中小学之间的合作范围与领域近年来正逐渐扩大。典型的如北京师范大学的"教育创新区实验"建设项目、香港中文大学的"香港跃进学校计划"和"优质学校改进计划"、东北师范大学的"优质学校"建设项目、华东师范大学的"新基础教育"、首都师范大学的"教师发展学校"、江西师范大学的"1+100"协作共同体以及"河南师范大学—省级示范高中协作共同体"等。除了这些举措之外，近年来大学与中小学开展的合作研究、院校合作培训教师也非常普遍，如"国培计划"等。

当前我国大学与中小学的合作之所以受到如此关注，既是客观因素使然，也是大学与中小学的一种主动选择。以前，大学普遍认为中小学只是一个"训练场"，对其"不屑一顾"；而中小学总是把大学想象成一座"象牙塔"，认为其"高不可攀"，所以两者自然不会有密切的往来，最多也只是大学以"教练"或"裁判"的角色对中小学进行"指手画脚"。然而，随着高等教育大众化向普及化方向迈进（按照《纲要》，2020年高等教育毛入学率要达到40%）以及人才强国战略的推进，如果大学依然那么"傲慢"，中小学依然那么持有"偏见"，那会阻碍各自的发展和国家战略目标的实现。这是因为，对大学而言，生源质量是决定大学质量的一个重要因素，而如何保证自己所招收的学生有可靠的素质保障，就成为一个非常现实的问题（否则每年的高考过后就不会有生源"抢夺战"了）。而随着高等教育规模的跨越式发展和类型的多元化发展，以及大学入学制度的多方向改革，大学入学的竞争自然会减小（当然，上好大学的竞争依然激烈，但毕竟顶尖大学就那么几所，大多数大学之间的差距并不是很大），所以激励会相对减弱，这在一定程度上会影响生源质量。因而，大学必须"走出象牙塔""走进中小学"，真切地去关心中小学的发展，从而从源头上保证生源质量，这是比较理想的一种做法。否则，大学的发展就会受到影响，因为高等教育的未来发展趋势是学生选择大学，而不是大学选择学生。同时，中小学也需要根据大学新的入学标准来调整教学，然而，如何调整？怎样调整？如果没有与大学的沟通与合作，只是根据"以往的入学考试试题"去"猜测"或"自以为是"，只凭经验办学，中小学的发展会受到很大的限制。

从国家的人才发展战略来看，加强大学与中小学之间的合作是培养杰出人才的基本保证。首先，人才培养本身是一个系统工程，如果像过去一样，仍然还停留在"头痛医头，脚痛医脚"的单线思维，那么钱学森先生提出的"为什么我们的学校总是培养不出杰出人才"的问题还会被继续"问下去"。我国近年来的教育改革虽然取得了一些成就，但是无论是基础教育的课程改革还是高等教育的培养模式改革，与社会预期还是有差距，这不能说与我们的单线思维没有关系。正因为如此，如上文所述，《纲要》明确提出了要树立"系统培养观念"。这就是说，人才培养将不再仅仅是大学的责任，也是中学、小学和幼儿园的责任。只有真正做到"教育从娃娃抓起"，以系统化的思维来进行教育的改进或改革，才能从根本上解决"钱学森之问"。而落实《纲要》的这一指导思想，就必须加强大学、中学、小学、幼儿园等整个教育系统中的相互联系与合作，只有这样，才能实现人才强国的战略目标。对上述现象的观察与思考，成为本研究的缘起之一。

第二，对自我经历的反思。大学与中小学的合作问题之所以进入我的研究视野，与我的求学经历与工作经历分不开。我的一位亲戚是教师，我读小学时，这位亲戚教过我。很早的时候，我的理想就是成为一名教师。1995年初中毕业后，我顺利考入一所地方著名的中等师范学校，进行了为期三年的职前学习。毕业后我被分配进入一所乡村中学任教。刚开始，我"中规中矩"地按照自己所学的教育教学知识进行教学，但是并没有取得理想的教学效果，后来在自我反思中发现，原来所学的很多东西其实在现实中并不完全行得通。为何会出现这样的情况，一直以来都是我思考的问题。因此也就有了我后来的继续深造。大学四年的学习生涯并没有解决我的问题，但让我明白，教育理论与实践的分离是教育学界的一个长期问题。在硕士研究生的三年学习中，我继续关注这一问题，同时也涉猎了这方面的一些论文与书籍，得到了很多启发。硕士研究生毕业后，我进入一家以中小学教师为主要读者对象的教育杂志社工作，杂志经常举办读者交流会和研讨活动，这促进了我对这一问题的进一步思考。正是长期以来对教育现实的观照与思索，我开始有了对大学与中小学合作问题的思考，因为在我看来，通过大学与中小学合作来解决教育理论与实践相分离的情况是值得尝试的方式。

第三，美国在大学—中小学合作方面的成功实践。美国大学与中小学之间的合作萌芽于19世纪末，有着悠久的历史和传统。从进步教育协会（Progressive Education Association，简称PEA）进行"八年研究"（1933—1940）教育实验以来，美国大学与中小学的合作发展取得了更加快速的发展。另外，据美国教育革新委员会（National Network for Educational Renewal，简称NNER）介绍，其建立的由学区、中小学和大学组成，旨在共同改进学校和培训教师的伙伴协作组

（NNER settings），在2011年已经达到24个，覆盖美国20个州，参与者中，大学达到42所，学区200多个，中小学1 000多所。[1]目前，在美国每个州的公立和私立教育机构中，都有这种类型的大学与中小学合作。[2]此外，美国的大学与中小学合作也形成了多种类型，既有一对一的合作，也有一所或多所大学与学区若干中小学校或全部中小学校之间的合作，还有多所大学与多所中小学校之间的合作；既有针对学生的合作，也有针对教师的合作，还有综合性的合作；既有教育科研方面的合作，也有教育技术、教育咨询方面的合作等。

总体来看，美国大学与中小学的这些合作类型在实践中均取得了积极的效果，而且被认为是解决美国大学与中小学面临的各种问题以及挑战的有效途径，包括促进教师的专业发展，提高教学质量，增加学习机会以及促进教育理论与实践的有效融合等。[3]而且自20世纪80年代以来，美国大学与中小学的合作在深度与广度上都得到了快速发展，二者的关系也不再止于简单的合作，而是形成了一种相互依赖的共生关系。

二、研究的内容

在20多年的发展中，我国的大学与中小学合作（以下简称"U-S合作"）实践在推动我国教育改革与发展，特别是教师教育发展与改革方面做出了积极的贡献，取得了一些成效。例如，香港中文大学和

---

[1] National Network for Educational Renewal. Fast Facts[EB/OL].[2011-10-19].http://www.nnerpartnerships.org/members/benefits/index.html.

[2] Armando Reinaldo Laguardia. A Study of the Success of School/College Partnerships Created to Improve Minority and Disadvantaged Student Enrollment and Success in Postsecondary Education[D]. Portland State University, 1995.

[3] Alison J. Nelson. Characteristics of a School-University Partnerships: A Grounded Theory Approach[D]. Illinois State University, 2006.

首都师范大学等开展的U-S合作实践，在学校改进、教师发展等方面成果显著。但是正如吴康宁教授所言："总体来看，我国U-S合作的状况十分参差不齐。只有为数甚少的合作达到了一定深度，实现了教育理论与教育实践的交互创生、大学与中小学的共同发展；相当数量的合作虽然历经多年，也有一定成效，但并未使大学教育科学研究与基础教育实践发生具有根本意义的变化；还有更多的合作则始终滞留于表面文章，热衷于形式包装。"[1]

具体而言，我国的U-S合作中存在的问题可以概括为三个方面。一是大学与中小学的角色定位不对等。从我国当前U-S合作整体现状来看，大学与中小学还没有形成一种完全平等的伙伴关系，双方的关系更像是"教练"与"运动员"的关系，所以合作主要还是一种单向活动。其中"一种是大学凭借其拥有的理论知识这种技术优势地位而凌驾于中小学之上，另一种是中小学以其拥有的实践知识优势在合作地位上超越大学"。[2]二是我国U-S合作的内容还比较单一。目前我国大多数的U-S合作主要以"促进中小学教师的专业发展"为出发点，所以合作内容主要集中在教师的培养、培训等方面。例如，政府主导的由师范院校对中小学教师、校长等人员进行的集中培训，部分师范院校开展的顶岗实习，大学教师和中小学教师开展的合作研究等，是较为常见的形式。对于以加强中小学与大学的衔接，扩大学生平等受教育机会，提高学校管理质量等为目的的合作还没有引起足够的重视。三是我国U-S合作的制度建设和文化建设还不健全。目前我国U-S合作的载体和联结方式，多数是以被称为"课题""计划"或

---

[1] 吴康宁.从利益联合到文化融合：走向大学与中小学的深度合作[J].南京师大学报(社会科学版)，2010（3）：5-11.

[2] 王恒.我国大学与中小学合作机制研究[D].北京：北京师范大学，2011.

"项目"的方式来组织实施的[1]，一旦这些"课题""计划"或"项目"结束，合作也就逐渐冷却下来，所以还没有一种长效保障机制。

研究我国U-S合作中的上述问题，从根本上也就是研究我国U-S合作如何有效运行的问题，因为无论是合作双方的不对等关系，还是合作内容的单一化，以及制度建设和文化建设的不健全，最终指向的都是如何使合作成为大学与中小学互惠互利的一种教育实践。也就是说，上述问题之所以成为问题，是因为我们把U-S合作看作是一种有目的的活动，而且事实上也确实如此。无目的的合作虽然从逻辑上讲是存在的，但是在现实中很难找出这样的例子。有目的也就意味着需要策略，需要评价，因此就需要去研究。关于U-S合作，虽然已有文献有所涉及，也提出了一些有价值的观点，但笔者还未发现有从比较教育学科的视角来进行深入研究的。作为一种研究视角的比较教育，主要是通过他文化来检视己文化的一种研究，所以一定程度上更易切入问题深处，能够提供不同的思路。正是由于这个原因，笔者选择美国的大学与中小学作为研究的基本对象，试图通过对美国U-S伙伴协作的行动逻辑的研究，为我国U-S合作的运行提供一些解决思路。具体而言，本书的研究内容包括以下几个方面：

（1）美国U-S伙伴协作的历史考察。主要论述美国U-S伙伴协作的兴起与发展，以及所产生的影响等。通过这样的考察，可以获得美国U-S伙伴协作历史发展的宏观认识，便于进一步对U-S伙伴协作模式进行分析。

（2）美国U-S伙伴协作的模式分析。主要阐述美国当前的U-S伙伴协作的模式、类型，以及其运行条件、运行方式和运行结果等。通

[1] 杨朝晖."U-S"伙伴合作关系问题研究述评[J].首都师范大学学报（社会科学版），2009（3）：78-82.

过研究，获得美国U-S伙伴协作运行过程的全面认识，便于对U-S伙伴协作的行动策略进行分析。

（3）美国U-S伙伴协作的行动策略。主要研究美国U-S伙伴协作的特点、各种U-S伙伴协作模式的共同逻辑前提、U-S伙伴协作的共同构成要素、U-S伙伴协作的运行方式等。通过这些分析，进一步揭示美国U-S伙伴协作的行动逻辑，并在此基础上提出对我国的启示。

三、研究的意义

作为一项基于实践的学术研究，本研究既有一定的理论意义，也有一定的实践意义。前者主要体现在U-S合作与U-S关系方面，后者主要体现在我国U-S合作的问题解决与政策参照方面。

在理论意义上，本研究一方面可以丰富U-S合作的理论，另一方面可以拓展大学与中小学关系的理论。首先，U-S合作实践虽然取得了积极的发展，但是在理论研究方面还有很大的空间。有学者发现，现有研究"偏重实践策略提炼，缺乏理论基础构建"，[1]而即使是有关理论基础的构建，也主要集中在以教师专业发展为主要目的的U-S合作上。之所以出现这种现象，一方面与人们对教育改革的关注有很大关系，因为任何教育改革最终都要由教师来落实实施，教师成为决定教育改革成败的关键因素，所以，以教师专业发展为目的的U-S合作模式自然在U-S合作中占据重要地位；另一方面，以教师专业发展为主要目的的U-S合作在实践中的确占有相对较大的比重，不仅在我国，在U-S合作比较兴盛的美国也基本如此。有学者对20世纪80年代的美国U-S合作项目进行初步统计后发现，教师项目占了33%，仅

---

[1] 王恒.我国大学与中小学合作机制研究[D].北京：北京师范大学，2011.

次于学生项目（43%）；其他两种分别是课程与教学项目（11%）、资源共享项目（13%）。[1]鉴于U-S合作理论方面的这种不足，本研究从比较教育的学科视角出发，在对美国U-S伙伴协作的行动逻辑的研究基础上，试图在经验总结和理论提升方面实现充分的结合，并提出关于U-S合作的一般理论的观点。其次，本研究有助于拓展大学与中小学关系的理论。不管是作为教育机构的大学和中小学，还是作为教育活动的大学和中小学，它们在目的、结构、运行、发展等方面都存在一定差异，也具有一些相似之处。在目前有关两者关系的研究中，多数是从分析教育制度入手，将大学与中小学看作具有等级区分的两种不同的教育机构，或者说是具有递进关系的两种不同的教育活动，这一点在它们的名称上也有所体现，汉语中的"大""中""小"和英语中的"higher""secondary""primary"均暗含了这方面的意义。除此之外，还有将大学与中小学的关系等同于教育理论与教育实践的关系，认为大学以"教育理论"为优势，而中小学以"教育实践"为优势，二者正好形成一种互补的关系。对于大学与中小学之间的关系，是否可以从其他方面来认识？答案显然是肯定的。本研究在一定程度上即是对这一问题的一个不同的解答。因为合作本身就意味着要建立一种关系，那么这种关系到底是一种什么样的关系？这就需要作出深入的分析。进一步可以这样追问，要想取得预期的结果，那么这种合作关系应该是什么样的？在合作中，二者各自的地位、作用、角色等又是怎样的？这一系列问题是在研究U-S合作时不能回避的。对这些问题的思考和回答，一定程度上可以获得对大学与中小学的新认识，

---

[1]　Wilbur, F. P., Lambert, M. L. Linking America's Schools and Colleges: Guild to Partnerships & National Directory[R]. Washington, D. C.: American Association for Higher Education, 1991: 2.

这为重新审视二者的关系提供了新的视角。也就是说，对 U-S 合作的研究，有利于更加全面地认识大学与中小学，对二者关系的考察就会更加深入。

在实践意义上，本研究一方面可以为解决我国当前 U-S 合作中存在的问题提供一种思路，另一方面也可以为我国 U-S 合作的进一步发展提供政策上的参照。学者刘小枫在《现代性社会理论绪论——现代性与现代中国》一书中指出，"带着中国问题进入西方问题再返回中国问题"，这是建构中国的社会理论值得尝试的思路。[1] 这一观点也可以借用到比较教育的研究中，那就是"带着中国的教育问题进入西方教育问题再返回中国教育问题"，这实际也是当前比较教育的一种基本研究范式。本研究遵循这样的研究范式，所以尽管研究的对象是与中国有着很大差异的美国大学与中小学，研究的问题是美国的教育问题，但是研究的出发点与归宿都是解决我国的教育问题，所以，研究结论无疑与我国相关。正因为如此，本研究不只是对美国教育现象的研究，而且有着明确的现实观照性，其实践意义不言而喻。

本研究可以为我国当前 U-S 合作中的一些问题，如合作主体角色不对等、合作内容单一化、制度建设不健全等提供解决思路。需要说明的是，尽管中美两国的这两种教育机构具有一定差异，但是就合作本身来讲，也有一些具有共同规律的东西，否认共性，实际也就否定了比较教育学科本身。也就是说，比较教育研究的一个基本前提假设就是，不同文化之间存在差异，也存在共性。

本研究可以为我国 U-S 合作的进一步推进提供一些政策上的参照。如前所述，我国的 U-S 合作已经进入全面发展阶段，不论是官

---

[1] 刘小枫.现代性社会理论绪论——现代性与现代中国[M].上海：上海三联书店，1998：前言.

方还是民间，都表现出很大的热情。然而仅有热情是不够的，还需要依据具体的政策，这就需要吸收借鉴一些成熟的经验，这样才能少走弯路。

第二节

研究现状

为了全面了解美国U-S伙伴协作的研究现状，笔者主要通过图书馆和电子资源数据库进行文献检索。图书馆包括中国国家图书馆、北京师范大学图书馆以及BALIS馆际互借中心等，电子资源数据库主要包括中国知网各数据库、万方数据库、读秀、EBSCO、ERIC、ProQuest、Springer、JSTOR等。

在中文文献和英文文献中，"大学—中小学伙伴协作"有很多不同的表述，本研究对所涉及的检索词都进行了检索。中文文献以篇名/标题和关键词为检索项，其中篇名/标题的检索词组组合为"美国+大学+中小学""美国+大学+中学""美国+大学+小学""美国+院校伙伴/合作/协作""美国+高等+中等/初等/义务教育""大学+中小学+伙伴/合作/协作"等，关键词的检索词为"院校+伙伴/合作""大学+中小学+伙伴/合作/协作""大学+中小学+关系""高等教育+中等/初等/义务教育+关系"（其中的斜线表示分

别组合，下同）等。英文文献主要根据美国《国会图书馆主题词表》
（Library of Congress Subject Headings）检索主题词"college-school
cooperation"，[1] 对个别不提供主题词检索的数据库（如 ProQuest），则
以标题和关键词为检索项进行查询，词组组合包括"school+university/
college+partnership""school+university/college+cooperation""school
+university/college+cooperative""school+university/college+collabo-
ration""school+university/college+collaborative""school+university/
college+consortitum"。

检索结果为：中文文献中，直接相关的著作0本，学位论文2篇，
非学位论文（指学术期刊论文、会议论文等）3篇；英文文献中，直接
相关的著作15本，英文学位论文148篇，英文非学位学术论文416篇。

一、国内研究现状

对美国U-S伙伴协作问题的研究，国内的研究主要集中在历史沿
革、实践举措、保障机制、经验启示等方面。

1. 关于美国U-S伙伴协作形成的历史研究

关于美国U-S伙伴协作形成的历史，仅有韦国锋的博士论文进行
了较为深入的研究，他通过对20世纪美国大学参与中小学教育改革
的历史考察提出，美国大学与中小学伙伴协作在20世纪80年代形成，
从19世纪末到第二次世界大战结束是"实验室时代"，20世纪50—70

---

[1] 该主题词表已经广泛应用于国外各电子数据库。与标题、关键词等检索项相比，采用主题词查
询可以避免各种同义词、近义词等现象，如本研究中与伙伴关系相关的词汇至少有以下几个：
partnerships, collaborations, consortiums, networks, clusters（参见：Sirotnik, K. A, Goodlad, J. I. School-
University Partnerships in Action: Concept, Cases, and Concerns[M]. New York: Teachers College Press,
1988: 32-42.）等，另外还有一些文献甚至在标题和关键词中都没有这些词汇，所以查阅自然就不能
做到最大程度的完整，而以"college-school cooperation"来查可以很好地避免这一问题，所以相对
而言可以完整地查到与研究问题相关的文献。

年代为"市场时代"。同时他通过研究还发现，伙伴协作时期有两个重要的主题：一是大学推进的教师专业发展，即教师专业发展学校；二是大学推动的学校改进。

2. 对美国U-S伙伴协作实践举措的研究

关于美国U-S伙伴协作实践举措的研究，既有研究主要从伙伴协作的目标、类型、实践模式等方面开展。关于伙伴协作的目标，梁玲的硕士论文中提出，主要有四个方面："教师培养，为职前教师做好准备""促进在职教师的专业发展""提高学生的学业成绩""开展研究"等。[1]关于伙伴协作的类型，她认为根据不同的标准可以分为不同的类型。例如，按照地域，可以分为地区范围、本地范围、跨州范围三种；按照合作层次，可以分为协作式、共生式、有机式；按照合作内容，可以分为人员导向式、学生导向式、任务导向式、机构导向式、全面更新式；按照合作模式，可以分为执行式、发展式；按照组织范围，可以分为大学与学校间的、大学与学区间的、大学—学区—社区学院间的、大学内部跨学科间的。[2]关于伙伴协作的实践模式，既有研究主要通过以下个案进行描述性的研究与分析：（1）家庭伙伴参与项目；（2）西费城改进团；（3）全国网络伙伴学校（NNPS）；（4）加州州立大学的农村区域伙伴协作；（5）马里兰州大学的教学合作伙伴；（6）南缅因州伙伴协作；（7）印第安纳州公立学校与大学的伙伴协作等。[3]

3. 关于U-S伙伴协作保障机制与措施的研究

关于美国U-S伙伴协作的保障机制，梁玲认为主要有制度保障、

---

[1][2]　梁玲.美国大学与中小学伙伴合作实践探析[D].重庆：西南大学，2010.
[3]　如：梁玲.美国大学与中小学伙伴合作实践探析[D].重庆：西南大学，2010；王丹娜，谌启标.美国基于学校改进的大学与中小学合作伙伴构建[J].外国中小学教育，2009（4）.

资金保障、组织保障、质量保障等。其中，制度保障主要体现在国家和地方政府的政策支持上；资金保障主要体现为资金来源主体的多元化，包括联邦政府拨款、州政府拨款、社区和民间机构捐助以及大学和中小学的资金投入。除此之外，部分伙伴合作还从公司、基金会筹集经费；组织保障主要体现在组织结构与制度的完善方面；质量保障主要体现在具有专门的质量评估标准等。[1]杨启光则对美国大学——中小学伙伴关系的质量保障的具体措施进行了研究，他认为主要包括七个方面：慎重遴选伙伴学校，挑选参与合作的人员，签订合作协议，强化伙伴关系的组织机构，创新协作行动方式，强调合作人员的相互信任与尊重，吸纳社会公众的监督与评估等。[2]

4. 关于美国U-S伙伴协作的经验与启示的研究

就美国U-S伙伴协作的经验与启示方面的问题，既有研究主要得出如下一些结论。一是在宏观上要加强政策与制度建设。例如，梁玲认为，借鉴美国的经验，我们可以从四个方面来进行："对我国大学与中小学合作予以制度化保障""通过大学与中小学合作提高师范生教育实习的质量""加快构建大学与中小学的有机伙伴合作关系""探索基于伙伴合作的教师专业发展的实践模式"等。[3]二是在具体实践中要特别强调在平等基础上的合作。例如，王丹娜和谌启标认为，美国的成功经验主要体现在三个方面："伙伴关系的各方参与者是以平等的伙伴身份参与学校管理和决策的""合作伙伴关系有利于大学和中小学教育者交流研究成果和教学经验，以帮助学生进行有效的学习""合作伙伴关系为各方参与者，尤其是

[1][3]　梁玲.美国大学与中小学伙伴合作实践探析[D].重庆：西南大学，2010.

[2]　杨启光.美国大学与中小学伙伴关系的质量保证策略[J].外国中小学教育，2007（11）.

学生创造了提高自主意识和写作、创新能力的机会"。而且该研究指出，这些经验对于探索我国大学与中小学的合作具有重要的启示意义。[1]

二、国外研究现状

对美国U-S伙伴协作问题的研究，国外（英文）文献相对比较丰富，对该问题的各个方面都有所涉及，如历史沿革、类型模式、实践举措等。

1. 关于美国U-S伙伴协作历史发展的研究

关于美国U-S伙伴协作的历史发展，肯尼思·西罗特里克（Kenneth A. Sirotnik）等人通过文献研究发现，其滥觞可追溯至1892年在哈佛大学成立的"十人委员会"（Commitment of Ten），校长艾略特（Charles Eliot）任主席，该委员会提出的有关大学与中小学加强联系的建议，是美国U-S伙伴协作的最初推动力量。[2]

而从总体来看，既有研究认为，从19世纪晚期到20世纪中叶，美国U-S伙伴协作的发展主要受到两方面力量的推动。一是大学入学要求的规定和课程的详细说明，入学考试的建立促进了大学与中小学之间伙伴协作的形成。1894年艾略特建议在全国组织一个考试委员会来实施大学入学考试，至1899年，为美国东部许多大学接受。1926年首次学术性向测验（Scholastic Aptitude Tests，缩写为SAT）举行，20世纪30年代美国进步教育协会发起"八年研究"，肯尼思·西

---

[1] 王丹娜，谌启标.美国基于学校改进的大学与中小学合作伙伴构建[J].外国中小学教育，2009（4）.

[2] 参见：Sirotnik, K. A., John I. Goodlad, J. I. School-University Partnerships in Action: Concept, Cases, and Concerns[M]. New York: Teachers College Press, 1988: 42-43. Wallace, J. Building Bridges: A Review of the School-college partnership Literature. Denver: Education Commission of the States, 1993: 1等。

罗特里克和约翰·古得莱得（John I. Goodlad）以此为线索，深入分析了美国U-S伙伴协作的形成和发展。二是一些非正式的网络关系（networks）也促进了美国U-S伙伴协作的发展。肯尼思·西罗特里克和约翰·古得莱得认为，各种各样的网络关系，如大学与学校领导者之间的网络关系等，都对大学与中小学伙伴协作的形成有所影响。[1]

自20世纪60年代以来，美国U-S伙伴协作的发展进入了一个新的阶段。肯尼思·西罗特里克和约翰·古得莱得认为，这主要受以下一些力量的推动。一是"婴儿潮"（Baby Boom）扩大了对教师培训的需要，以前的师范教育已远远不能满足要求，而且其传统的教育方式也受到批评。这时，大学开始转向与中小学合作来进行教师培养，如通过学生实习等。二是学生注册率下降，由此，大学在教师的培养上转向在职教师的培训与持续专业发展。三是大学生源之间的竞争也促进了大学与中小学之间的合作。另外，苏联人造卫星发射的成功以及美国各界对教育公平的强调与重视，也大大促进了大学与中小学之间的合作实践。[2]

2. 关于美国U-S伙伴协作类型或模式的研究

关于美国U-S伙伴协作的类型或模式，既有研究从协作的结构、组织等方面进行了研究，代表性的观点主要有以下几种。

一是将美国U-S伙伴协作分为"专业发展学校模式"（The PDS Model）、"咨询模式"（The Consultation Model）、"一对一合作模式"（One-to-One Collaborations Model）、"伞形模式"（The Umbrella

[1] Sirotnik, K. A., Goodlad, J. I. School-University Partnerships in Action: Concept, Cases, and Concerns[M]. New York: Teachers College Press, 1988: 42-46.
[2] Sirotnik, K. A., Goodlad, J. I. School-University Partnerships in Action: Concept, Cases, and Concerns[M]. New York: Teachers College Press, 1988: 46-49. Wallace, J. Building Bridges: A Review of the School-college partnership Literature[R]. Denver: Education Commission of the States, 1993: 2.

Model）四类。[1]

二是将美国U-S伙伴协作分为"针对学生的项目和服务"
（programs and services for students）、"针对教育者的项目和服务"
（programs and services for educators）、"研究和资源"（research and
resources）、"教育制度的重构"（restructuring of the education system）
四类。[2]

三是将美国U-S伙伴协作分为"职员导向的伙伴协作"（staff-
oriented partnerships）、"学生导向的伙伴协作"（student-oriented
partnerships）、"任务导向的伙伴协作"（task-oriented partnerships）、
"机构导向的伙伴协作—接管学校范式"（institution-oriented
partnerships：adopt-a-school paradigm）和"机构导向的伙伴协作—同
步革新范式"（institution-oriented partnerships：simultaneous renewal
paradigm）等5类。[3]

3. 关于美国U-S伙伴协作实践举措的研究

从目前的研究现状来看，关于美国U-S伙伴协作实践举措的研究
成果数量是最多的，大多数主要采用案例研究法，研究的具体内容比
较广泛，涉及各个方面，概括起来主要包括以下几方面。

（1）关于U-S协作对学生、教师、中小学、大学等方面的影响

既有研究主要形成了以下一些结论。① 成功的伙伴协作对教师
各个方面的发展产生了积极作用。例如，芭芭拉·P. 希斯（Barbara

[1] Ravid, R., Handler, M. G. The Many Faces of School-University Collaboration: Characteristics of Successful Partnerships[M]. Englewood: Teacher Ideas Press, 2001: 3-10.
[2] Wallace, J. Building Bridges: A Review of the School-College Partnership Literature[R]. Denver: Education Commission of the States, 1993: 2-3.
[3] Su, Z. X. School-University Partnerships: Ideas and Experiments(1986—1990)[R]. Seattle Washington: Institute for the Study of Educational Policy College of Education University of Washington, 1990: 21-37.

Popovec Heath）在收集一个初任教师参与伙伴协作第一年的资料基础上，采用改进的持续比较法（constant comparative method）和加恩·瓦茨那（JaanValsiner）的区间理论（zone theory）进行研究，发现伙伴协作促进了该教师的一些新的发展，而且该教师的一个入门计划也得以实现。[1]克里斯廷·M.埃文斯（Christine M. Evans）采用观察、访谈等质性研究方法，对参与为期两年的伙伴协作项目"特拉华阅读项目"（Delaware Reading Project）的6个四年级和五年级的城市教师及其班级进行研究，发现教师的教学水平有了明显的进步。据这些教师称，学生们的阅读动机、班级交流能力等获得较大幅度的提高。[2]安东尼·M. A.费尔南德斯（Anthony M. A. Fernandes）则通过对一个中学数学教师和一个大学教师伙伴协作的研究发现，伙伴关系有助于教师选择高水平技能，以及提高适应课程的能力。[3]② 成功的伙伴协作对学生的学业成就等产生了积极的影响。例如，芭芭拉·J.菲扎勒（Barbara J. Feezell）运用访谈、观察、书面文件、研究者田野考察笔记等方法，对内布拉斯加州一个有10所大学参与的伙伴协作进行研究后发现，大学初等教育专业的学生在教学实践机会中获益颇多。[4]雷蒙德·卢克·艾芬格（Raymond Luke Effinger）通过对一个高中学区与大学建立的"有远见的、教学的和管理的福特汉姆大学领导项目"[Visionary,

[1] Barbara Popovec Heath. An Analysis of Professional Development Mediated by a University-School Partnership[D]. North Carolina State University, 2001.
[2] Christine M. Evans. An Evaluation of a University-School Elementary Literacy Partnership[D]. University of Delaware, 2008.
[3] Anthony M. A. Fernandes. Building Alliances: A Partnership Between a Middle School[D]. The University of Arizona, 2007.
[4] Barbara J. Feezell. One Site's Beginnings Developing a University-Partner School Relationship as a Member of the Nebraska Network for Educational Renewal[D]. University of Nebrask, 1997.

Instructional, and Administrative Leadership Program of Fordham University (VIA)]的研究发现，参与该项目的成员（21个学生）获得了巨大的成功，他们都获得了专业资格证书和纽约州学校管理与督导证书，他们都掌握了一些有竞争性的管理技能。[1]③ 成功的伙伴协作使学校和大学都受益。基恩·I. 梅罗夫（Gene I. Maeroff）等人通过对"波士顿大学—切尔西伙伴协作"（The Boston University-Chelsea Partnership）的研究发现，切尔西中学的学生考试成绩不再是马萨诸塞州垫底的了。而对波士顿大学来说，该伙伴协作不仅为波士顿大学教育学院提供了实验场所，而且为教师提供了研究的机会，他们还出版了不少研究成果。[2]洛伊斯·L. 沃伦（Lois L. Warren）和亨利·A. 皮尔（Henry A. Peel）通过对一所农村高中和一所大学的伙伴协作计划的研究发现，通过伙伴协作，该农村高中实现了预期目标，即达到了北卡罗来纳州公共教学部（The North Carolina Department of Public Instruction，简称NCDPI）的标准。[3]费德尔·尼科尔·克雷顿（Phaidra Nicole Crayton）等学者也得出了类似的结论。[4]

（2）关于U–S协作发展与运行的影响因素

既有研究在该方面的结论主要有以下三点。

第一，大学与中小学文化方面的差异是影响伙伴协作的重要因素。

[1] Raymond Luke Effinger. Reform in the Preparation of Educational Leaders: A Partnership Between a University and a School District [D]. Fordham University, 2005.

[2] Maeroff, G. I., Callan, P. M., Usdan, M. D. The Learning Connection: New Partnerships Between Schools and Colleges. New York: Teachers College Press, 2001: 16.

[3] Warren, L. L., Peel, H. A. Collaborative Model for School Reform through a Rural School/University Partnership. Education, 126(2): 346–352.

[4] Phaidra Nicole Crayton. Co-Constructed Community, School, and University Partnerships for K–12 School Reform[D]. University of Southern California, 2009.

例如，威廉姆·E. 罗佩兹（William E. Lopez）通过对"内布拉斯加州教育更新中间学校—大学伙伴协作"[Nebraska Network for Educational Renewal (NeNER) middle school-university partnership] 中相关人员的相互影响的调查研究发现，中小学校与大学文化的差异、外部要求差异、教育哲学差异、变化中的期望与要求，以及学校取向的差异等，也许可以为中学—大学伙伴参与者处理分歧创造条件。[1]第二，管理者在伙伴协作的运行过程中具有重要作用。南希·L. 金弗（Nancy L. Zimpher）和肯尼思·R. 豪伊（Kenneth R. Howey）研究认为，在伙伴协作中，城市公立大学校长是高等教育机构与城市互动的关键纽带。[2]玛丽·塔特尔（Marie Tuttle）通过对一个伙伴协作的中小学指导实践的描述和分析，指出"校长是决定学校中指导实践质量的中枢"。[3]戴西·B. 伍德（Daisy B. Wood）通过研究发现，领导的支持是成功伙伴关系的重要因素之一。[4]第三，制度、组织等也是影响伙伴协作的重要因素。例如，杰弗里·S. 吉姆（Jeffrey S. Kim）等人使用访谈、观察等方法对一项伙伴协作的研究表明，等级制度、交流结构与系统的缺失等是阻碍伙伴协作建立的不可忽视的因素。[5]罗杰·H. 拉克（Roger H. Luck）通过对一所城市公立中学系统和附近一所大学的研

[1] William E. Lopez. A Grounded Theory of How Interactions Among School Staff and University Personnel Impact a Developing Nebraska Network for Educational Renewal Middle School-University Partnership[D]. University of Nebraska, 1990.

[2] Zimpher, N. L., Howey, K. R. University Leadership in Urban School Renewal[M]. Westport, CT: American Council on Education and Praeger Publishers, 2004: 320-321.

[3] Marie Tuttle. Mentor Practices in the Elementary Schools of a Public School-University Partnership[D]. Texas A & M University, 1995.

[4] Daisy B. Wood. School-University Partnerships: An Exploration of the Relationship[D]. The College of William and Mary in Virginia, 1996.

[5] Jeffrey S. Kim. Co-Constructing Community, School, and University Partnerships for Urban School Transformation[D]. University of Southern California, 2009. Stephanie J. Kim. Co-Constructing Community, School, and University Partnerships for Urban School Transformation[D]. University Of Southern California, 2009.

究生教育学院之间伙伴协作的研究发现，"教育机构中伙伴协作最大的挑战是各级教育的官僚化"。[1]安德烈斯·圣迭戈·戈麦斯（Andres Santiago Gomez）研究表明，组织结构、工作条件等也是影响伙伴协作的重要因素。[2]另外，玛格丽特·R.克拉克（Margaret R. Clark）认为，拥有一个协调员是保证伙伴协作正常运行的重要因素。[3]罗伯特·V.布洛（Robert V. Bullough）等通过三个伙伴协作的案例研究指出，庞大的学校规模、部门化、管理人员调整也是伙伴协作的障碍。[4]

（3）关于U-S协作的实践经验与持续发展的策略

既有研究的结论主要包括以下八点。① 伙伴协作的建立应以平等与信任为基本原则。例如，简·威尔森·霍克（Jean Wilson Houck）等人通过对由马萨诸塞州大学和公立中小学组成的"马萨诸塞州学校改进联盟"（The Massachusetts Coalition for School Improvement）伙伴协作的研究指出，在伙伴协作中，"最大的经验是，在谈及改进大学、做研究和培训教师时，公立学校和大学的教育者对平等合作具有一种强烈的渴望"。[5]还比如，"加利福尼亚PreK-16伙伴协作联盟"（California Alliance for PreK-16 Partnership）的一项政策研究表明，有效伙伴协作的原则之一就是"互相信任与尊敬"。[6]② 伙伴成

[1]　Roger H. Luck. School-University Partnership: A Case Study[D]. University of Massachusetts Lowell, 2005.

[2]　Andres Santiago Gomez. University and School Collaborative Programs: A Case Study of the University of Houston-Downtown and Jefferson Davis High School Collaborative Program in Houston, Texas[D]. Harvard University, 1993.

[3]　Clark, M. R. A Successful University School District Partnership to Help San Francisco's K-12 Students Learn about Science And Medicine[J]. Academic Medicine, 1996 (9): 950–956.

[4]　Bullough, B. V., Kauchak, D. Partnerships between Higher Education and Secondary Schools：Some Problems[J]. Journal of Education for Teaching, 1997(3): 215–233.

[5]　Sirotnik, K. A., Goodlad J. I. School-University Partnerships in Action：Concept, Cases, and Concerns[M]. New York: Teachers College Press, 1988: 102.

[6]　Houck, J. W., Cohn, K. C., Cohn C. A. Partnering to Lead Educational Renewal: High-Quality Teachers, High-Quality Schools[M]. New York: Teachers College Press, 2004: 178.

员之间应该共同分享责任与成功。例如，南希·L. 金弗（Nancy L. Zimpher）和肯尼斯·R. 豪伊（Kenneth R. Howey）在参与新奥尔良大学（University of New Orleans）与周围五个公立学校建立的一个伙伴协作活动中，总结出其中的一个教训是："成功的伙伴成员分享成功，不成功的伙伴成员常常是孤立的。"[1]"加利福尼亚PreK-16伙伴协作联盟"的研究同样认为，有效的伙伴关系应该是"伙伴成员之间共同承担职责与责任"。[2]③ 伙伴协作的建立应尽可能考虑参与者的利益。例如苏珊娜·奥克特（Suzanne Orcutt）对K-12科学教育的伙伴协作的策略研究表明，当伙伴协作与大学教师的学术和研究兴趣以及终身教职学分奖励相关时，他们对伙伴协作的参与是可持续的。[3]另外，伯纳德·巴迪亚利（Bernard Badiali）等的研究也表明，成功的伙伴协作"需要创建和保持能够使追寻相互利益成为可能的积极的、信任的关系"。[4]④ 伙伴协作的建立要注意策略适当。如玛格丽特·R. 克拉克（Margaret R. Clark）通过对加利福尼亚大学与旧金山学区建立的"科学和健康教育伙伴协作"（Science and Health Education Partnership）的研究，建议在开始进行一个新的伙伴协作计划时，一定要"大处着眼，小处着手"（think big but start small），并且要基于交流与信任走向长期的联系。[5]⑤ 需要在各方面增加对伙伴

[1] Zimpher, N. L., Howey K. R., University Leadership in Urban School Renewal[M]. Westport: American Council on Education and Praeger Publishers, 2004: 103.

[2] Houck, J. W., Cohn, K. C., C. A. Partnering to Lead Educational Renewal: High-Quality Teachers, High-Quality Schools[M]. New York: Teachers College Press, 2004: 178.

[3] Suzanne Orcutt. School-University Partnerships Strategies for K-12 Science Education[D]. Pepperdine University, 2002.

[4] Badiali, B.,Flora, R., Johnson, I. D., Shiveley, J. Beyond Collaboration: Accounts of Partnership from the Institute for Educational Renewal Based at Miami University[J]. Peabody Journal of Education, 75(3): 145-160.

[5] Clark, M. R. A Successful University School District Partnership to Help San Francisco's K-12 Students Learn about Science and Medicine[J]. Academic Medicine,1996(9): 950-956.

协作运行的投入。例如，唐娜·简·斯坦扎（Donna Jean Stanza）通过对哥伦比亚大学教师学院和新泽西州一个学区之间的伙伴协作的行动研究分析指出，为了优化伙伴协作的影响，该学区需要继续在工作人员的发展（stuff development）上投入时间和金钱。[1]⑥ 需要在政策上给予支持。例如，梅丽尔·海特·蒂希（Merryl Hiat Tisch）通过对纽约一所大学和一个学区在选择性教师资格证书的实施上进行的伙伴协作的分析，指出成功的伙伴协作的要素应包括一项综合性的州政策，以授权在选择性教师资格证书的获取上大学与中小学进行合作。[2]曼纽尔·N. 戈梅斯（Manuel N. Gomez）的研究还指出，在伙伴协作运行中，州一级的政策在维持伙伴协作作为一个教育变革的积极的普遍策略中发挥着重要作用。[3]⑦ 要从整体上对伙伴协作进行规划。如爱勒·阿辛格（Al Azinger）指出，在伙伴协作的建立中，应该考虑建构一种贯通中小学和大学的课程体系（K-16 curriculum）。[4]⑧ 伙伴协作的建立需要注意大学和中小学的背景因素。例如雪利·勒菲弗-戴维斯（Shirley Lefever-Davis）通过对一所大学与两所小学的伙伴协作的研究，指出在建立伙伴协作时，不能忽视中小学校和大学之前的历史。以前的互动与经历会影响伙伴协作构建的方式、伙伴协作成员的角色、伙伴关系的本质等。[5]

[1] Donna Jean Stanza. A Case Study of a School-University Partnership in a State Takeover District[D]. Columbia University Teachers College,1993.

[2] Merryl Hiat Tisch. A Case Study of School-University Collaboration in the Implementation of Alternative Certification[D]. Columbia University Teachers College, 2005.

[3] Gomez, M. N., Santos, A. G. Building Bridges：Using State Policy to Foster and Sustain Collaboration[R]. Denver, CO: Education Commission of the States, 1993: 12.

[4] Al Azinger. A K-12 Perspective on Partnerships with Community Colleges[J]. New Directions For Community Colleges, 2000(Fall): 17-21.

[5] Davis, S. L., Johnson, C., Pearman, C. Two Sides of a Partnership: Egalitarianism and Empowerment in School-University Partnerships[J]. The Journal of Educational Research, 2007(4): 204-210.

从上述分析可知，关于美国U-S协作的总体研究现状是，国内研究较为薄弱，而国外研究相对较丰富。而从具体的研究内容来看，美国U-S协作的各个方面都有研究，部分研究颇为深入。不过，关于美国U-S伙伴协作的研究局限也较为明显，具体体现在以下几个方面：就研究的理论基础来说，运用社会学理论进行研究的还不是很多；从研究方法来看，主要是个案研究、实证研究和描述研究等。从人文社会学科的研究趋势来看，跨学科研究、综合研究正越来越受重视，因为这更有利于对问题或现象的多视角审视，有利于认识、理解与反思。正如帕森斯（Talcott Parsons）所言："如果公司只让经济学家来研究，政府组织只让政治学家来研究，学校或大学只让教育学家来研究，显然是有局限性的。"[1]因此，美国U-S伙伴协作的研究还有很大的空间。

第三节

研究设计

为了更加深入地分析美国U-S伙伴协作，本研究选择以当代具有广泛影响的英国著名社会学家安东尼·吉登斯的结构化理论（theory of structuration）作为理论基础。在研究方法上，本研究主要运用文献

---

[1]　[美] T. 帕森斯.现代社会的结构与过程[M].梁向阳，译.北京：光明日报出版社，1988：15.

法、案例法和比较法等。

一、理论基础

选择什么样的理论作为研究工具，一方面与所研究的问题及研究现状有关，另一方面也与理论解释力有关。就U-S伙伴协作这一教育现象而言，已有的研究虽然取得了丰富的成果，但是诚如学者杨朝晖所言，目前无论是国内还是国外，研究总体上还不是很深入。"社会学应该是探讨合作关系最有力的理论基础"，但目前"从社会互动、社会交换、结构二重性、社会干预等角度的研究还不太多见"。[1]综合各方面的因素，本研究以吉登斯的结构化理论为理论基础。

1. 结构化理论的基本内容

结构化理论是英国当代社会学家安东尼·吉登斯于20世纪70年代末到80年代中期，综合多种不同的社会学理论传统而提出的一种新的社会学理论，其代表作是1984年出版的《社会的构成：结构化理论大纲》（*The Constitution of Society: Outline of the Theory of Structuration*）。此前他也发表过几本与结构化理论相关的论著，如1976年的《社会学方法的新规则——一种对解释社会学的建设性批判》（*New Rules of Sociological Method: A Positive Critique of Interpretive Sociologies*），1979年的《社会理论的核心问题》（*Central Problems in Social Theory*）等。吉登斯结构化理论的主要观点如下。

（1）在行动和结构的关系上提出"结构二重性"观点

长期以来，在社会学理论中存在许多二元对立的观点，如结构与行动、社会与个人、客体与主体、制约与能动等，这些对立在方法论

---

[1] 杨朝晖."U-S"伙伴合作关系问题研究述评[J].首都师范大学学报（社会科学版），2009（3）.

层面大体可以归为两类：社会决定论和方法论个人主义。前者倾向于客体主义（objectivism）的立场，强调社会结构凌驾于人的行动之上，即吉登斯所说的"强结构弱行动"，主要理论代表是功能主义和结构主义；后者倾向于主体主义（subjectivism）的立场，强调人的行动凌驾于社会结构之上，主要的理论代表是解释社会学。吉登斯对这两种方法论进行了批判的分析，并提出了"结构二重性"观点。在他看来，社会结构与人的行动是互构关系，即社会结构既是行动的中介，也是行动的结果。这就是说，"行动在其生产的一刻，也就同时在社会生活日常展开的具体情境中被再生产出来"。"行动者在再生产结构性特征的同时，也再生产出促成这种行动的条件"。[1]可以看出，吉登斯试图调和行动与结构的二元对立，试图在一种对立中寻求某种平衡。吉登斯自己也说："我期望自己在构建结构化理论的时候，不要陷入客体主义和主体主义的二元论中去。"[2]

（2）对"行动"和"结构"的概念进行新的解释

在"行动"的概念上，吉登斯首先指出了结构主义、功能主义以及解释社会学的片面理解。他认为，塔尔科特·帕森斯的唯意志主义行动论虽然给予"行动"以重要的地位，但是"帕森斯的'行动参照框架'中没有任何行动（action），只有需要支配（need-dispositions）或角色期待趋势下的行为（behavior）。舞台是固定的，而行动者只根据已经替他们写好的剧本进行表演"。[3]也就是说，在帕森斯的行动理论中，行动者的能动性没有得到足够的重视。而在解释社会学中，吉

---

[1] [英]安东尼·吉登斯.社会的构成：结构化理论大纲[M].李康，李猛，译.北京：生活·读书·新知三联书店，1998：89-91.
[2] 同上：48.
[3] 同上：76.

登斯认为这一理论流派的学者倾向于将"行动"等同于"有意图的行动"，将"有意义的举动"等同于"有意图的后果"。[1]其中"前一种倾向的后果是将行动从'行动流'中割离出来，混淆了行动与举动，破坏了对行动的结构化过程的理解；后一种倾向的后果是难以理解结构的二重性，从而无法理解'行动流'的持续转换和建构能力"。[2]在吉登斯看来，行动是指"物质存在对世界事件（events-in-the world）进行过程的、现实或预期的、有原因介入的连续流"。[3]在吉登斯的结构化理论中，"行动"的概念常与其他概念纠缠在一起，如能动（agency）、实践（praxis）、行为（acts）、行为（conducts）、活动（activities）[4]，"但从吉登斯对这些概念的使用上可以看出，行动、能动和实践基本上是三位一体的，除了实践表现出一定的循环往复性的含义外，三者基本上可以互换使用，它们主要意指普遍或抽象意义上人类的能动活动，而其他概念则主要指代具体历史条件下的人类活动"。[5]

在"结构"概念上，吉登斯同样给出了不同于以往社会学理论——主要是功能主义（当代也称结构—功能主义）和结构主义——

[1] [英]安东尼·吉登斯.社会的构成：结构化理论大纲[M].李康，李猛，译.北京：生活·读书·新知三联书店，1998：272.

[2] [英]安东尼·吉登斯.社会学方法的新规则——一种对解释社会学的建设性批判[M].田佑中，刘江涛，译.北京：社会科学文献出版社，2003：28.

[3] 同上：161.

[4] 这里需要指出的不同的学者对这几个词的译法也不尽相同，如田佑中、刘江涛把"act"译为"举动"，他们认为吉登斯所谓的"举动"（act）"特指人的行为中已经完成的某一行为，是已经固定的、空间化的行为"。另外，他们把"agency"译为"能动行为"；把"conduct"译为"行为"，认为一般地指涉人类的行为，而"activity"指人们一般的实践活动（参见：[英]安东尼·吉登斯.社会学方法的新规则——一种对解释社会学的建设性批判[M].田佑中，刘江涛，译.北京：社会科学文献出版社，2003：158.）。李康、李猛在《社会的构成：结构化理论大纲》中把"agency"译为"能动作用"，把"act"同样译为"行为"（参见：[英]安东尼·吉登斯.社会的构成：结构化理论大纲[M].李康，李猛，译.北京：生活·读书·新知三联书店，1998.）。

[5] 郭忠华.解放政治的反思与未来：安东尼·吉登斯现代性思想研究[M].北京：中央编译出版社，2006：78.

的解释。在功能主义的理论中，"结构"通常被看作是类似于有机体的骨骼系统或建筑物的构架，后来尽管摆脱了这种类比的直接影响而把结构看作是"社会关系的模式"，但是"结构主要还是一个'描述性'的概念，其解释还是通过功能来实现的"。在结构主义的理论中，"结构"更是一个解释性的概念，它与"转换"（transformations）联系在一起，"结构不管是用于语言、神话、文学和艺术，或是更加一般的社会关系，都被认为是贯穿于某种表面现象下面的东西。结构和功能的区分被符码与信息的区分所替代"。[1]吉登斯认为，"'结构'概念的这两种使用方法导致了对能动主体的概念上的模糊"。[2]据此，他提出了自己的"结构"概念——"结构化理论中的'结构'，指的是社会再生产过程里反复涉及的规则与资源"。[3]其中，规则在吉登斯的结构化理论中主要指的是社会互动中的"方法论程序"（methodical procedures），"规则一方面与意义（meaning）的构成联系在一起，另一方面则牵涉到对各种类型社会行为的约束（sanctioning）"。[4]资源主要指的是"行动者在具体互动过程中所利用到的社会系统的结构性要素"。资源可以分为两类，一类是配置性资源（allocative resources），一类是权威性资源（authoritative resources），前者是指"人们不仅对'客体'而且对客观世界所拥有的控制能力"，后者指的是"人们对人类所创造的社会世界本身所具有的控制能力"。[5]在论及结构的

[1] Giddens, A. Central Problems in Social Theory: Action, Structure and Contradiction in Social Analysis[M]. New York: The Macmillan Press Lid, 1979: 59-60.
[2] [英]安东尼·吉登斯.社会学方法的新规则——一种对解释社会学的建设性批判[M]. 田佑中，刘江涛，译.北京：社会科学文献出版社，2003：83.
[3] [英]安东尼·吉登斯.社会的构成：结构化理论大纲[M].李康，李猛，译.北京：生活·读书·新知三联书店，1998：52.
[4] 同上：81.
[5] 同上：50-51.

概念时，吉登斯也引入了几个相关的概念，如结构性原则（structural principles）、结构丛（structures）、结构性特征（structural properties）、系统（system）、制度（institutions）等。其中，"结构性原则"指的是"社会总体组织过程的原则"，"结构丛"指的是"社会系统的制度关联所涉及的规则—资源系列"，"结构性特征"指的是"跨越时空的社会系统制度化特征"。[1]"系统"指的是"作为常规社会实践组织起来的、行动者和集合体间再生产出来的关系"。[2]"制度"指的是"时空伸延程度最大的那些实践活动"。[3]需要说明的是，吉登斯所言的"结构"并非是物质的，而是虚拟的。关于这一点，吉登斯在多处都强调过。如，"结构仅是作为具有特定意图和利益的情景化行动者的再生产行为而存在的"。[4]"作为时空在场的结构只是以具体的方式出现在这种实践活动中，并作为记忆痕迹，导引着具有认知能力的行动者的行为"。[5]"那些以法律条令、科层规章、游戏规则等言辞表述形式出现的形式化规则并不是规则本身，而只是对规则的法则化解释"。[6]"结构并不是什么'外在之物'：从某种特定的意义上来说，结构作为记忆痕迹，具体体现在各种社会实践中"。[7]"有些类型的配置性资源（例如原材料，土地等）可能看起来像是具有某种'真实存在'，……但它们的这种'物质性'（materiality）并不能左右以下事

[1] [英]安东尼·吉登斯.社会的构成：结构化理论大纲[M].李康，李猛，译.北京：生活·读书·新知三联书店，1998：290.

[2] 同上：89.

[3] 同上：80.

[4] [英]安东尼·吉登斯.社会学方法的新规则——一种对解释社会学的建设性批判[M].田佑中，刘江涛，译.北京：社会科学文献出版社，2003：233.

[5] [英]安东尼·吉登斯.社会的构成：结构化理论大纲[M].李康，李猛，译.北京：生活·读书·新知三联书店，1998：79.

[6] 同上：85.

[7] 同上：89.

实，即只有当诸如此类的现象融入结构化过程时，它们才成为我在此所使用的那种意义上的资源"。[1] "结构化理论总是把结构看作社会系统的某种属性，'体现在'以时空为根植基础的被人们再生产出来的实践活动之中"。[2] "结构指的是一种各种关系脱离了时空所构成的虚拟秩序。只有在处于具体情境中的人类主体运用各种知识完成的活动中获得了具体体现，结构才能得以存在"。[3] "存在于时空当中的结构只有在社会系统的生产和再生产过程中才会反复涉及。因此，结构只是一种'虚拟'（virtual）的存在"。[4]从这些引文可以看出，吉登斯所言的作为规则和资源的结构，只有在行动过程中或者说只有在结构化过程中才可以称为结构。这就意味着，结构与行动是不可分割的。

（3）提出了行动者的分层模式和互动的结构二重性模式

吉登斯认为，从行动者的视角来看，行动的内部可以分为三个层次：行动的反思性监控、行动的理性化、行动的动机激发过程。其中，行动的反思性监控指的是"行动者不仅始终监控着自己的活动流，还期望他人也如此监控着自身。他们还习以为常地监控着自己所处情境的社会特性与物理特性"。"行动的理性化是指行动者对自身活动的根据始终保持'理论性的理解'"。行动的动机激发过程指的是激发行动者去从事某一行动，但是对日常生活中的行动来说，很少出自动机的直接激发，"只有在较不寻常的背景中，在以某种形式偏离惯例的情境下，动机才可能直接作用于行动"。[5]吉登斯同时

---

[1] [英]安东尼·吉登斯.社会的构成：结构化理论大纲[M].李康，李猛，译.北京：生活·读书·新知三联书店，1998：99.

[2] 同上：272.

[3] 同上：436.

[4] [英]安东尼·吉登斯.历史唯物主义的当代批判：权力、财产与国家[M].郭忠华，译.上海，上海译文出版社，2010：25.

[5] [英]安东尼·吉登斯.社会的构成：结构化理论大纲[M].李康，李猛，译.北京：生活·读书·新知三联书店，1998：65-66.

还指出，意图导向的行动也可能产生意外的后果，这些意外后果可以系统地反馈回来，成为下一步行动未被认识到的条件[1]（如图1-1所示）。

图1-1 行动者的分层模式图

资料来源：[英] 安东尼·吉登斯.社会的构成：结构化理论大纲[M].李康，李猛，译.北京：生活·读书·新知三联书店，1998：65.

除了行动者的分层模式外，吉登斯还提出了互动（interaction）的结构二重性模式（如图1-2所示）。其中，"互动"指的是"个体参与共同在场情境下的日常接触"。[2]关于行动与互动二者的联系，吉登斯并没有给出明确的解释。不过有学者通过对吉登斯的研究认为，"在行动的研究上，从个体行动演进到抽象行动，从（单个的或者个

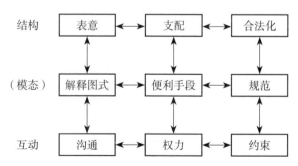

图1-2 互动的结构二重性模式

资料来源：[英] 安东尼·吉登斯.社会的构成：结构化理论大纲[M].李康，李猛，译.北京：生活·读书·新知三联书店，1998：94.

---

[1] [英]安东尼·吉登斯.社会的构成：结构化理论大纲[M].李康，李猛，译.北京：生活·读书·新知三联书店，1998：68.

[2] 同上：168.

体的）行动演进到互动也就成为一种必然的逻辑进程。从严格意义上讲，互动是人类社会生活的基本形式，交往或沟通是行动的本质属性，即便是单个行动者的独自行动，表面上可能具体的他者（我之外的行动者）是缺场的；但是从最终的意义上说，匿名的或抽象的他者应该说是时时刻刻都是在场的，所以共同在场是行动的基本形式"。[1] 这一阐释应该是符合吉登斯的思路的。基于此，在本书中，"行动"与"互动"在同一意义上使用。吉登斯认为，"所有社会互动都涉及意义的交流、权力的使用和规范性制裁。它们是互动的构成性要素。在行为互动过程中，行动者既利用了社会系统的结构性特征——意义、支配和合法化——同时又相应再生产了它们"。[2] 在这一过程中，解释图式、便利手段和规范三种模态构成互动与结构相关联的媒介。同时，吉登斯还强调，互动中的意义的交流与规范性制裁的运作之间的相互独立性只具有分析上的意义。[3]

2. 结构化理论的适切性

结构化理论作为社会学的一种理论，近年来日益受到学者的重视。马尔科姆·沃特斯（Malcolm Waters）称："吉登斯的结构化理论在行动理论中已成为核心。它不仅是行动理论传统最晚近的继承者，而且显然还把行动重新放回了社会学理论阐述的主流。"[4] 乔纳森·H. 特纳（Jonathan H. Turner）也认为："该理论代表了 20 世纪下半叶更富有创见的理论诉求。"[5] 我国学者郭忠华总结了结构化理论在社会学理

---

[1] 郭强.知识与行动的结构性关联——吉登斯结构化理论的改造性阐述[M].上海：上海大学出版社，2009：115.

[2] [英]安东尼·吉登斯.历史唯物主义的当代批判：权力、财产与国家[M].郭忠华，译.上海，上海译文出版社，2010：47.

[3] [英]安东尼·吉登斯.社会的构成：结构化理论大纲[M].李康，李猛，译.北京：生活·读书·新知三联书店，1998：93.

[4] [澳]马尔科姆·沃特斯.现代社会学理论[M].杨善华，李康，等译.北京：华夏出版社，2000：58.

[5] [美]乔纳森·H.特纳.社会学理论的结构（第七版）[M].邱泽奇，译.北京：华夏出版社，2006：450.

论上的贡献："从主客体关系结构的角度来看，结构化理论为理解主客体关系提供了新的思维"，"从宏观与微观的角度来看，结构化理论力图打通两者之间的对立，将两者有机地结合在一起"，"从共时与历时的角度考察，结构化理论体现出涵化'共时'考察与'历时'研究的趋势"，"在社会学研究的属性问题上，结构化理论对社会世界与自然界之间的差别的重视也具有一定的意义"。[1]这些评价表明，结构化理论具有重要的学术价值与理论价值。

正因为结构化理论的重要价值，它的应用领域也逐渐扩展到社会学之外的其他学科，并获得了一些有价值的成果。以教育学为例，近年来不仅有学者指出结构化理论对于教育问题研究的意义[2]，而且有一些学者运用这一理论对一些教育问题进行了深入研究，如杨道宇的博士论文《课程效能的生成原理研究——基于结构化理论的视角》、宫顺升的硕士论文《论教师社会化——基于结构化理论的视角》等。由此看来，选择运用结构化理论来研究美国U-S伙伴协作问题，不仅具有重要的学理基础，而且具有重要的实践基础。

另外，结构化理论对于研究美国U-S伙伴协作具有一定的方法论优势。以往对美国U-S伙伴协作的研究大多建立在社会决定论的方法论基础之上，即过多地关注社会因素在U-S伙伴协作中的重要作用，而忽视了伙伴协作成员主体能动性的一面，所以不能更好地揭示伙伴协作的实质。结构化理论由于强调"结构的二重性"，一定程度上可以避免这一问题。

---

[1] 郭忠华.现代性理论脉络中的社会与政治：吉登斯的思想地形图[M].上海：上海人民出版社，2010：80-82.

[2] 如：李慧敏，张洁.走向教育的"二重性"——探求安东尼·吉登斯结构化理论的教育意义[J].河北大学学报（哲学社会科学版），2005（5）；胡春光.从对立走向融合——从安东尼·吉登斯的"结构化理论"反思教育社会学研究应注意的问题[J].重庆师范大学学报（哲学社会科学版），2008（5）.

当然，从U-S伙伴协作本身的性质来看，运用结构化理论来研究也是适合的，因为它无可置疑属于一种社会行动，或者更确切地说是社会互动，这是运用结构化理论研究的一个基本前提。如前所述，在结构化理论中，"行动"与"能动"基本上可以通用，也就是说，考察一种现象是否属于社会行动，可以通过对"能动"的分析来进行，这实际也是吉登斯与以往社会学家理解行动概念上的一个重要区别。所谓"能动"，在吉登斯看来，"不是指人们做事情时所拥有的意图，而是首先指他们做这些事情的能力"。[1]具体而言，"能动就是指做（doing）"。[2]吉登斯之所以强调这一点，是因为他认为现实生活中常会出现意图与行动的脱节现象。[3]除此之外，吉登斯也强调了能动所意指的主体性，他认为能动的概念可以从两个方面来分析：一是"本可以用不同的方式行事"；一是由独立于行动者的过程事件流而构成的世界，不会提供一个预先决定的未来。[4]从上述意义上来说，U-S伙伴协作显然可以断定为一种社会行动，因为参与伙伴协作的成员一方面具有"转换能力"，另一方面，伙伴协作这件事情也确是他们所为。

3. 结构化理论的分析框架

在《社会的构成：结构化理论大纲》一书中，吉登斯提出了两种研究的方式，一种为"制度分析"，另一种为"策略行为分析"。前

---

[1] Giddens, A. The Constitution of Society: Outline of the Theory of Structuration[M]. Cambridge: Polity Press, 1984: 9.

[2] Ibid.: 10.

[3] 他认为意图与能动的脱节有两种情况，一是行动者可以实现他们的意图但不是通过他们的能动以及有意图的行为带来未预期后果；二是有意图行为除了带来意图结果外也带来了一些其他结果[参见：Giddens, A. New Rules of Sociological Method: A Positive Critique of Interpretative Sociologies (2nd edition)[M]. Cambridge: Polity Press, 1993: 83-84.]。

[4] Giddens, A. New Rules of Sociological Method: A Positive Critique of Interpretative Sociologies(2nd edition)[M]. Cambridge: Polity Press, 1993: 81.

者指的是，在社会学的研究中，"暂时悬置行动者的技能与自觉意识，集中考察作为反复不断地再生产出来的规则与资源的制度"[1]；后者指的是在社会学的研究中，"暂时悬置对在社会层面上不断再生产出来的制度的分析，集中考察行动者是如何反思性地监控自身的行为，如何利用规则和资源构成互动"。[2]对于这两种不同的分析方式，吉登斯指出，不能将它们截然分开，"只有通过强调结构二重性，这两种分析方式才能充分完成它们各自的任务"。[3]基于这一理论分析框架，并结合本书论述的主题，本研究主要运用策略行为分析这一方式，但也会涉及制度分析。具体研究思路如下。

　　首先，对美国U-S伙伴协作这一社会行动进行基本的定位。吉登斯指出，"只有在界定出行动的意图性特征之后，我们才能在经验中充分地把握，如何在行动后果里划定非意图成分"。[4]美国U-S伙伴协作显然是一种有意图或有目的[5]的行动，但是其意图或目的到底是什么，需要在研究中给予清楚描述，而且可以根据意图或目的的不同，对美国U-S伙伴协作的行动模式进行基本的分类。

　　其次，对美国U-S伙伴协作的行动条件、行动过程和行动结果进行分析。吉登斯指出，"结构化理论如果要和经验研究挂钩，关键在于如何看待研究者已经置身于他的研究'主题'这一事实的逻辑意

---

[1] [英]安东尼·吉登斯.社会的构成：结构化理论大纲[M].李康，李猛，译.北京：生活·读书·新知三联书店，1998：523.

[2] 同上：521.

[3] 同上：417.

[4] 同上：52.

[5] 在吉登斯的结构化理论中，意图（intention）和目的（purpose）是在同等意义上使用的，参见：[英]安东尼·吉登斯.社会学方法的新规则——一种对解释社会学的建设性批判[M].田佑中，刘江涛，译.北京：社会科学文献出版社，2003：162.

涵，在于如何阐发行动与结构这类核心观念的实质意蕴"。[1]据此，对美国U-S伙伴协作的研究，一是要搞清楚作为其条件的"结构"是什么，这里也就是行动中所使用的规则和资源是什么；二是需要对美国U-S伙伴协作这一行动的过程进行分析，主要集中于吉登斯提出的互动的三个构成要素，即意义的交流、权力的使用和规范性制裁；三是对行动结果的实现程度进行分析。

最后，对美国U-S伙伴协作的行动策略进行总结和分析。

二、研究方法

研究方法的选择与研究问题有密切关系，正如吉登斯所指出的，"我并不认为在结构化理论的逻辑或实质内容中，会有什么东西以某种方式限制一些特定研究技术的运用，比如调查手段、问卷之类。我们在这里需要考虑的，是针对具体的研究问题，应该采取哪些具体的技术手段"。[2]根据本书研究的问题，笔者主要运用以下几种研究方法。

第一，文献法。文献法是一种基本的研究方法，它是通过对资料的查阅、分析、整理来获得对事项属性认识的研究方法。文献法一般包括资料的收集、鉴别、筛选、分析等步骤。在比较教育研究中，文献法是一种较为普遍的研究方法，主要应用于对一手资料和二手资料的分析。本研究中使用的文献资料主要包括美国U-S伙伴协作的政策文件、会议报告、工作总结、调查报告、学术论著等。

第二，案例法。案例法又称个案法，是指研究者视个人、个别事

---

[1][2]　[英]安东尼·吉登斯.社会的构成：结构化理论大纲[M].李康，李猛，译.北京：生活·读书·新知三联书店，1998：51.

件或个别组织为一个整体，在收集、分析其资料的基础上得出具有一定普遍意义的结论。案例法一般包括选择对象、收集资料、分析资料等几个步骤。本研究将从众多的美国U-S伙伴协作实践中，按类型选择若干具有代表性的U-S伙伴协作个案进行分析，以获得对美国U-S伙伴协作更加全面的认识。

第三，比较法。比较法是比较教育研究中一种基本的研究方法。根据不同的维度，比较法可以划分为不同的类型，如同类比较法与异类比较法、异期纵向比较法与同期横向比较法、影响比较法与平行比较法、宏观比较法与微观比较法等。[1]本研究主要是对美国U-S伙伴协作进行历史维度和中西维度的比较。

三、核心概念

本研究涉及的核心概念主要有美国大学、美国中小学、伙伴协作、行动逻辑等。其各自的指称如下。

1. 美国大学

"大学"在英文中有两个对应的单词，一个是"university"，另一个是"college"。两个单词有时是在同一意义上使用的，即都指实施高等教育的机构，有时又有细微的差别，"university"一般指综合性的并能授予硕士和博士学位的高等教育机构，"college"一般指仅能授予学士学位的高等教育机构。在本研究中，"大学"的概念是从广义上来理解的，即凡是实施高等教育并授予学士学位（包括副学士）及以上学位的独立机构都称大学。相应地，美国大学就是指在美国境内并由美国政府部门或其他社会组织等建立和管理的大学。这就是

---

[1]　顾明远，薛理银.比较教育导论——教育与国家发展[M].北京：人民教育出版社，1998：45-52.

说，本研究的美国大学既包括美国的公立大学，也包括美国的私立大学；既包括美国的研究型大学，也包括美国的非研究型大学；既包括四年制大学，也包括两年制的学院等。

2. 美国中小学

中小学是中学和小学的合称，中学一般指实施中等教育的机构，小学指实施初等教育的机构。在美国，由于学制并不统一，所以实施初等教育和中等教育的机构类型相对较多。按学制分，一般来说小学有四年制、八年制和六年制三种，中学有四年制、六年一贯制和三三制（即初中三年，高中三年）三种；按教育宗旨分，中学还分为综合中学（兼施普通教育和职业技术教育）、普通中学、职业中学等。除此之外，在美国还有一种跨小学和中学两个阶段的中间学校（middle school），一般为五到八年级。尽管美国的中小学学制存在如此的复杂性与多样性，但是与其他国家相比，美国中小学之间的关系要比中学与大学之间的关系更加紧密。伯顿·克拉克（Burton R. Clark）曾指出，在美国，中学与小学被置于同一个轨道上。他指出，在管理以及课程、教学等方面，美国的中小学之间存在很大的相似性，如一个在六年制小学任教六年级的教师与一个在两年制、三年制初中任教七年级的教师，或在一个八年制小学任教八年级的教师与一个在四年制中学任教九年级的教师，他们的地位与奖酬并没有多大的区别。总之，他认为在美国，中学更多的是与小学看齐，而不是与大学看齐，所以美国学者在谈到诸如"大众教育"（popular education）和"普通学校"（the common school）时，通常包括中学和小学两者。[1]正因为如此，本研

---

[1] Clark, B. R.Reforming America's High Schools：Problems and Strategies[R]. Rockefeller Institute Conference Proceedings, 1985: 4-7.

究把中小学看作一个整体。同时为了研究的方便，本研究中，美国中小学仅指在美国境内实施的普通初、中等教育的中小学校，不包括职业学校，也就是说，除职业学校以外的所有公立、私立中小学校都包括在内。

3. 伙伴协作

伙伴协作在本研究中对应的英语为"partnership"，该词一般也译为"伙伴关系""合作伙伴""伙伴合作"等。本研究选择使用"伙伴协作"，主要是参照了国内通行的译法。[1]

需要指出的是，在相关英语研究文献中，对于美国大学—中小学伙伴协作也有采用其他词汇的，如"coalition"（联合）、"alliance"（联盟）、"network"（网络）、"consortium"（合伙）、"collaborative"（合作）等。美国加州大学华裔学者苏智欣研究发现，这些词有时指同样的事情，有时同样的词但表达不同的事情，但大多数情况下，不同的词表达的是不同的事情。[2]美国学者约翰·古得莱得认为，伙伴协作具有三个基本特征：一是协作伙伴需要有一定程度的不相似性；二是目标应该是自我利益的互相满足；三是每一个伙伴协作者

---

[1] 如陈佑清将美国乔治亚南方大学密西·M. 贝内特（Missy M. Bennett）的一篇题为"School-University Partnerships Bests Practices in American Teacher Education"论文译成中文后使用的就是该词 [参见：Missy M. Bennett. 大学与中小学伙伴协作：美国教师教育中的实践 [J]. 当代教师教育，2008（4）]；其他一些研究者在将中文"伙伴协作"译为英文时，大多采用的也是"partnership"一词，如李虎林发表的一篇题为《大学与中小学伙伴协作对职前教师教育的改进——以西北师范大学经验为例》的论文的对应英文标题就是"Preservice Teacher Education Improvement in the Context of University-School Partnership—Taking the Experience of Northwest Normal University as an Example"[参见：李虎林. 大学与中小学伙伴协作对职前教师教育的改进——以西北师范大学经验为例 [J]. 当代教育与文化，2009（4）]；还有如海峡两岸暨香港澳门"学校改进与伙伴协作"学术研讨会的英文会议名称同样翻译为"School Improvement and University-School Partnership"等。当然也有一些不同的看法，如王建军等人认为，协作只是一方寻求另一方的帮助的过程，而合作则要求组织之间的互换，能够体现互惠原则，所以"U-S partnerships"也被译为"伙伴合作"[参见：杨朝晖. "U-S"伙伴合作关系问题研究述评 [J]. 首都师范大学学报（社会科学版），2009（3）]。

[2] Su, Z. X. School-University Partnerships: Ideas and Experiment(1986—1990)[R]. Washington: Center for Education, University of Washington, 1990: 10–11.

必须无私到确保这些自我利益的满足。[1]考虑到本书主要从社会学理论的视角来进行研究，更多地关注伙伴协作的实质内涵，所以不进行词汇意义的细微辨别。基于此，笔者将伙伴协作界定为"个体或团体间为了达到特定的目标而互相合作，并共同承担义务的一种社会行动"。

4. 行动逻辑

在本书中，"行动"一词的含义采用结构化理论中的理解，即人的能动实践。"逻辑"一词是英语中"logic"的音译，在现代汉语中一般有四种含义：思维的规律性；关于思维形式及其规律的科学，即"逻辑学"；客观规律性，如"事物的逻辑"；观点、主张，一般用于贬义。[2]本书论述的美国U-S伙伴协作的行动逻辑接近于上述第三种解释，即美国U-S伙伴协作发展变化、组织运行的一般规律或规则。需要说明的是，这里的"规律"或"规则"并不像自然科学中的法则一样具有因果必然性。或者借用吉登斯结构化理论的观点来说，它是一种"反事实论证"（counterfactual argument）的推测，"它涉及去发现满足特定结果的条件"。[3]吉登斯在别处也指出，"尽管社会科学中的因果概括（causal generalization）在某些方面可能类似于自然科学规律，但是，在最基本的方面，它们是不同于后者的，因为它们依赖于未预期后果的再生产组合"。[4]也正因为如此，本书使用"逻辑"一词来淡化对美国U-S伙伴协作这一行动分析所体现的规律性含义。

---

[1] Sirotnik, K. A., Goodlad J. I. School-University Partnerships in Action：Concept, Cases, and Concerns[M]. New York: Teachers College Press, 1988: 41.

[2] 夏正农，陈至立.辞海（第六版缩印本）[M].上海：上海辞书出版社，2010：1234.

[3] [英]安东尼·吉登斯.历史唯物主义的当代批判：权力、财产与国家[M].郭忠华，译.上海，上海译文出版社，2010：18.

[4] [英]安东尼·吉登斯.社会学方法的新规则——一种对解释社会学的建设性批判[M].田佑中，刘江涛，译.北京：社会科学文献出版社，2003：276.

第二章

美国U-S伙伴协作的历史
考察

在结构化理论看来，"社会科学不可避免地是历史性的"。[1] 分析社会制度组织和变迁的长时间段绵延，可以从"片段特征"（episodic characterizations）和"时空边缘"（time-space edges）的角度来进行。所谓"片段"，指的是"具有特定方向和形式的社会变迁过程，其中包含了特定的结构性转换"。"时空边缘"指的是"不同结构类型的社会之间的接触形式——通常是相互依赖。它们是潜在或者实际社会转型的边缘，不同的社会组织模式之间通常存在着并不稳定的交界面"。[2] 这就启发我们，对美国U-S伙伴协作的历史考察，不能进行"进化论"式的分析，而是要分析特定时空下的结构性特征。结构性特征，也就是"跨越时空的社会系统制度化特征"。[3] 在美国U-S伙伴中，其结构性特征的集中体现就是大学与中小学之间的关系性特征。因此，对美国U-S伙伴协作进行历史考察，也就是分析美国大学与中小学关系的变迁过程。

总体而言，自殖民地时期以来，美国大学与中小学的关系经历了三次变迁：从殖民地时期到南北战争之前，二者之间是一种松散的联系，这可以认为是美国U-S伙伴协作的准备期；从南北战争到第二次世界大战结束，二者表现为一种一般的合作关系，这可以认为是美国U-S伙伴协作的起步期；从第二次世界大战结束至今，二者表现为一种共生关系，这可以认为是美国U-S伙伴协作的形成期。需要强调的是，这种划分并不意味着美国U-S伙伴协作是一种"进化论"的发展模式，这里仅仅是为了阐述的方便。

---

[1] [英]安东尼·吉登斯.历史唯物主义的当代批判：权力、财产与国家[M].郭忠华，译.上海：上海译文出版社，2010：23.

[2] 同上：22.

[3] [英]安东尼·吉登斯.社会的构成：结构化理论大纲[M].李康，李猛，译.北京：生活·读书·新知三联书店，1998：290.

第一节

美国U-S伙伴协作的准备期

从殖民地时期到南北战争前，美国大学和中小学的发展特点表现
为在传统的基础上不断地创新，并取得了积极的成果。在该时期，美
国大学与中小学由于自身以及客观条件方面的原因，其关系表现为一
种松散的联系。我们可以把这一时期看作美国U-S伙伴协作的准备期。

一、南北战争之前美国中小学的发展

从殖民地时期到南北战争爆发，美国中小学经历了从移植到改
造、从无序到有序、从零散到形成规模的发展过程。

1. 殖民地时期美国中小学的发展

美国重视教育的传统从殖民地时期就开始了。殖民地时期，虽然
各方面都比较艰苦，但移民仍然把发展教育置于重要地位，这首先表现
在民众对教育的支持上。最初来到北美大陆的是英国清教徒，他们充分
认识到教育在社会发展中的重要作用，所以从一开始就对兴办学校表现
出极大的热情。例如，新英格兰殖民地区的波士顿镇在建立之后的第六
年，即1635年，便由全体居民投票达成协议，建立了一所拉丁语学校
（Boston Latin School）。到1645年，该校第一座校舍也建立起来。[1]中部

---

[1] Fraser, J. W. The School in the United States: A Documentary History[M]. New York: McGraw-Hill
    Companies, Inc., 2001: 3.

以及南部的殖民地居民，同样对兴办学校表现出极大的热情。以南部殖民地区的弗吉尼亚为例，该殖民地很早就建立了"公立免费学校"的计划，虽然最终没有建成，但是鼓舞了后来者兴建学校。1634年2月12日，一位名叫本杰明·辛姆斯（Benjamin Syms）的种植园主写下遗嘱，将自己位于波阔森河（Poquoson River）附近的200英亩土地和8头奶牛捐献出来，希望建立一所免费学校（free school）来"教育从玛利亚山（Mary's Mount）到波阔森河的伊莉莎白城（Elizb City）教区和波阔森教区的孩子"。[1]他在遗嘱中还特别指出，奶牛的最初增值要用来建立一所足够大的校舍，其后的增值在校长留够用于维持学校的费用后，要按照地方长官的安排支配，剩下的部分则用以支持贫困的孩子或牧区的残疾人。[2]1642年3月，弗吉尼亚议会对辛姆斯的这份遗嘱予以法律上的认可，并鼓励其他人也效仿辛姆斯的做法。关于这所学校确切的成立日期，虽然没有准确的记载，但是可以肯定的是，该学校在议会认可遗嘱后不久便建立了。例如，在一件1647年的作品中，作者这样描述："我不会忘记告诉你，我们已经有一个免费的学校，学校拥有200英亩土地、一个精美的校舍、40头奶牛以及其他的住所。捐赠者本杰明·辛姆斯先生应该永远被记住，值得载入编年史。"[3]在辛姆斯立下遗嘱的同年3月11日，一位名叫托马斯·伊顿（Thomas Eaton）的医生也加入捐助兴建学校的行动中，他捐赠了位于黑河顶端的250英亩土地用于建立免费学校，1638年6月5日又把土地捐赠数量增加到600英亩。[4]1659年9月19日，伊顿又立下遗

---

[1][2]　Cohen, S. Education in the United States: A Documentary History（Volume 1）[M]. New York: Random House,1974: 340.

[3]　转引自：Tyler, L. G. Education in Colonial Virginia: Part Ⅲ: Free Schools[J]. William and Mary College Quarterly Historical Magazine, 1897（2）: 73.

[4]　Campbell, H. J. The Syms and Eaton Schools and Their Successor[J]. William and Mary College Quarterly Historical Magazine，1940（1）: 3.

嘱，不仅明确将自己以前的捐赠写入其中，而且还把12头母牛、2头公牛、20头猪以及床架、桌子、牛奶托盘、烧水壶等很多日用品也捐赠出来。[1]除了弗吉尼亚外，在其他殖民地，如新伯尔尼、查尔斯顿、乔治敦等，也在独立战争前建立了一些学校。[2]

除此之外，移民对教育的重视还表现在学校立法上。1642年，马萨诸塞当局率先颁布学校法。该法不仅对忽视子女和学徒教育的父母和主人提出批评，而且要求他们必须重视孩子的教育，否则要受到惩罚。《1647年马萨诸塞州学校法》（Massachusetts School Law of 1647）进一步规定，拥有50户人口的村镇需从中选出一人来教所有的孩子读写知识，其工资由所教孩子的父母、主人或全体居民来负担；如果人口增长到100户，则需要建立一所文法学校。[3]此后，其他殖民地颁布了类似的法律，如康涅狄格于1650年和1690年两次颁布学校法，普利茅斯于1677年颁布《普利茅斯殖民地1677年学校法》（Plymouth Colony School Law of 1677），宾夕法尼亚于1683年颁布了《宾夕法尼亚教育法》（A Pennsylvania Education Law）等。在具体的规定上，它们基本都以马萨诸塞的学校法为蓝本，有的更加具体。如《康涅狄格1650年学校法》规定，父母和主人如果不能教育好自己的孩子或学徒，那么这些孩子或学徒要在两名地方法官（magistrate）的帮助下到其他主人的门下接受教育若干年，直到男孩21岁，女孩18岁。[4]

---

[1] Cohen, S. Education in the United States: A Documentary History（Volume 1）[M]. New York: Random House,1974: 341.

[2] Urban, W. J.,Wagoner, J. L. American Education: A History (4th edition)[M]. New Youk: Routledge, 2009: 28.

[3] Cohen, S. Education in the United States: A Documentary History（Volume 1）[M]. New York: Random House,1974: 393-394.

[4] Ibid.: 402.

殖民地时期,美国的中小学校主要沿袭宗主国英国的教育制度。美国著名教育史学家劳伦斯·克雷明(Lawrence A. Cremin)称:"几乎当时英格兰学校的每种开办方式都会被殖民地的某个学校当作模仿的原型。""到1650年,学校作为一种体制已经被牢固地移植到北美大陆。"[1]在具体的学校类型上,主要有主妇学校(dame school)、教区学校(parochial school)、市镇学校(town school)、订金学校(subscription school)、拉丁文法学校(Latin grammar school)等。其中前四类主要进行小学教育,第五类主要进行中学教育。主妇学校指的是在家庭的厨房或卧室实施教育的学校,通常教师就是这个家庭的主妇,有时也会是一个寡妇,通常会收取一点学费,主要的教学内容是字母、拼写以及阅读,教学的材料通常是角帖书(hornbook)或初级读本(primer)。[2]教区学校通常由教会设立,通常由牧师担任教师,教学内容除了识字、拼写、阅读、写作等外,还进行宗教教育。市镇学校由地方政府设立,有专门的教师,教学内容基本上也集中在拼写、阅读等方面。订金学校也称"闲地学校"(old field school),一般位于荒废的土地上,属于私立学校,通常由家长按照合约付给教师一定薪水。拉丁文法学校是殖民地时期比较流行的一种中等学校,这类学校主要以传授拉丁文法知识为主旨,既有私立也有公立,收费通常比较高,属于贵族学校。

尽管殖民地时期美国的中小学获得了较大的发展,但是总体来说,中小学校的水平不是很高,不论是学校的规模、数量还是教学质

---

[1] [美]劳伦斯·A.克雷明.美国教育史1:殖民地时期的历程1607—1783[M].周玉军,苑龙,陈少英,译.北京:北京师范大学出版社,2003:139.

[2] Good, H. G. A History of American Education(2nd edition)[M]. New York: The Macmillan Company, 1962: 37.

量等方面都是如此。整个学校的体系也比较零散，不成系统，正如前美国教育史学会主席、美国堪萨斯大学教授约翰·L.如瑞（John L. Rury）教授所言："学校在殖民地是一些脆弱的机构，它们以家庭和教堂等古老而熟悉的形式存在。即使在一些殖民地有高水平的具有说服力的正式教育委员会，实际上似乎很少有人上学，按照今天的标准，只有少数的殖民地青年可以算得上是'受过教育的'。"[1]

2. 独立战争后美国中小学的发展

独立战争开启了美国自主发展的伟大道路，它的胜利不仅缔造了一个新的民族国家，而且为美国资本主义的发展扫清了道路，从而开创了美国历史的新纪元。在这期间，美国的中小学也进入了一个繁荣发展的阶段，逐步摆脱宗主国教育制度的束缚，积极探索在新环境下的发展路径。

首先，普及教育以及建立完整的教育体系受到广泛重视。建国伊始，包括教育在内的美国各项事业百废待兴，为了永葆胜利的果实，为了永远不再受欺压，美国人民以极大的热情投入到新国家的建设中。受启蒙运动思潮的影响，美国人把开启民智作为建设新国家的一项重要举措。美国《独立宣言》的起草者之一，后来担任美国第三任总统的托马斯·杰斐逊（Thomas Jefferson）在1779年提交弗吉尼亚州议会的《知识普及法案》（Bill for the More General Diffusion of Knowledge）中就曾建议，把每一个县划分为若干小区（hundreds），小区中的每一个自由儿童都应该在初等学校学习阅读、写作、算术以及古典学科和美国史等。在这些学校的孩子应该免交学费三年，同

---

[1] Rury, J. L. Education and Social Change: Contours in the History of American Schooling(3rd edition)[M]. New York: Routledge, 2009: 30.

时，每10所学校应有一个监管人（overseer）来任命教师、检查教学计划等。[1]尽管杰斐逊的这份法案最终没有通过，但它代表了当时美国人民对普及教育的渴望。另一位签署美国《独立宣言》的政治领导人本杰明·拉什（Benjamin Rush）于1786年发表了一份类似的建议。在该建议中，拉什呼吁宾夕法尼亚州应建立一个完整的公共学校体系。[2]另外，以编撰《韦伯斯特词典》（*Webster's Dictionary*）而闻名的美国著名学者诺亚·韦伯斯特（Noah Webster）在1790年同样呼吁美国建立一套完整的教育体系。[3]此外，获得1795年美国哲学学会（American Philosophical Society）征文比赛奖的萨缪尔·诺克（Samuel Knox）在其获奖论文中也提议建立一个全国教育系统（a system of national education）。[4]除了这些有识之士的呼吁外，一些州或地区在这期间也积极行动起来，如马萨诸塞州、新罕布什尔州等于1789年首先以立法的形式在市镇设立小学，把初等教育列为政府的职责。到18世纪末，北部各州都有了类似的法律，南部各州也在19世纪初制定了相关法律。[5]

其次，公共教育运动（the Common School Movement）在这一时期蓬勃发展。公共教育运动是20世纪30年代在美国兴起的一场范围广泛的教育振兴运动。该运动最早在新英格兰、纽约和宾夕法尼亚州兴起，后来扩展到每一个州。公共教育运动的目标主要有三个：一

---

[1] Fraser, J. W. The School in the United States: A Documentary History[M]. New York: McGraw-Hill Companies, Inc., 2001: 20-21.

[2] Cohen, S. Education in the United States: A Documentary History（Volume 2）[M]. New York: Random House,1974: 756-758.

[3] Fraser, J. W. The School in the United States: A Documentary History[M]. New York: McGraw-Hill Companies, Inc., 2001: 35-46.

[4] Cohen, S. Education in the United States: A Documentary History《Volume 2》[M]. New York: Random House,1974: 776-778.

[5] 滕大春.美国教育史[M].北京：人民教育出版社，1994：187.

是为每一个孩子提供"免费的初等教育"；二是建立专科性质的教育专业（trained educational profession）；三是建立州领导学校的管理体制。[1]公共教育运动对初等教育发展的影响主要体现在以下三个方面：一是各州通过立法，规定使用税收来兴办公立学校。1834年宾夕法尼亚州首先通过一项免费学校法案，规定州政府有责任发展公立学校。尽管法案没有规定各地区发展公立学校，但是宾夕法尼亚州超过一半的地区兴办了公立学校。后来民众担心政府会通过提高教育税来兴办公立学校，所以提议废除该项法案。州参议院没有任何反对意见，而州众议院大部分议员也支持。但是众议院一位名叫赛迪斯·史蒂文斯（Thaddeus Stevens）的议员提出了反对意见，他认为用于教育的花费远远少于用于监狱以及福利的费用，他提出了一个替代方案，建议使用公共税收的钱来发展公立学校，最后得到了多数认可，法案得以保留。[2]此后，马萨诸塞州以及其他州也相继通过了类似的法案。二是对课程进行了积极的改革。在殖民地时期以及建国后初期阶段，美国初等教育的课程内容主要沿袭宗主国英国的传统，内容基本就是被称为"3R"（Reading，Writing & Religion）的阅读、写作和宗教，后来虽然也有一些扩展，但范围并不是很大。随着公共学校的大规模兴起，这种局面得到有效改善。例如，马萨诸塞州1826年增加了地理课，1857年增加了历史课；俄亥俄州1825年规定所有学校必须教授阅读、书法和算术，1831年允许城市学校教其他学科，1848年又令学校增设地理和语法。其他州也纷纷进行改革，而且各州为了

---

[1] Altenbaugh, R. J. The American People and Their Education: A Social History[M]. New Jersey: Pearson Education, Inc., 2003: 78.

[2] Pulliam, J. D., Patten, J. J. V. History of Education in America (8th edition)[M]. New Jersey:Pearson Education, Inc., 2003: 134.

保证教育质量，对各学科使用的教科书也有明确的规定。[1]另外，这时期的教材开发也得到了积极的发展，如威廉·H. 麦加菲（William H. Mc-guffey）1836年出版的美国语文课本《麦加菲读本》（*McGuffey Readers*）至今都有很大的影响力。三是小学分级制获得较快的发展。从殖民地时期到建国后的很长一段时间，美国的小学是不分级的，通常所有不同年龄的学生集中在一起接受教师的个别教授，这很不利于教学效率的提高。这种情况一直到19世纪20年代以后才有所改观。1818年，波士顿小学首先将学生分成6个班级，相应地，文法学校或中学归为七年级。1823年，文法学校又分成阅读和写作两个部分。另外，这时许多市镇学校都有两个房间，学生按年龄分别在初级班和高级班接受教育。后来，在公共教育运动的推动下，其他一些城市和州也进行了类似的改革。内战前，有一半的州已经建立了自己的学校体系。[2]

最后，在中等教育方面，这一时期文实学校（academy school）和公立中学（public high school）得到积极的发展。文实学校最早由富兰克林（Benjamin Franklin）于1751年在宾夕法尼亚州的费城创立，独立战争后，文实学校在各州得到较快的发展。据美国教育史学家古德（H. G. Good）的估计，在主要的几个州，文实学校的增长速度几乎达到100%—150%，如1775—1800年，弗吉尼亚、马里兰、宾夕法尼亚、纽约、马萨诸塞、俄亥俄、印第安纳等7个州合计有文实学校75所，1801—1820年增至162所，1821—1840年增至479所，

---

[1] 滕大春.美国教育史[M].北京：人民教育出版社，1994：187.

[2] Pulliam, J. D., Patten, J. J. V. History of Education in America(8th edition)[M]. New Jersey: Pearson Education, Inc., 2003: 135.

1841—1860年达到545所。[1]到1860年，在全美6 000余所文实学校中注册的学生数量达到了2.5万人。[2]相对而言，公立中学的发展比较缓慢。公立学校肇始于1821年在马萨诸塞州波士顿成立的英语古典学校（English Classical School）。1824年该校更名为英语学校（English School）。1826年波士顿又开办了一所女子学校。在波士顿的带动下，马萨诸塞州议会于1827年通过了一个关于开办公立中学的法律。该法律对拥有50户、100户、500户以及居民人口达到4 000人的市镇的学校设置以及教学基本内容作出了明确规定。例如，居民达到4 000人的市镇要建立一所学校，教授拉丁语、希腊语、历史、修辞以及逻辑等。[3]此后，其他州也开始仿效马萨诸塞州的做法兴办公立中学。虽然总体而言，这一时期的公立中学发展比较缓慢，但到南北战争前，美国全国已建立了300所公立学校，其中马萨诸塞州占了1/3。[4]

总之，从独立战争结束到南北战争前，美国的中小学取得了较大的发展，特别是在学校的制度化建设上成绩斐然。在小学，除了公立学校得到大规模发展外，私立学校依然存在。在学制上，虽然没有统一，但基本上都是7—8年，一般7岁入学。对中学来说，在这一时期，原来的拉丁文法学校逐渐被文实学校取代。文实学校一般为私立，不过有的州给予文实学校津贴，有的由公众捐款支持。早期的一些文实学校主要教授古典学科，后来扩大到现代学科，特别是一些实

[1] Good, H. G.A History of American Education(2nd edition)[M]. New York: The Macmillan Company,1962: 112-113.

[2] Pulliam, J. D., Patten, J. J. V. History of Education in America(8th edition)[M]. New Jersey: Pearson Education, Inc., 2003: 135.

[3] Cohen, S. Education in the United States: A Documentary History（Volume 1）[M]. New York: Random House,1974: 1252-1253.

[4] Pulliam, J. D., Patten, J. J. V. History of Education in America(8th edition)[M]. New Jersey: Pearson Education, Inc., 2003: 136.

用学科，另外还有一些专科性质的文实学校，如军事文实学校。新兴的公立中学在教学内容上通常比较广泛，没有选修课程，学生通常要求学习全部课程。

二、南北战争之前美国大学的发展

从殖民地时期到南北战争前，美国的大学大体经历了从模仿到创新、从单一到多样、从宗派到世俗的发展历程。

1. 殖民地时期美国大学的发展

美国的大学源于殖民地时期建立的9所学院。1636年建立的哈佛学院是美国最早的高等学校。哈佛学院最初名为"坎布里奇学院"（Cambridge College），1635年，来自英国英格兰的牧师约翰·哈佛（John Harvard）来到马萨诸塞湾的查尔斯城（Charlestown），1638年不幸因病去世，临终前，他把自己的一半家产，即779英镑和400册藏书捐给了坎布里奇学院。1639年为纪念这位捐赠者，马萨诸塞湾总法院将坎布里奇学院更名为哈佛学院。哈佛学院创立半个世纪以后，殖民地的第二所学院威廉—玛丽学院（The College of William& Mary）于1693年在弗吉尼亚创建。第三所学院耶鲁学院（Yale College，最初名称为"联合学校"，1718年为纪念捐赠者而更名）于1701年在康涅狄格建立。第四所学院费城学院（Academy of Philadelphia）于1740年在宾夕法尼亚创建。第五所学院新泽西学院（College of New Jersey）于1746年在新泽西创建。第六所学院国王学院（King's College）于1754年在纽约创建。第七所学院罗德岛学院（Rhode Island College）于1764年在罗德岛创建。第八所学院皇后学院（Queen's College）于1766年在新泽西创建。第九所学院达特茅斯学院（Dartmouth College）于1769年在新罕布什尔创建。

殖民地时期建立的这9所学院都属于私立性质，并具有一定的教派倾向，其教育目的主要是培养宗教人士。例如，哈佛学院1643年出版的一本名为《新英格兰的第一批果实》（New England's First Fruits）的宣传册子中写道："在上帝把我们安全地带到新英格兰，并且建造了房屋，为我们的生活提供了必需品，建立了舒适的礼拜上帝场所之后，我们所寻找和追寻的下一件事情就是促进我们的学习，并且使之永久繁荣；我们现在的神职人员终会逝去，我们不能为教会留下一群没有学识的人。因此我们现在正在思考如何影响我们的事业。"[1]耶鲁学院1745年的特许状中也指出，要训练许多忠诚服务上帝和教会的人。[2]而威廉—玛丽学院的特许状也明确指出，其建校的目的是为弗吉尼亚教堂培养传播福音的神职人员，教育学生具备良好的学识和得体的举止，以及向西部印第安人宣扬基督信仰，以显示上帝的光辉。[3]当然，除了培养宗教人士外，这些学院也培养其他职业的人员，以哈佛学院为例，1642—1689年的388名毕业生中，除5人早逝以及68名不明职业者之外，其余毕业生中，神职人员有180人，医生27人，公职人员42人，教师13人，商人10人，乡村绅士11人，士兵、海员5人，跨行业者5人。[4]由此可以看出，当初这些学院并不是以宗教为唯一目的。在教育内容方面，这些学院的主要课程包括博雅学科、科学和古典文学。美国教育史学家弗雷德里克·鲁道夫（Frederick Rudolph）指出："殖民地学院的课程基本上是16世纪

[1] Cohen, S. Education in the United States: A Documentary History（Volume 2）[M]. New York: Random House,1974: 656.

[2] Ibid.: 672.

[3] Knight, E. W. A Documentary History of Education in the South before 1860: Volume I, European Inheritances[M]. Chapel Hill: University of North Carolina Press, 1949: 401.

[4] [美]劳伦斯·A.克雷明.美国教育史1：殖民地时期的历程1607—1783[M].周玉军，苑龙，陈少英，译.北京：北京师范大学出版社，2003：174.

早期的英格兰课程新传统与强大的知识和社会力量碰撞的结果。"[1]以哈佛学院为例，在17世纪，一年级的学习课程为逻辑、物理、希腊语法、希伯来语法、修辞学、神学问答、演说、历史、植物学；二年级的学习课程为修辞学、神学问答、伦理学、政治学、希腊语法、阿拉姆语（Aramaic）、演说、论辩、希腊诗歌、阿拉姆语阅读；三年级的学习课程为修辞学、神学问答、演说、日常用语、算术、几何、天文学、古叙利亚语、希腊文体、论辩等。[2]在学院刚成立时，师生数量普遍都比较少。哈佛学院在1642年仅有学生20人，1670年达到60人。1609年后的10年间，平均每年毕业13人，1775年毕业生才上升到40人。其他学院也大体如此，如1775年耶鲁学院的毕业生仅为35人，国王学院为13人，达特茅斯学院为11人，宾州学院为8人。[3]教师的数量同样比较少，1755年国王学院的校长雇用了1名助教，两年后雇用了1名教授，他们3个人讲授全部课程；皇后学院在1771年开办时仅有1名助教，威廉—玛丽学院在长达40年的时间里仅有10名教授。[4]在管理上，殖民地时期学院的最高决策机构是董事会，校长由董事会任命，并只对董事会负责。在资金来源上，主要是私人捐赠、政府资助、募捐以及学费等。

总之，殖民地时期的美国大学还不成熟，还处于初步的发展阶段，各个方面都不完善。

---

[1] Rudolph, F. Curriculum: A History of the American Undergraduate Course of Study since 1636[M]. San Francisco: Jossey-Bass Publishers, 1977: 29.

[2] Cohen, S. Education in the United States: A Documentary History（Volume 2）[M]. New York: Random House,1974: 662.

[3] Good, H. G. A History of American Education (2nd edition)[M]. New York: The Macmillan Company,1962: 62–63.

[4] Cohen A. M., Kisker, C. B. The Shaping of American Higher Education: Emergence and Growth of the Contemporary System (2nd edition)[M]. San Francisco: Jossey-Bass, 2010: 30–31.

2. 独立战争后美国大学的发展

独立战争后，美国大学进入了一个全新的发展时期。正如美国著名学者约翰·R.塞林（John R. Thelin）所言，18世纪晚期到19世纪早期，美国高等教育进入了全面革新与消费主义的时代，政府几乎没有任何干预，但是它"并非乱成一团，因为学院不仅呈现了一种创新的发展模式，而且其发展模式顺应了整个国家的地理、人口和经济的变化"。[1]概括而言，这一时期美国大学的发展表现为以下三个方面的特点。

（1）州立大学兴起

美国建国后急需人才，所以建立新的大学成为一种重要的时代需要。1788年本杰明·拉什首先提出建立国家大学的主张，并就大学开设的学科提出了建议，如包括政治、历史、农业、商业、数学、自然哲学、化学、自然史、德语、法语、体育等。[2]后来乔治·华盛顿（George Washington）于1795年和1796年两次提出支持建立国家大学，詹姆斯·麦迪逊（James Madison）在任总统期间曾三次向国会提出创办国家大学的议案。虽然建立国家大学的愿望始终没有实现，却鼓励了一些州建立州立大学。弗吉尼亚州在1776年州宪法中提出设置州立大学，虽然当时并未建成，但是意义重大。此后许多州开始着手建立州立大学，如北卡罗来纳州在1795年正式成立州立大学；佐治亚州于1801年，俄亥俄州于1809年，田纳西州于1820年，印第安纳州于1824年，弗吉尼亚于1825年，亚拉巴马州于1831年，也都分别

---

[1] Thelin, J. R. A History of American Higher Education[M]. Baltimore: The Johns Hopkins University Press, 2004: 41.

[2] Cohen, S. Education in the United States: A Documentary History（Volume 2）[M]. New York: Random House,1974: 803-804.

正式创建州立大学或开始招收学生。到南北战争前，美国当时27个州中，有25个州建立了州立大学。

（2）课程向多样化、职业化方向发展

这一时期，州立大学在课程的革新上表现尤其突出，它们冲破神学与古典主义的桎梏，转而注重较为实用的知识和科学知识。相比较而言，殖民地时期建立的学院比较保守，仍然侧重于传统的古典学科。例如，哈佛大学1800年规定，一、二、三年级都需学习希伯来语、希腊语和拉丁语；另外，一年级还需学习数学，二年级需学习代数、几何、三角；三年级需学习自然科学，四年级需学习伦理学、哲学和基督教教义等。[1] 耶鲁大学在课程改革上更是保守，1828年耶鲁大学针对康涅狄格州议会对其课程设置不切实际和倒退的批评以及外界的压力，发表了著名的《耶鲁报告》（Yale Report of 1828）。报告对古典课程的重要性给予了有力维护，被认为是"保守派的一面旗子"。[2] 相反，州立大学在课程改革上则开放得多。以弗吉尼亚州立大学为例，其创建之初就没有设置神学教授的职位，同时还按专业设置了语言学、数学、自然哲学、自然史、解剖学与医学、道德哲学和法律等学院，允许学生在学院范围内自由选修课程，而且允许各个学院独立颁发毕业文凭。此后，很多州立大学开始仿效这种"平行课程"的设置方案，即既设置古典课程，又设置现代科学课程，允许学生一定程度的自由选择。"南北战争以前，大部分西部州立大学都设立了这类课程。东北部的哥伦比亚大学、纽约大学以及特里尼蒂（Trinity）、拉斐特（Lafayette）和霍巴特（Hobart）等先后采用了这样的计划。"[3]

---

[1]　滕大春.美国教育史[M].北京：人民教育出版社，1994：223.

[2]　施晓光.美国大学思想论纲[M].北京：北京师范大学出版社，2001：37.

[3]　陈学飞.美国高等教育发展史[M].成都：四川大学出版社，1989：38.

（3）专业教育和技术教育得到快速发展

独立战争后，各大学纷纷建立专业学院，促进了大学向现代化方向的发展。专业学院最主要的体现就是医学院和法学院的建立。哈佛大学在1782年建立医学院后，其他大学也开始仿效。例如达特茅斯学院于1798年、马里兰州立大学于1807年、耶鲁大学于1813年先后建立医学院。1817年哈佛大学创办法学院，耶鲁大学和弗吉尼亚州立大学分别于1824年和1826年也成立了法学院。1847年耶鲁大学成立理学院，与此同时，哈佛大学和密执安大学也创设了理学院等。[1]技术教育在这一时期开始得到发展，最著名的有1802年成立的美国军事学院（the United States Military Academy），即西点军校，以及建于1824年的伦斯勒技术学院（Rensselaer Polytechnic Institute），这两所学院都以培养技术人员为目标。

三、南北战争之前美国大学与中小学的关系

如上所述，从殖民地时期到南北战争爆发之前的200多年历史中，美国的大学和中小学基本上呈现出一个不断超越传统、自我发展的过程，是一个在继承中批判，在批判中创新的过程。整个这一时期，无论是大学还是中小学，都成就斐然。但是由于多方面的原因，大学与中小学的联系还比较松散，缺乏一种系统化的办学理念。

1. 大学与中小学之间松散联系的表现

从殖民地时期到南北战争爆发前，美国大学与中小学之间的联系除了通过大学招生这一环节外，几乎再没有其他的途径。在殖民地时期，学院在入学条件上主要强调的是古典学科，所以拉丁文

---

[1] 滕大春.美国教育史[M].北京：人民教育出版社，1994：223.

法学校的毕业生成为大学生源的一个重要来源，这在客观上促进了大学与拉丁文法学校之间的联系。不过，总的来说，大学在这一时期依然保持着完全的主动权，其入学要求主要是根据自身的发展需要制订的，而不是根据拉丁文法学校所教学科。布鲁姆（Edwin C. Broome）曾指出："17世纪文法学校的目的是为上大学做准备。"[1]最初的入学要求比较简单，在后来的发展中，逐渐增加学科数量与难度。例如，1646年哈佛学院的学校章程中提出的入学条件是："任何学者只要能够阅读塔利（Tully）或其他古典拉丁语作家的作品，并且能够独立地创作和讲地道的拉丁语诗歌和散文，能够熟练地掌握希腊语名词和动词的词形变化，那么就可以被本学院录取。"[2]这也就是说，只要熟练地掌握拉丁语和希腊语，就基本具备了进入大学的条件。这一时期的其他学院也基本模仿哈佛学院的做法，制定了类似的入学要求。如耶鲁学院1720年的入学要求是，精通拉丁语法和希腊语法，并能够熟练地和合乎语法地分析拉丁语和希腊语作品，要能用地道的拉丁语创作。[3]威廉—玛丽学院1727年的入学要求是，男孩，年满15岁，并且已经修完文法学校的拉丁语和希腊语课程。[4]正因为如此，美国教育史学家约翰·S. 布鲁贝克（John S. Brubacher）和威利斯·鲁迪（Willis Rudy）指出："整个17世纪甚至远至18世纪美国文法学校的教师，就是对他们的学生进行拉丁语和希腊语的训练，其他学科则很少，因为他们意识到这些学科是上大

---

[1][4]　Broome, E. C. A Historical and Critical Discussion of College Admission Requirements[M]. New York: Columbia University Press, 1902: 24.

[2]　Cohen, S. Education in the United States: A Documentary History（Volume 2）[M]. New York: Random House,1974: 658.

[3]　Broome, E. C. A Historical and Critical Discussion of College Admission Requirements[M]. New York: Columbia University Press, 1902: 28.

学的基本要求。"[1]

　　总体来看，整个殖民地时期大学的入学要求变化比较缓慢。1734年，哈佛学院对入学要求进行了调整："无论是谁，都必须经由校长和2名至少是助教（tutors）的教师测试，证明其能够阅读、解释和分析塔利、维吉尔（Virgil）或其他一些普通古典拉丁语作家的作品，并且能够写地道的拉丁语散文，熟练地创作拉丁语诗歌或至少掌握诗体学法则；能够阅读、解释和分析诸如在《新约》、伊索克拉底（Isocrates）等作家作品中的日常希腊语；掌握希腊语名词和动词的词形变化……这样便可具备哈佛学院的入学要求。"可以看出，调整的主要内容是略去了原来的"说地道的拉丁语"，在创作拉丁语诗歌的要求中增加了"掌握诗体学法则"的选择。[2]1745年，耶鲁学院在其入学要求中首次增加了理解普通算术（common arthritis）的要求[3]。此后，国王学院和新泽西学院也分别于1754年和1760年在入学条件中增加了算术的要求。[4]

　　殖民地时期的大学招生基本采取口试的形式，而且由于所有的学院都缺少学生，所以各学院往往没有严格执行各自制定的入学标准，有时还会减免一些条件。[5]这样，拉丁文法学校就不是完全根据大学的入学要求来实施教学，它们与大学的关系总体上表现为一种若即若离的联系。独立战争后，美国大学与中小学的关系有了一些新的进

―――――――――――

[1] Brubacher, J. S., Rudy, W. Higher Education in Transition: A History of American Colleges and Universities(4th edition)[M]. New Brunswick: Transaction Publishers, 1997: 12.

[2] Broome, E. C. A Historical and Critical Discussion of College Admission Requirements[M]. New York: Columbia University Press, 1902: 29.

[3] Cohen, S. Education in the United States: A Documentary History（Volume 2）[M]. New York: Random House,1974: 675.

[4][5]　Cohen, A. M., Kisker, C. B. The Shaping of American Higher Education: Emergence and Growth of the Contemporary System(2nd edition)[M]. San Francisco: Jossey-Bass, 2010: 29.

展，特别是中小学对大学的入学要求也产生了一定的影响，这在某种程度上促进了二者关系的加深。一方面，殖民地时期的学院纷纷升格为大学，各方面的要求都有了一定的提高；另一方面，逐渐兴起的文实学校和公立中学在教学内容方面有了较大范围的拓展。这两方面的因素使得大学入学要求发生了重大变化。而大学入学要求的变化，反过来又促进了中小学的教育改革。布鲁姆研究后就发现，在18世纪末，大学入学要求基本包括：能够合乎语法地阅读、翻译和解释西塞罗（Cicero）的演说术（Orations）和维吉尔、萨卢斯特（Sallust）或恺撒（Caesar）的作品，包括诸如《圣经》、伊索克拉底作品中的日常希腊语；能够把英语翻译成拉丁语；除哈佛大学外，其他大学还要求掌握普通算术的规则与运算过程。[1]进入19世纪以后，各大学在入学要求的科目上有了明显增加，像地理、英语语法、代数、高等数学、历史、自然科学等在入学要求中都有了明确的规定。除此之外，以前学科的要求也较以往有了一定提高。这就对中学的课程提出了新的要求，如布鲁贝克所言："中学不得不在自己的教学计划中为新的入学要求学科找到位置。"[2]事实也是如此。布鲁姆根据当时著名人物的一些信件以及其他关于学校描述的资料，认为在1800年左右，文实学校的课程一般包括：3R、英语语法、拉丁语、希腊语、地理、代数、几何、自然哲学、天文学、音乐、作文、演讲术、簿记、逻辑和美德等。[3]当然，需要强调的是，二者的影响是相互的。

总之，从殖民地时期到南北战争爆发之前，美国大学与中小学之

---

[1][3] Broome, E. C. A Historical and Critical Discussion of College Admission Requirements[M]. New York: Columbia University Press, 1902: 41.

[2] Brubacher, J. S., Rudy, W. Higher Education in Transition: A History of American Colleges and Universities(4th edition)[M]. New Brunswick: Transaction Publishers, 1997: 12.

间的关系还不是很密切，所以也就不可能存在合作与否的问题。

2. 大学与中小学之间松散联系的原因

从结构化理论的视角来看，从殖民地时期到南北战争爆发前，美国大学与中小学之间之所以表现为一种松散联系，主要有两方面的原因：一是行动者自身，这里指大学与中小学本身；二是社会结构，这里指外部的各种社会条件。

首先，从大学与中小学本身来看，它们没有进一步加强联系的必要。吉登斯指出，对于日常的行为，很少出自动机的直接激发，"只有在较不寻常的背景中，在以某种形式偏离惯例的情境下，动机才可能直接作用于行动"。[1]从整个殖民地时期到南北战争爆发前，我们可以看到，美国大学与中小学的发展总体来说是一种例行常规行动。例如，在殖民地时期，它们更多的是模仿宗主国的教育制度；独立战争后，其发展虽然表现出一些自己的特点，但是在本质上依然没有跳出传统教育制度的范围。这并不是说它们不愿意进行彻底的改革，而是它们根本就没有改革的需要。它们只需依照惯例即可生存下来，所以，大学与中小学根本没有沟通以至合作的必要。对中小学来说，从殖民地时期到南北战争爆发前，总体的情况是没有多少学生愿意或有条件继续进入大学。亚瑟·科恩（Arthur M. Cohen）就曾指出，在殖民地时期，很多家庭更希望自己孩子帮助经营农场或家庭生意，即便是在新英格兰，也很少有学生在上完小学后继续上学。[2]而在独立战争后的很长一段时间内，情形与殖民地时期差不多。有学者这样描述

---

[1] [英]安东尼·吉登斯.社会的构成：结构化理论大纲[M].李康，李猛，译.北京：生活·读书·新知三联书店，1998：66.

[2] Cohen, A. M., Kisker, C. B. The Shaping of American Higher Education: Emergence and Growth of the Contemporary System(2nd edition)[M]. San Francisco: Jossey-Bass, 2010: 26.

独立战争结束后初期的美国教育：“农村中的学校多半都已关闭。在城市中只有一部分私立学校和慈善团体开办的学校仍然开学。在闭塞的乡村生活中，大多数青少年只顾劳动生产，对识字读书毫无兴趣。而成年人则忙于养家糊口，没有时间接受教育，也没有时间考虑子女的教育。城市的状况要好一些，但仍然有很多文盲。”[1]对大学来说，虽然招生把它们与中小学联系在一起，但也并不是一种必需，因为一方面大学招生的数量本身就不多，另一方面一些大学自己也举办拉丁文法学校或设置大学预备班。例如在殖民地时期，哈佛学院、耶鲁学院、威廉—玛丽学院、费城学院都办有拉丁文法学校或学系，以为自己提供生源。[2]除此之外，本地牧师的私人家教或教学也为大学提供生源。[3]在19世纪30年代以后，上述现象才出现较大的变化。因此，南北战争之前，美国的大学与中小学之间基本没有过多联系的必要，它们之间的关系也就不可能进一步加深。

其次，从这一时期的社会结构来看，大学与中小学也没有进一步加强联系的客观条件。尽管结构化理论强调，结构兼具使动性和制约性，但是它同时强调行动的情境性。吉登斯指出，社会系统的结构性特征“在多大程度上构成制约性特征，取决于这一既定行动序列或互动过程的具体情境与实质内涵”。[4]就美国大学与中小学加强联系这一行动而言，从殖民地时期到南北战争爆发前的这一段时间，至少有两个方面的制约因素。一是一种系统化的教育制度在此间还没有完全建

[1]　刘绪贻，杨生茂.美国通史(第二卷)[M].北京：人民出版社，2005：373-374.

[2]　Cucchiara, M. New Goals，Familiar Challenge?: A Brief History of University-Run Schools[J]. Penn GSE Perspectives on Urban Education, 2010(1): 96.

[3]　Brubacher, J. S., Rudy, W. Higher Education in Transition: A History of American Colleges and Universities(4th edition)[M]. New Brunswick: Transaction Publishers, 1997: 11.

[4]　[英]安东尼·吉登斯.社会的构成：结构化理论大纲[M].李康，李猛，译.北京：生活·读书·新知三联书店，1998：281.

立。从前面的论述可知，尽管在独立战争后，有识之士呼吁建立完整的教育体系，但是一直到南北战争爆发前，也仅有一半的州建立了自己的教育体系，而且对于各自的办学目标没有较为清楚的认识。也就是说，这一时期大学与中小学的职能分化过程还没有完成，各自的教学科目还有一定的随意性。例如，1822 年耶鲁学院一年级的课程表中有算术、地理、代数、英语语法，至 1834—1835 年，这些科目除代数外都已经消失，到 19 世纪中期，代数也消失了。这些消失的科目都被转移到中等学校去了。[1] 在这种情况下，即使大学与中小学之间有加强互相联系的愿望，也很难实现，因为各自的职责并不非常明确。二是学校制度建设还不健全。尽管从殖民地时期开始，各地就开始颁布教育法律，但是法律的执行力度不是很大，而且许多学校的办学条件也很差。例如，在殖民地时期，即使在教育"狂热"的马萨诸塞州，"也有不少市镇嫌开支太大，宁愿受罚金处分也不设置学校"。[2] 在独立战争后初期，各州同样表现出对教育的极大热忱，制定了许多教育法律，但是由于资金等所限，并未取得实质性的进展。19 世纪初期，因为经费困难，学校的教室容量不仅很大，而且实施了由学生教学生的贝尔—兰卡斯特制度（Bell-Lancaster System）。这种制度先培养年长学生，然后由年长学生来教其他学生。19 世纪 30 年代兴起的公共教育运动虽然使美国的教育迈出了重要的一步，但是从整体来看，发展很不平衡。在大学发展方面，同样并不尽如人意。例如，从 18 世纪晚期到 19 世纪上半叶，美国各州建立了很多学院，但是其生存率很低。另外，由于资金匮乏，很多学院无法开设广泛的课程，付给教师的工资往往仅能

---

[1] Brubacher, J. S., Rudy, W. Higher Education in Transition: A History of American Colleges and Universities(4th edition)[M]. New Brunswick: Transaction Publishers, 1997: 12.

[2] 滕大春.美国教育史[M].北京：人民教育出版社，1994：60.

维持基本生活。这时的学院基本上不是社会融合的机构。[1]在这样的背景之下，连生存都是问题，更别说通过彼此的合作来共谋发展了。

第二节

美国U-S伙伴协作的起步期

从南北战争到第二次世界大战结束，美国大学和中小学在发展上的特点主要表现为逐步走向现代化。这一时期由于大学招生制度改革和学校教育改革，以及大学和中小学规模的扩大和多元化发展等原因，大学与中小学之间的关系由原来的松散联系转向合作关系。这一时期可以看作是美国U-S伙伴协作的起步期。

一、南北战争至第二次世界大战结束美国中小学的发展

南北战争之后，美国中小学发展取得了巨大的成就，其突出特点就是现代化学校教育体系的建立与完善。

1. 南北战争至第二次世界大战结束美国小学的发展

南北战争后，美国小学的发展最为迅速，这主要表现在三个方面。

---

[1] Cohen, A. M., Kisker, C. B. The Shaping of American Higher Education: Emergence and Growth of the Contemporary System(2nd edition)[M]. San Francisco: Jossey-Bass, 2010: 68-69.

首先，义务教育法得到普遍实施。马萨诸塞州在教育改革方面一直都处于全美领先地位，早在1852年就颁布了义务教育法（Massachusetts Compulsory School Law of 1852），规定家长在孩子8—14岁时每年必须将孩子送到市镇学校，学习时间至少12周，其中至少6周必须是连续的，凡违反者将被取消对孩子的监管权，而且被课以总数不超过20美元的罚款。[1]不过这项法律在当时并没有得到很好的执行，直至南北战争后才有所好转。其他各州在南北战争后也纷纷立法保障儿童的受教育权利。华盛顿哥伦比亚特区于1864年，佛蒙特州于1867年，新罕布什尔州和密歇根州于1871年，康涅狄格州于1872年，内华达州于1873年，纽约州和加利福尼亚州于1874年，缅因州和新泽西州于1875年，俄亥俄州于1877年，威斯康星州于1879年先后颁布了类似的义务教育法。到1890年，有27个州通过了义务教育法，到1918年，美国当时的48个州都通过了这样的法律。[2]在具体的要求上，各州也基本差不多，如纽约州1874年的义务教育法规定，8—14岁孩子的家长每年必须送孩子到公立或私立日校接受不少于14周的教育，而且连续时间至少为7周，所学内容须包括拼写、阅读、写作、英语语法、地理、算术，同时，任何人不可雇佣14岁以下的孩子等。[3]义务教育法的颁布以及执行力度不断提高，这使得美国的初等教育逐步得到普及。据统计，1945年全美7—13岁儿童的注册入学人数达到了0.147 47亿人，入学率达到了98.1%。[4]

其次，课程与教学改革在这一时期也得到蓬勃发展。在课程改革

---

[1] Cohen, S. Education in the United States: A Documentary History（Volume 2）[M]. New York: Random House,1974: 1115.

[2] Urban,W. J., Wagonger, J.L. American Education: A History (4th edition)[M].New Youk: Routledge, 2009: 197.

[3] Cohen, S. Education in the United States: A Documentary History（Volume 2）[M]. New York: Random House, 1974: 1116.

[4] Carter, Susan B., et al. Historical Statistics of the United States: Earliest Times to the Present（Volume 2）(Millennial Edition)[M]. New York: Cambridge University Press, 2006: 406.

方面，南北战争后，美国小学不仅增加了一些新的科目，如历史、自然研究、园艺、农业、游戏、手工、绘画等，而且一些科目的内容也得到全面的更新与增删，使其更加符合社会发展的需要。在教学方法方面，南北战争后初期，瑞士教育家裴斯泰洛齐（Johan Heinrich Pestalozzi）的理论得到大力推广，后来，美国教育家帕克（Francis W. Parker）创立的"昆西教学法"（the Quincy Methods）以及杜威（John Dewey）的"做中学"（learning by doing）等教学方法得到普遍的重视与应用。另外，19世纪90年代小学八年制的分级教学基本稳定下来，第一次世界大战后，小学六年制分级教学得到普遍实施。在该时期，小学按成绩分班教学也有所发展。一些小学为学习困难的学生设立补习班，另外一些小学还实施差异性教学，对不同天资的儿童实施不同层次的教育。如马萨诸塞州坎布里奇市于1910年就在初等学校中设置了两个平行的班次：一种班级的修业年限是6年，主要针对英才儿童；另一种班级的修业年限是8年，针对的对象是普通儿童。[1]

最后，在小学中，一些先进的教学设备等也得到推广使用。例如，幻灯和立体镜之类的设备在南北战争后已经在教室普遍采用了。还有，校舍建筑不仅追求实用，而且追求美观；图书馆、实验室等也逐渐增多。

2. 南北战争至第二次世界大战结束美国中学的发展

在南北战争后，美国中学的发展与改革虽然没有小学那样显著，但是也取得了惊人的成就，为美国社会的发展做出了重要的贡献。概括而言，这一时期美国中学的发展与改革主要表现在以下两个方面。

首先，中学在学校数量与注册学生数等方面都有较大幅度的提高。

---

[1] 滕大春.美国教育史[M].北京：人民教育出版社，1994：374.

南北战争后，在各州政府的重视下，公立中学首先获得较大规模的发展。对于一些经济富裕的州来说，主要的途径就是大力新建中学，对于一些不太富裕的州来说，则在小学开设中学班，以扩大学生接受中等教育的机会。而且由于小学的布局比较分散，开设中学班便于学生就学。在第一次世界大战结束后，普及中学教育成为美国社会的一种共识，所以公立中学获得了更加快速的发展。除了公立中学外，在各教派等社会机构的支持下，私立中学也在该时期获得了较快的发展。美国中学的发展情况，可以通过一些统计数据获得更加直观的认识。例如，1870年美国的公私立中学共有160所，到1880年，仅公立中学就达到了800所[1]；1890年公立中学达到2 526所[2]；1930年公立和私立中学达到27 188所，其中公立中学23 930所；1944年公立和私立中学达到31 984所，其中公立中学28 973所[3]。在学生注册人数方面，据统计，1870年公立中学的注册人数为8万人，1879年达到11万人；1889年公立中学注册学生数达到20.3万人，私立中学注册学生数为9.5万人；1899年公立中学的注册学生数上升到519万人，私立中学达到11.1万人；1919年公立中学注册学生数达到220万人，私立中学注册学生数达到21.4万人；1939年公立中学注册学生数达到660.1万人，私立中学注册学生数达到45.8万人。[4]从相对数量上看，这一时期的中学发展成就也是显著的，如中小学注册学生总数占5—17岁人口的比例1889年为77.3%，1899年上升到78.1%，1919年达到84.4%，1929年达到90.2%，1939年更是上升到93.0%。[5]

---

[1] 刘绪贻，杨生茂.美国通史(第三卷)[M].北京：人民出版社，2005：384.

[2] 滕大春.美国教育史[M].北京：人民教育出版社，1994：378.

[3] Carter, Susan B., et al. Historical Statistics of the United States: Earliest Times to the Present（Volume 2）(Millennial Edition)[M]. New York: Cambridge University Press, 2006: 398.

[4][5] Ibid.: 399-400.

其次，中学在类型、学制、课程和教学等方面也进行了积极的改革。南北战争后，为适应工业化社会发展的需要，美国很多地方开始兴办一些职业性质的中学。例如1880年，圣路易斯市首创工艺中学，随后芝加哥、辛辛那提、克利夫兰等城市也兴办了这样的中学。到1900年，已有百所城市设有工科中学了；1888年，明尼苏达州首创农业中学，艾奥瓦州、伊利诺伊州等随后仿效，亚拉巴马州、佐治亚州、南卡罗来纳州、弗吉尼亚等在20世纪初在农村也设置了农业中学。到1909年，美国独立设置的农业中学已达60所，普通中学设农业科的有346所。此后商业、家政以及综合中学也开始兴办。[1]在这一时期，美国的中学学制也有所发展，20世纪之前多数州的中学学制是3—4年。在1910年之后，"六三三制"得到了广泛的采用，即小学由原来的8年缩短为6年，中学则增加为6年，并将中学分为初中（junior high school）和高中（senior high school）两个阶段，每一个阶段段各3年。1914年美国《小学杂志》（*The Elementary School Journal*）还专门就马萨诸塞州的萨默维尔市和纽约州的罗彻斯特市的初级中学设置情况进行了专门报道。[2]1918年美国中等教育改组委员会（Commission on the Reorganization of Secondary Education）发表的著名报告《中等教育的基本原则》（Cardinal Principles of Secondary Education）的第十一部分还对初级中学和高级中学各自的教育目的提出了具体的建议。例如，在初级中学阶段，应着重"帮助学生探索自己的性向并且对他未来将从事的工作种类做出至少是临时的选择"；在高级中学阶段，"应重点

[1] 滕大春.美国教育史[M].北京：人民教育出版社，1994：381-382.
[2] Cohen, S. Education in the United States: A Documentary History（Volume 4）[M]. New York: Random House,1974: 2324-2325.

给予所选择领域的训练"。[1]在教学改革方面，中等学校的教育目标在这期间首次有了相对统一的认识。在南北战争之前，包括中等学校在内的各级学校在教育目标的确立上相对比较随意，1918年的《中等教育基本原则》报告发表之后，各学校大都按照这一报告提出的7项目标作为办学的宗旨。这7项目标是：(1)保持健康；(2)掌握诸如读、写、算以及表达等基本的能力；(3)成为家庭有效成员；(4)培养职业技能；(5)实施公民教育；(6)善于利用闲暇时间；(7)具有道德品质。[2]此外，在这一时期中学的课程内容与科目也变得更加多样与丰富。例如，1908—1909学年洛杉矶中学的课程类别包括英语、代数、拉丁语、希腊史、罗马史、绘画、音乐、表达、几何、英语史、植物学、动物学、自然地理学、英语作文、希腊语、美国史与美国文明、罗马史、中世纪史、现代语、经济学、生活化学、固体化学、物理学、辩论、生理学、三角学、建筑图等。[3]另外，该时期的一些中学也实施了学分制，如1914年波士顿普通中学（general high school）的毕业要求是76个学分，其中的部分学分要求为：体育锻炼6个学分、卫生学1个学分、唱诗班练习3个学分、英语13个学分、同一外语（the same foreign language）或表音法与打字术7个学分、数学或簿记4个学分、历史3个学分、科学3个学分，绘画、家政学、艺术、手工训练和音乐合起来不超过15个学分等。[4]还有中学把课程分为必修与选修，如俄亥俄州克利夫兰市1914年的学术类公立中学

[1] Cohen, S. Education in the United States: A Documentary History（Volume 4）[M]. New York: Random House,1974: 2282.

[2] Lazerson, M. American Education in the Twentieth Century: A Documentary History[M]. New York: Teacher's College Press, 1987: 79-87.

[3] Willis, G., et al. The American Curriculum：A Documentary History[M]. Westport: Praeger Publishers, 1994: 132-133.

[4] Ibid.: 147.

（Academic High School）的课程分为两种平行的课程，一种为科学课程（scientific courses），一种为古典课程（classical courses）。每一种课程又分为必修课程（prescribed courses）、弹性课程（alternative courses）和选修课程（elective courses）。其中科学课程各学年的分配比例为：第一学年和第二学年必修课程都为 54.54%，弹性课程都为 45.46%；第三学年必修课程为 45.45%，弹性课程为 45.55%，选修课程为 9%；第四学年必须课程为 9%，弹性课程为 82%，选修课程为 9%。古典课程的分配比例为：第一学年和第二学年必修课程都为 77.27%，弹性课程都为 22.73%；第三学年必修课程为 40.9%，弹性课程为 50.1%，选修课程占 9%；第四学年必修课程为 31.81%，弹性课程为 59.19%，选修课程为 9%。[1]

二、南北战争到第二次世界大战结束美国大学的发展

南北战争后是美国大学"美国化"形成的一个重要时期，由此美国大学逐渐成为引领世界大学发展趋势的一支重要力量。具体而言，这一时期的主要发展与改革包括以下三个方面。

1. 建立赠地学院

赠地学院的建立是美国高等教育发展史上一个重要历史事件，对美国大学的发展产生了重要影响。赠地学院的兴建源于 1862 年和 1890 年两次通过的《莫里尔法》（Morrill Act）。早在 1848 年，佛蒙特州的国会议员莫里尔（Justin Smith Morrill）就建议，美国的学院应该"砍掉几个世纪前以欧洲学术为标准建立起来的那部分学习并

---

[1] Willis, G., et al. The American Curriculum：A Documentary History[M]. Westport: Praeger Publishers, 1994: 148–149.

用更具实用价值的学习填补这个空白"。[1]1857年，莫里尔首次提出他的议案，但是当时没有获得最后的通过。1862年，莫里尔再次提交法案，这次终于获得通过，成为正式的法律。该法的主要目的是支持各州农业和工艺教育的发展。其内容主要包括：（1）联邦政府按照1860年国会中各州议员名额拨赠土地，各州每有一名议员可获得3万英亩；（2）各州应使用所赠土地的出售收入，捐助、支持和维持至少一所农工学院，同时该学院还不能排斥科学课程与古典课程以及军事技能课程；（3）出售赠地所获得资金用于购买建校基地或实验农场的比例不能超过10%，其余应投资联邦或州政府的公债（stocks），且利息不能低于5%，投资所获收入应建立永久性基金（a perpetual found）；（4）各州如果在5年内未能按照该法规定建立或支持至少一所农工学院，联邦政府将收回拨赠。[2]该项法律随后便马上得以实施，联邦为此总共赠送土地达1743万英亩，不过各州情况不同，土地的售价也并不相同，平均为每英亩1.65美元，其中最高售价的纽约州每英亩为6.73美元，而最低售价的罗德岛每英亩仅0.41美元。[3]在《莫里尔法》的支持下，美国的农工教育取得了积极的发展。所以在1890年该法再度获得通过。新法规定，联邦政府1890年补助各赠地学院1.5万美元，以后每年增加1000美元补助，连续补助10年；同时还规定，凡是有种族不平等现象的赠地学院则不予补助。

在《莫里尔法》的具体实施上，各州根据自己的情况采取了不

---

[1] Lucas, C. J. American Higher Education: A History[M]. New York: St. Martin's Griffin, 1994: 147.

[2] Cohen, S. Education in the United States: A Documentary History（Volume 3）[M]. New York: Random House,1974: 1528-1529.

[3] Rudolph, F. The American College and University: A History[M]. Athens: The University of Georgia Press, 1990: 252.

同的做法。有的州利用赠地所获资金，在原有的特许农业学院外建立了新的农工学院，如密歇根州、宾夕法尼亚州、马里兰州、艾奥瓦州；有的则是在已有的州立大学中建立了新的项目，如威斯康星州、明尼苏达州、北卡罗来纳州、密苏里州；有的州则建立了与州立大学相竞争的新的农工学院，如俄克拉荷马州、南达科他州以及华盛顿州；还有的州则建立了设有农业、工艺系的新的州立大学；还有州在已有的私立院校中进行农工教育，如康涅狄格州在耶鲁大学的谢菲尔德理学院，罗德岛在布朗大学、新罕布什尔州在达特茅斯学院等；还有的州或通过改进原来的学院或再吸收私立捐赠筹建了新的大学等。[1]

在众多的赠地学院中，康奈尔大学和威斯康星大学是两所具有较大影响的大学。康奈尔大学创办于1865年，是用赠地收入和私人捐助共同兴建的一所大学。在创建之初，其捐助者康奈尔（Ezra Cornell）就宣称："我要创建一所院校，让任何人都可以学到自己感兴趣的学科。"这也成为康奈尔大学办学的一个重要宗旨。[2]在后来的办学实践中，康奈尔大学一直奉行着这样的办学理念，并逐渐形成了影响美国其他大学的重要理念，即"康奈尔计划"（Cornell Plan）。"康奈尔计划"的主要内容包括：全目标课程；课程平等；科学研究；服务社会；面向全体，奖励优秀。[3]威斯康星大学也是一所颇具影响的大学，它创建于1848年，后来获得州政府赠地资金的支持，大力发展农工教育，此后在办学实践中形成了大学服务社会需要的"威斯康星理

[1] Westmeyer, P. A History of American Higher Education[M]. Springfield: Charles C Thomas·Publisher, 1985: 62.

[2] Ibid.: 66.

[3] Ibid.: 70.

念"（Wisconsin Idea）——"人民大学为人民，保护人民免遭对财富
的贪婪、特权以及权力腐败，并且使大学最终成为人民的一种教师—
顾问—伙伴复合体"。[1]威斯康星大学后来成为美国许多大学效仿的
榜样。

2. 建立研究型大学

南北战争后，研究型大学在美国的兴起既与美国的社会经济发
展有关，也与外来的影响尤其是德国大学的影响有关。一方面，南
北战争后，随着美国工业化、城市化、世俗化等的发展，整个社会
的思想文化也需要得到相应的更新；另一方面，19世纪留学德国的
美国人在南北战争前后大批回到美国，为美国研究型大学的发展提
供了重要的思想基础。例如，留学德国的学者亨利·塔潘（Henry
P. Tappan）在1851年出版了《大学教育》（*University Education*）一
书，对德国的大学给予了高度肯定。他在该书中称，德国的大学是
一种模范大学，其优异之处包括两个方面："首先，它们是纯粹的大
学，没有任何附加的学费。其次，它们是完全的大学，拥有图书馆
以及其他所有的学习资源，拥有卓越的神学、法律、医学、哲学、
数学、自然、语文、政治学、历史与地理、美术史与原理，总之拥
有人类知识的每一分支的讲座教授。"[2]第二年，塔潘被选举为密歇根
大学校长后，便开始仿效德国大学，重视学术研究，并取得了积极
的成果。1866年哈佛大学神学院教授弗雷德里克·海德（Frederick
Henry Hedge）在三年一度的校友会上演讲时，对密歇根大学的发展
给予了高度赞扬，认为在哈佛大学200周年庆典之后的时期里，没

---

[1] Rudolph, F. The American College and University: A History[M]. Athens: The University of Georgia Press, 1990: 363.

[2] Tappan, H. P. University Education[M]. New York: George P. Putnam, 1851: 43.

有其他美国大学取得的成就能与密歇根大学相媲美，因此呼吁哈佛大学进行全面的改革。[1]1874年，留学德国的詹姆斯·哈特（James Morgan Hart）在《德国大学：个人经验叙说》（*German University: A Narrative of Personal Experience*）一书中就德国大学的特点、教授、学生、学科等进行了描述，同时还指出："德国大学只有一个目标：训练思想者。它的目标并不是培养诗人、画家、雕塑家、工程师、矿工、建筑师、银行家、制造商。"[2]这期间，也有一些其他的学者通过不同的途径来呼吁美国建立如同德国那样的学术研究型大学。

在南北战争及其以后，学术研究逐渐在美国的大学中获得了重要性地位。1861年耶鲁大学授予了美国第一个哲学博士学位，1872年耶鲁又建立了哲学与艺术研究生系（graduate department of philosophy and art），同年哈佛大学也建立了文理研究生院（Graduate School of Arts and Sciences）。[3]而真正把学术研究作为第一要义的则首推1876年创立的约翰斯·霍普金斯大学。首任校长吉尔曼（Daniel Coit Gilman）在其就职演说中指出："在大学中，教学是必要的，研究是重要的。"[4]所以，约翰斯·霍普金斯大学从一开始就特别重视学术研究，对美国科学事业的发展发挥了积极的作用。据统计，从1876年建校到1926年，美国全国1 000名卓越的科学家中，有243人毕业于该大学。

[1] Hofstadter, R., Smith, W. American Higher Education: A Documentary History（Volume 2）[M]. Chicago: The University of Chicago Press, 1968: 561-569.

[2] Hart, J. M. German University: A Narrative of Personal Experience[M]. New York: G. P. Putnam's Sons, 1874: 251.

[3] Westmeyer, P. A History of American Higher Education[M]. Springfield: Charles C Thomas·Publisher, 1985: 87.

[4] Cohen, S. Education in the United States: A Documentary History（Volume 3）[M]. New York: Random House, 1974: 1564.

到1896年，教师中有3名或以上毕业于约翰斯·霍普金斯大学的美国高校数量超过了60所。[1]约翰斯·霍普金斯大学以学术研究为主的办学实践后来逐渐被美国其他许多大学所效仿，哈佛大学、耶鲁大学、克拉克大学、芝加哥大学等研究型大学都不同程度受到约翰斯·霍普金斯大学的影响。哈佛大学校长查理斯·艾略特曾坦诚地承认：哈佛大学的研究生院直到有了约翰斯·霍普金斯大学做榜样时才取得了快速的发展。[2]

3. 推行选修课程

早在南北战争前，美国就有个别大学开始试验选修课制。例如，1825年弗吉尼亚大学在其奠基者托马斯·杰斐逊（Thomas Jefferson）的建议下，允许学生在古代语言、现代语言、数学、自然哲学、自然史、解剖学与医药学、道德哲学、法律等8个专业领域进行选择，一旦学生选择了其中一个专业领域，那么再就没有可选了，即每一个专业领域的课程都是必修的。不过，如果学生不想获取学位的话，可以自由选择。[3]1826年，阿默斯特学院（Amherst College）也试行了类似弗吉尼亚大学的"平行"课程选修制度，不过两年后宣布失败。此后的一段时间，其他一些大学如特兰西瓦尼亚大学（Transylvania University）、纳什维尔大学（University of Nashville）、佛蒙特大学（University of Vermont）等也试行这样的课程，不过大都也失败了。[4]南北战争之后，选修课程才在美国的

[1] Westmeyer, P. A History of American Higher Education[M]. Springfield: Charles C Thomas·Publisher, 1985: 89.

[2] Brubacher, J. S., Rudy, W. Higher Education in Transition: A History of American Colleges and Universities(4th edition)[M]. New Brunswick: Transaction Publishers, 1997: 182.

[3] Ibid.: 101.

[4] Ibid.: 103.

大学得到蓬勃发展。其中哈佛大学校长艾略特是这项改革的重要发起者。

1869年，年仅35岁的化学家艾略特当选哈佛大学校长。在就职演说中，艾略特表达了他对选修制的支持。他认为，"选修制可以促进学术，因为它能使自然偏向与天生资质得到自由发展，能够激发对选择的可能热情，以及通过把各种各样的小班课程替换为一个包含若干不同节次的大班课程来扩大教学"。[1]艾略特的课程选修制改革虽然遭到了传统势力的抵抗，但还是取得了积极的发展。1872年，哈佛大学大四全部课程都实施了选修，1879年大三所有课程实施了选修，1884年大二所有课程也实施了选修。[2]到1883—1884学年，大学一年级有五分之三的课程也实施了选修制；到1895年，哈佛大学一年级的必修课只剩下两门英语和一门现代外语。[3]在哈佛大学的影响下，美国其他大学也在此后陆续实行了选修制，如康奈尔大学、哥伦比亚大学、斯坦福大学等。1870—1910年是选修制大发展的时期，其中主要形成了四种类型的选修制：完全选修，必、选修各半，主修—辅修制，学科群选修制（group system）等。1901年，一项对美国97所院校的调查显示，至少有70%的课程实施了选修的高校有34所，50%—70%的课程实施了选修的高校有12所，低于50%的课程实施了选修的高校有51所。[4]

[1] Hofstadter, R., Smith, W. American Higher Education: A Documentary History（Volume 2）[M]. Chicago: The University of Chicago Press, 1968: 609–610.

[2] Rudolph, F. Curriculum: A History of the American Undergraduate Course of Study since 1636[M]. San Francisco: Jossey-Bass Publishers, 1977: 194.

[3] Brubacher, J. S., Rudy, W. Higher Education in Transition: A History of American Colleges and Universities(4th edition)[M]. New Brunswick: Transaction Publishers, 1997: 112.

[4] Rudolph, F. Curriculum: A History of the American Undergraduate Course of Study since 1636[M]. San Francisco: Jossey-Bass Publishers, 1977: 196.

三、南北战争到第二次世界大战结束美国大学与中小学的关系

从南北战争到第二次世界大战结束是美国教育逐步走向现代化的重要时期，在这期间，美国大学与中小学的关系也由原来的松散联系转向合作关系，主要表现为两个方面的行动，即学校认证和学校改革。这种合作关系的产生既是美国大学与中小学发展的客观结果，也是它们积极主动建构的结果。

1. 南北战争到第二次世界大战结束美国大学与中小学合作关系的表现

1870年是美国大学招生制度的一个重要转折点，同时也是美国大学与中小学主动合作的一个新起点。这一年，密歇根大学仿效德国大学录取德国中学生的办法，进行了招生制度的改革，即实施证书制度（diploma system）。根据这一制度，密歇根大学成立了一个教师委员会，每年教师委员会到当地的公立中学考察一次，同时各中学要按照当地学校委员会的要求向教师委员会提交一份办学情况的报告，教师委员会基于这份报告对这些中学进行认可。获得认可的中学，其毕业生可以不经考试进入密歇根大学学习。"这样一种关系的建立在一定程度上是大学创建者最大雄心的实现，即建立一个类似于普鲁士的州教育系统——一个从小学到大学的教育整体。"[1]这种制度在美国一经实施即产生了广泛的影响。到1876年，在密歇根州仅存9所大学附属中学了；到1885年，密歇根大学不再局限认可密歇根州内的中学

---

[1] Broome, E. C. A Historical and Critical Discussion of College Admission Requirements[M]. New York: Columbia University Press, 1902: 116.

了，而是扩大了其他州的中学；到1899年，优先通过毕业证书进入密歇根大学学习的学生数量达到了187人，他们来自15个不同的州。[1]密歇根大学的这项改革不久以后也被其他州或大学所采纳。例如，从1874年始，印第安纳大学也实施了依据证书录取学生的制度，不过与密歇根大学不同的是，其生源来自该州学校委员会制定和授权的中学。1879年，威斯康星大学也采取了这种录取办法，其认证的方式是派遣一名教授到中学审查其教学科目与方法，据此决定是否列入认证中学目录中。1884年加利福尼亚大学也引入这一制度。这种认证入学制度主要集中在西部的州立大学中，到1897年，有42所州立大学以及约150所其他高校采纳了这一制度。[2]随着这种认证入学制度的广泛推广，一些专门的认证机构也开始诞生，如1885年在波士顿成立了"新英格兰大学和预备学校协会"（New England Association of Colleges and Preparatory Schools）；1887年"宾夕法尼亚州大学协会"（College Association of Pennsylvania）成立，一年后马里兰州也加入，1892年更名为"中部各州与马里兰大学和预备学校协会"（Association of College and Preparatory Schools in the Middle States and Maryland）；1895年"南部各州大学和预备学校协会"（Association of Colleges and Preparatory Schools of the Southern States）和"北中部各州大学与中学协会"（North Central States Association of Colleges and Secondary Schools）成立等。这些机构为大学与中小学之间的合作提供了重要的便利条件。

1892年，美国教育协会（National Education Association）在纽

---

[1] Broome, E. C. A Historical and Critical Discussion of College Admission Requirements[M]. New York: Columbia University Press, 1902: 117.

[2] Ibid.: 117-118.

约萨拉托加（Saratoga）召开了有来自高校47人和中小学42人共同参与的"全国教育委员"（National Council of Education）会议。会上成立了由哈佛大学校长艾略特担任主席的"十人委员会"，其主要任务是致力于促进"全国范围内的标准化中学课程以及大学入学要求"。[1] 为了完成这一任务，"十人委员会"首先组建了由大学人员和中学人员共90个成员（47人来自高校，43人来自中学，1人为曾在高校工作过的政府官员）组成的9个研讨小组（每组10人），每组研讨一个主题，分别为:（1）拉丁语;（2）希腊语;（3）英语;（4）其他现代语言;（5）数学;（6）物理、天文学和化学;（7）自然史（生物学，包括植物学、动物学和生理学);（8）历史、公民治理和政治经济;（9）地理学（自然地理学、地质学和气象学）。经过长达一年多的调查和讨论后，"十人委员会"于1893年12月4日向美国教育协会提交了著名的《十人委员会关于中等教育研究的报告》（Report of the Committee of Ten on Secondary School Studies）。该报告虽然重点关注的是中学课程的安排问题，但同时也涉及了中学课程如何与小学和大学课程衔接的问题。例如，报告不仅对从小学到中学12个年级的课程安排提出了循序渐进的具体建议，而且也对大学提出了一些建议。报告指出，大学不仅应该关心中学的发展，也应该关心小学的发展；大学"虽然已经培养了大量优秀的中学校长和学术研究人员，但这还不够。它们应该通过校长、教授和其他教师积极地改进当地的学校，而且在有关影响中小学发展问题的深入讨论中积极地贡献自己的力量"。[2] 为了推进这份报告所提出的建议，美国教育协会中

[1] Altenbaugh, R. J. Historical Dictionary of American Education[M]. Westport: Greenwood Press, 1999: 90.
[2] National Educational Association. Report of the Committee of Ten on Secondary School Studies with the Reports of the Conferences Arranged by the Committee[M]. New York: The American Book Company, 1894: 54−55.

等教育分会（Department of Secondary Education）和高等教育分会（Department of Higher Education）于1895年联合成立了"十三人委员会"，即"大学入学要求委员会"（Committee on College Entrance Requirements），并被授权"研究大学入学要求的问题，以协调中学和大学之间的关系，最终使前者——作为人民的学校——可以进行标准化的工作，并且同时使它们的学生做好进大学和进技术学校进一步学习的充分准备"。[1]该委员会于1899年提交了一份报告，对"英语""外语与文学""历史、公民和经济""数学""科学"等课程在中学阶段的具体教学内容以及大学入学要求提出了建议。该报告与"十人委员会"的报告一样，都强调了各阶段教育之间的衔接，同样影响深远。有研究者指出，直到19世纪90年代，许多州才有了系统化办学的思想，即学生学完4年的中学课程，继续4年的大学学习，然后取得学士学位，构成一个整体。[2]这之后，一些统一的大学入学考试得以组织，如1926年首次举办的学术性向测验，这对促进大学与中小学之间的合作发挥了积极的作用。

自进入20世纪后，美国大学与中小学之间的合作关系有了实质性的进展，特别体现在进步教育运动的改革实践中。著名的有美国教育家约翰·杜威的芝加哥实验大学初等学校（1896—1903年）、库克（Flora J. Cooke）的帕克学校（1901年）、梅里亚姆（J. Meriam）的密苏里大学初等学校（1904年）等。1919年，美国进步教育协会成立后，这种实验学校又产生了很多，其中多数都是由大学教师参与创建的，这可以说是大学与中小学合作关系建立的肇

---

[1] National Educational Association. Report of the Committee of Ten on Secondary School Studies with the Reports of the Conferences Arranged by the Committee[M]. New York: The American Book Company, 1894: 5.

[2] Wechsler, H. S. Access to Success in the Urban High School: The Middle College Movement[M]. New York: Teacher College Press, 2001: 2.

始。1930年，进步教育协会又专门成立了"大学与中学关系委员会"（Commission on the Relation of School and College），其目的包括两个：一是"在中学建立允许与鼓励重建的大学与中小学关系"；二是"通过探索与考察，发现美国的中学如何能够更有效地服务于年轻一代"。[1]该委员会从成立起，便开始了积极的研究。首先，该委员经过一年多的调查和讨论，于1931年发表了一份报告，指出了中学存在的主要问题，并提出了建议。1932年，委员会又发表了一份题为《关于学校和大学更好合作的建议》（A Proposal for Better Co-ordination of School and College Work）的报告，报告就大学与中小学之间的合作提出了具体的实验计划。其主要包括两个阶段：（1）"从1933年到1936年，参与研究的中学在中学与大学关系委员会和专门指导委员会的督导和协调下，在实验中学内部实施多方位教育革新，主要是按照进步教育的原则自由制定学校教学机会，编制课程，实施民主管理，鼓励教师参实验研究，并与学生合作开展各项实验活动"；[2]（2）"从1936年到1941年，由合作大学根据双方事先签订的协议从合作中学招收毕业生，不经过传统的入学考试，依据合作中学校长的推荐信和学生在中学表现的详细记录录取学生，时间为5年，由专门委员会跟踪研究"。[3]1933年，委员会便启动了这项长达8年的实验研究，主要实施方案是，选取30所中学（后来有1所退出），在这些中学按照进步教育的一些原则进行课程与教学改革，而参与的300余所大学则对这些实验学校的毕业生不进行入

---

[1] Aikin, W. M. Adventure in American Education Volume 1: The Story of the Eight-Year Study with Conclusion and Recommendations[M]. New York: Harper & Brothers, 1942: 116.

[2][3] 杨捷.重构中学与大学的关系：美国进步教育之"八年研究"初探[M].北京：中国社会科学出版社，2008：46.

学考试，而是通过合作学校校长的推荐信及中学阶段的成绩记录等选拔，选拔入学的学生将在大学接受进一步的跟踪研究，以确定实验是否成功。这项被称为"八年研究"的实验进一步推动了美国大学与中小学合作关系的新进展。

2. 南北战争到第二次世界大战结束美国大学与中小学建立合作关系的原因

南北战争到第二次世界大战结束期间，美国大学与中小学合作之所以能够得到发展，首先与它们对各自发展的反思性监控有关。如上所述，在这期间，无论是大学还是中小学，其发展都比较迅速，但是在这个过程中也出现了如结构化理论所言的"行动的意外后果"，具体表现在中学教育与大学教育的脱节。

南北战争后，为了提高广大民众的受教育水平，让更多的人接受教育，美国中小学进行了大规模扩张。这期间，无论是学校的数量还是注册学生的数量，相较以前都有较大幅度的增长。克雷明指出："学校教育在19世纪70年代以后的那个世纪得到了迅速发展，越来越多的美国人在他们越来越长的寿命中把更多的时间花费在求学上。与适龄入学的青少年总人数及美国人口总数相适应，按录取人数算，入学率呈持续增长趋势。至1940年，25岁或者25岁以上的普通美国人已接受了8.6年的学校教育。"[1]受教育机会的增加，不仅对美国民众的发展，而且对美国社会的发展也具有重要的积极意义，因为知识是一种重要的生产力，而教育正是传播知识和创造知识的基本途径。同样，在这期间，美国大学也取得了较大规

---

[1] [美]劳伦斯·A.克雷明.美国教育史3：城市化时期的历程1876—1980[M].朱旭东，等译.北京：北京师范大学出版社，2002：598-599.

模的发展。例如高等教育机构（包括四年制大学与学院、师范高校以及两年制学院等）1869年共有563所，1921年增加到1 162所，1931年增加到1 460所，1941年增加到1 720所；注册学生数1869年为6.3万人，1921年为68.1万人，1931年为115.4万人，1941年为140.4万人；注册学生数占18—24岁人口的比例1869年为1.3%，1921年为5.2%，1931年为7.4%，1941年为8.4%。[1]就是说，在这期间美国中小学和大学在扩大美国民众的受教育机会方面取得了巨大的成就。但是在这一行动过程中，也产生了一些意外的后果，例如由于中小学的快速发展，具备上大学资格的人逐渐增多，而大学又不可能全部容纳这些人，由此导致中学发展与大学发展的紧张关系。

另外，从招生政策来看，南北战争之前，美国各大学的招生大多采取自主选拔制。这种选拔方式让大学有充分的自由，能够根据自身的理念招收更加适合自己的学生，同时也有利于大学形成自己的办学特色。但是大学的这种行动在实现自身原初目的的同时也带来了一些意外后果，主要表现为中学在办学上显得无所适从，因为不同的大学在入学要求的标准上并不完全相同。例如即使大学入学要求的课程名称相同，也有程度的差异，而意欲上大学的中学毕业生在不断增加，这对于中学办学实践来说，就显得很难调整。特别是随着大学与中学数量的不断增加，这种自主招生实践带来的意外后果就更加明显。

从结构化理论来看，行动者是具有反思性监控能力的，其中的一

---

[1] Carter, S. B., et al. Historical Statistics of the United States: Earliest Times to the Present（Volume 2）[M]. Millennial Edition. New York: Cambridge University Press, 2006: 439-441.

个重要表现就是在行动过程中习惯性地监控自己所处情境的社会特性与物理特性，并根据情境变化自觉调整自己的行动。意外后果的出现即表现为一种情境的变化，行动者通常会根据这种意外后果来调整自己的行动。在南北战争后到第二次世界大战结束之间的这个时期，美国中小学和大学针对上述行动的意外后果，即中学教育和大学教育的脱节，进行了有关合作关系的建立，也就是说，这种合作关系的建立是与大学和中小学的能动作用分不开的。例如前面提及的"证书制度"招生实践以及后来的"八年研究"实验，都体现了一种大学和中小学的积极主动所为。

当然，除了大学与中小学积极主动的原因外，大学与中小学的客观发展也是南北战争到第二次世界大战结束期间美国大学与中小学合作关系建立的重要原因。这种客观发展主要体现在以下两方面：一是中小学和大学在规模上的壮大为二者的合作提供了必要的条件。南北战争结束期之所以出现"证书制度"的招生方式，与中学规模的扩大不无关系，因为如若大学的生源是需求大于供给的话，那么中学自然可以毫不理会大学提出的"认证"，因为即使不与大学进行这样的合作，其毕业生自然也有较多的机会入学。而随着中学数量的增加以及入学人数的增加，可供选择的生源也逐渐增多，这时大学就可以根据自己的要求来规范中学办学。后来的统一招生考试以及"八年研究"的开展等，同样与中小学和大学的规模壮大有很大关系。二是中小学与大学的多元化发展也是二者合作的必要条件。在这一时期，无论是中小学还是大学，在学校类型、课程、教学方法等方面均呈现出争奇斗艳的景象，这种多元发展为满足人们的不同需求提供了重要的保证。这样，无论是"证书制度"的实施，还是"八年研究"的实验都不会对人们的选择造成很大的威胁，因为毕竟还有其他途径，这样在发展中就不会有更大的阻力。例如，"证书制度"以及后来的统一考试虽然广为接受，但并不是所有的大学都采用，也不是唯一的方式。

第三节

美国U-S伙伴协作的形成期

第二次世界大战结束以来，美国大学和中小学的发展特点是走向教育民主化并追求教育的优质化。在该时期，为了在世界教育格局中提高自身的地位，加上教育资源的大发展，美国大学和中小学在合作的广度和深度上都较之前有很大的发展，并逐步形成了一种共生关系，这一时期是美国U-S伙伴协作的形成期。

一、第二次世界大战结束以来美国中小学的发展

第二次世界大战结束以来，美国中小学发展取得了巨大的成就，主要表现为向科学化、民主化等方向发展。

1.《国防教育法》与美国中小学的改革

第二次世界大战结束后的第一个10年，是美国社会生活和教育的一个重要转型期。在教育领域，最重要的体现就是，不管是出于公共政策的考虑还是出于个人利益的考虑，社会各界对教育的批评声音

不绝于耳。同时，在这几年，美国人力资本革命也最终进入了巅峰时期。[1]对教育的批评主要集中在两个方面：一是学校缺乏对智力发展的足够重视；二是教师的素质低下，不足以胜任。[2]在这众多的批评中，亚瑟·贝斯特（Arthur E. Bestor）于1953年出版的《教育荒漠：我们公立学校学习的退却》（*Educational Wastelands: The Retreat from Learning in Our Public Schools*）最猛烈、最尖锐，也最有影响。克雷明称，当时"教育界人士和社会人士都阅读了这本著作，并对它进行了评论"。[3]在贝斯特看来，"真正的教育就是通过基本学科的学术训练审慎地培养思维能力。这些基本学科包括历史、英语、科学、数学和外语"。[4]

1957年，苏联成功发射了世界上第一颗人造地球卫星，美国朝野一片震惊，这更加剧了美国社会各界对教育的批评，改革教育的呼声高涨。例如，1958年3月24日《生活》（*Life*）杂志发表的一篇题为《教育危机》（*The Crisis in Education*）的文章指出，"在学校应该教什么的问题上没有达成一致的看法。四分之一个世纪的时间浪费在关于是让孩子很好地适应还是教给他们一些东西的争吵上"。[5]而在联邦政府，"在不到一年的时间里，国会议员们就以疯狂的热情提出了近一千五百个涉及教育的议案，并且至少通过了几十个涉及教育的法令"。[6]1958年9月2日，由美国总统艾森豪威尔（Dwight David

[1] Rury, J. L. Education and Social Change: Contours in the History of American Schooling(3rd edition)[M]. New York: Routledge, 2009: 179.

[2] Altenbaugh, R. J. The American People and Their Education: A Social History[M]. New Jersey: Pearson Education, Inc., 2003: 356-357.

[3][4] [美]劳伦斯·阿瑟·克雷明.学校的变革[M].单中惠，马晓斌，译.济南：山东教育出版社，2009：303.

[5] Lazerson, M. American Education in the Twentieth Century: A Documentary History[M]. New York: Teacher's College Press, 1987: 144.

[6] 王英杰.美国高等教育的发展与改革[M].第2版.北京：人民教育出版社，2002：35.

Eisenhower）亲自签署的《国防教育法》（National Defense Education Act of 1958）是其中最重要的一部法令，对美国中小学的改革产生了广泛的影响。《国防教育法》把教育与国家的安全联系起来，涉及教育系统的各个层次，其中关于中小学方面的改革内容主要有以下两点。一是加强自然科学、数学和现代外语教学，并提供资助。该法要求州政府使用所拨经费购置用于公立中小学学术科目教育的实验室设备和其他设备，包括视听材料、测验评分设备等。二是加强有才能学生的教育。州政府要对公立中小学的学生进行测验，以鉴定有才能的学生，并因材施教；同时鼓励这些学生完成中等教育，考入高等教育机构。

《国防教育法》颁布后，美国立即着手进行中小学教育的改革。例如，一些专业组织，如物理科学研究委员会（Physical Sciences Study Committee）、生物科学研究委员会（Biological Sciences Study Committee）、学校数学研究组（School Mathematics Study Group）等迅速开发了物理、化学、数学和生物等新课程。[1]总体而言，此次改革的重点集中在该法提及的自然科学、数学、现代外语等学科上。在自然科学方面，主要是将物理学从选修课改为至少一年的必修课，在内容上更加强调理论性、系统性以及知识结构等。在数学方面，用代数、几何、三角等取代了以前偏重应用的混合数学，"甚至包括了线性代数、微积分、概率和统计等内容"。在外语方面，主要是强调阅读原著，以及增加学习年限和学时等。[2]"此外，还有地学、古典著作、音乐教育等学科的改革。总之，……这次美国的课程改革是全面

[1] Urban,W. J., Wagonger, J. L. American Education:A History (4th edition)[M]. New Youk: Routledge, 2009: 336.
[2] 王英杰等.美国教育[M].长春：吉林教育出版社，2000：135.

的，并不止于数、理、外这三个方面。这次改革的特点，是自上而下的，由高等院校的专门学者主持进行的，是全国范围的。"[1]

2. 民权运动与美国中小学的改革

1954年，美国最高法院对"布朗上诉托皮卡教育委员会"（Brown v. Board of Education of Topeka）案的判决规定，公立学校中的种族隔离政策是不合法的。由此拉开了美国黑人争取民权的运动。有研究者指出："'布朗案'在美国历史上是一个不容置疑的分水岭。"[2]反对种族隔离的民权运动最初主要发生在南方，后逐渐扩展到全国，并且在社会各个领域都产生了重要影响。"民权运动在教育领域的影响主要体现为一系列迫于黑人和其他少数群体的压力而制定的法令，以及迫于各种少数群体提起诉讼而制定的法令。"[3]其中，1964年通过的《民权法》（Civil Rights Act）是最重要的一部。该法的第四条明确提出，公立学校取消种族隔离，要进行一个全国性的调查以决定平等教育机会的可获得性，要提供技术支持帮助各州制定取消学校中种族隔离的计划；第六条规定，在联邦政府资助的教育计划中禁止种族歧视，例如在中小学的入学要求上不得考虑种族、肤色以及国籍等。[4]

为应对《民权法》第四条提出的要求，1964年美国开展了一项由约翰斯·霍普金斯大学的詹姆斯·科尔曼（James S. Coleman）主持进行的教育机会均等调查。该调查持续了两年，1966年发表了题

---

[1] 马骥雄.战后美国教育研究[M].南昌：江西教育出版社，1991：36.

[2] [英] J·R·波尔.美国平等的历程[M].张聚国，译.北京：商务印书馆，2007：303.

[3] Urban, W. J., Wagonger, J. L. American Education: A History (4th edition)[M]. New Youk: Routledge, 2009: 359.

[4] Cohen, S. Education in the United States: A Documentary History（Volume 5）[M]. New York: Random House, 1974: 3370.

为《教育机会均等》（Equality of Educational Opportunity）的调查报告。报告表明，种族隔离的现象在美国公立中小学校还普遍存在，影响学生成绩的主要因素是家庭的社会经济背景，种族融合能够提高学生的成绩。[1]同年，美国联邦教育署（Office of Education）还根据《民权法》第六条制定了"学校反种族隔离计划政策修订意见"（Revised Statement of Policies for School Desegregation Plans Under Title Ⅵ of the Civil Rights Act of 1964），提出了在公立学校取消种族隔离的一些具体实施方案，包括去除双元制学校结构，反对学校雇员中的种族歧视等。[2]自《民权法》颁布后，在各种因素的影响下，美国很多地方都进行了公立中小学种族融合的实践，主要包括"重新分配学生"和"校车运送学生"。"重新分配学生"主要指的是取消原来的种族隔离学校，把白人学生和其他种族的学生安置在同样的学校中。据美国民权委员会（U. S. Commission on Civil Rights）1977年发表的一份报告，在1966—1975年的10年间，518个样本学区中，平均31.2%的学生进行了重新分配，其中通过法院干预实现的平均占40.7%，通过卫生、教育与福利部（Department of Health, Education & Welfare，简称HEW）干预实现的平均占34.1%，通过本地教育部门干预实现的平均占19.9%。[3]"校车接送学生"主要指以前校车只接送白人学生，现在扩大到黑人等种族的学生，而且不再进行区分。

---

[1] Coleman, J. S., etc, Equality of Educational Opportunity[M]. Washington: U. S. Government Printing Office, 1966: 3–34.

[2] U. S. Department of Health, Education & Welfare Office of Education. Revised Statement of Policies for School Desegregation Plans Under Title Ⅵ of the Civil Rights Act of 1964[M]. Washington: U. S. Government Printing Office, 1966: 1–9.

[3] Williams, J., etc. Reviewing a Decade of School Desegregation 1966—1975[M]. Washington, D. C.: U. S. Commission on Civil Rights, 1977: 38.

民权运动对20世纪60年代美国联邦政府的教育立法产生了重要影响，其中之一便是由约翰逊（Lyndon B. Johnson）总统呼吁"向贫困宣战"（War on Poverty），并于1965年4月11日签署的《初等和中等教育法》（Elementary and Secondary Education Act）。[1]约翰逊总统在评价这部法案的通过时称："我预测支持这一法案通过的国会两党议员将会被载入美国社会伟大开端的历史人物之中。"[2]《初等和中等教育法》是美国教育发展史上最重要的法令之一，它重申了种族融合的教育政策，并制定了对处境不利儿童的教育措施，使美国教育在民主化的方向上又向前迈进了一步。在该法令的推动下，美国低收入家庭的儿童以及其他处境不利的儿童（如缺陷儿童、流动儿童、无人照管儿童或过失儿童等）的教育权利得到了较为有效的保障。

3.《国家处在危险中：教育改革势在必行》与美国中小学的改革

在第二次世界大战结束后20多年的发展中，美国的中小学在规模上取得了较大发展。据统计，到1970年，美国K-12公立和私立学校学生注册人数达到了5 125.7万人，占5—17岁人口的97.5%，而在1945年，这两个数字分别为2 612.4万人和91.6%。[3]在不同种族学生的注册比例上，同样显示出显著成效。统计显示，1950年白人学生的注册数占5—19岁白人人口的比例为79.3%，非白人人口的相应比例为74.8%，到1970年，两者分别上升到90.8%和89.4%，1971年为90.9%和90.8%，1972年则为90.0%和90.1%，这时，非白人学生的

---

[1] Fraser, J. W. The School in the United States: A Documentary History[M]. New York: McGraw-Hill Companies, Inc., 2001: 295.

[2] Ibid.: 297.

[3] Carter, S. B., et al, Historical Statistics of the United States: Earliest Times to the Present（Volume 2）[M]. Millennial Edition. New York: Cambridge University Press, 2006: 400.

注册比例首次超过白人学生。[1]尽管取得了这些成就，美国中小学教育还是暴露出一些问题，如学生的基础学科成绩并不很理想，美国全国教育进展评价（National Assessment of Education Progress）（总分为500）显示，1975年，9岁儿童的阅读水平达到200分的占62.1%，而达到250分的仅占14.6%，1978年9岁儿童的数学水平达到200分的占70.4%，达到250分的占19.6%，达到300分的仅占0.8%；1975年13岁儿童的阅读水平达到250分的占58.6%，达到300分的仅占10.2%，1978年13岁儿童的数学水平达到250分的占64.9%，达到300分的占18.0%，达到350分的则仅占1.0%；1975年17岁儿童阅读水平达到250分的占80.1%，达到300分的占38.7%，1978年17岁儿童数学水平达到300分的占51.5%，达到350分以上的占7.3%。[2]针对这一问题，20世纪70年代末美国中小学教育兴起了"回到基础"（Back to the Basics）运动。该运动主要强调对学生基本技能的训练，其带来的中小学改革主要包括如下一些方面：一是在小学阶段强调以读、写、算为重点，中学阶段要注重英语、科学、历史与数学等；二是强调教师在教学过程中的主导作用，要更多地强调练习、复述、作业等；三是要对学生的基本技能进行最低限度能力的测验等。[3]

在"回到基础"运动的推动下，1981年8月26日美国教育部（U. S. Department of Education）成立了一个由18人组成的"全国高质量教育委员会"（National Commission on Excellence in Education），要求检视美国教育质量并完成一份报告。经过一年半时间的调查，委员

---

[1] Carter, S. B., et al, Historical Statistics of the United States: Earliest Times to the Present（Volume 2）[M]. Millennial Edition. New York: Cambridge University Press, 2006: 431-432.

[2] Ibid.: 425.

[3] 马骥雄.战后美国教育研究[M].南昌：江西教育出版社，1991：48-49.

会于1983年4月26日发表了题为《国家处在危险中：教育改革势在必行》（A Nation at Risk: the Imperative for Educational Reform）的报告（以下称《国家处在危险中》）。报告的开篇即指出："我们的国家处在危险之中。我们在商业、工业、科学和技术创新方面的世界领先地位目前正被竞争者赶上。……现在我们社会的教育基础正受到平庸潮流的侵蚀，它威胁着我们国家和人民的未来。上一代人不可想象的情形现在出现了——其他国家正在赶超我们的教育成就。"[1]报告对美国教育的"危险指标"进行了概要说明，最后对美国教育改革提出了建议。这些建议包括:（1）加强中学"五项新基础课程"（Five New Basics）——英语、数学、科学、社会研究、计算机科学，为此需要延长学生在校学习时间或年学习天数;（2）提高学习标准与要求，五门新基础课程应进行标准化成绩测验;（3）改进师资培养，提高教师专业标准以及教师的地位和待遇;（4）各级教育工作者和官员要协助和领导教育改革的实施，同时，社会公民要给予必要的财政资助。[2]

《国家处在危险中》发表后，对美国教育产生了广泛的影响，引发的讨论也是空前的。美国各州纷纷行动起来，以这一报告为基础进行了积极的改革。"到20世纪80年代中期，全美成立了超过200个重要的州级委员会来改善公共教育。"[3]1988年美国教育部长威廉·贝内特（William J. Bennett）在向美国总统和美国人民提交的报告《美国教育：让它行动起来》（也译《关于美国教育改革的报告》）（American

---

[1] National Commission on Excellence in Education. A Nation at Risk: the Imperative for Educational Reform[M]. Washington: U. S. Government Printing Office, 1983: 5.

[2] Ibid.: 23-33.

[3] Rippa, S. A. Education in a Free Society: An American History(8th edition)[M]. New York: Longman, 1997: 271.

Education: Making It Work）中称，在《国家处在危险中》发表后不到一年的时间里，就有35个州提高了中学毕业要求。其他的改革举措还包括增加教育经费，制定新的学校合格标准，加强新基础课程教学，培训教师，延长教学时间等。[1]1991年美国教育部发表的报告《美国2000年教育战略》（America 2000: An Education Strategy）基本继承了《国家处在危险中》的主张。这份报告明确指出："全国高质量教育委员会向我们宣布'国家处在危险中'已经过去8年了，而我们并没有转变教育局势。几乎我们全部的教育都没有发生任何起色。""自1980年以来，我们中小学教育的总开支已经翻了一番之多——而学生数量大体没变。……但结果却没有得到改善，我们还没有全面发挥我们的潜力，还没有得到我们的全部所需。"[2]该报告还提出美国2000年的6项教育目标：(1)所有开始上学的美国儿童都做好学习的准备；(2)中学毕业率至少提高到90%；(3)美国学生在四年级、八年级和十二年级学业结束时获得英语、数学、科学、历史和地理等挑战性学科的竞争能力；(4)美国学生在科学、数学成绩方面居世界首位；(5)每一个成年美国人都能读书识字，具备全球竞争的知识和技能；(6)每一所美国学校都有一个良好的学习环境。[3]从这些目标可以看出，重视基础知识和技能仍然是美国中小学教育改革的一个重点。

二、第二次世界大战结束以来美国大学的发展

第二次世界大战结束以来，美国大学的发展特点主要表现

---

[1] Bennett, W. J. American Education：Making It Work[M]. Washington: U. S. Government Printing Office, 1988: 7-20.

[2] America 2000: An Education Strategy[R]. Revised edition. Washington, D. C.: U. S. Department of Education, 1991: 9.

[3] Ibid.: 3.

为，在实现由大众化走向普及化的同时，把教育质量的提升作为发展的重点。美国著名高等教育史学家约翰·塞林（John R. Thelin）称，第二次世界大战结束之后，美国高等教育的发展表现为"3 P's"，即"繁荣（prosperity），卓越（prestige）和大众化（popularity）"。[1]

1. 第二次世界大战结束以来美国大学组织与管理的改革

在第二次世界大战结束后，美国大学在组织和管理方面的一个重要改革举措就是社区学院的大发展。社区学院之所以在这期间得到大发展，与大学入学人数的增加有很大关系。1944年，在第二次世界大战接近结束之时，美国为了安置大量的复员军人，通过了《军人再适应法》（Servicemen's Readjustment Act）[也称《退伍军人权利法》（G. I. Bill of Rights）]。该法规定，任何在军队服役90天以上的复员军人都可以向联邦政府申请每学年不超过500美元的学费和每月50美元的生活补助，最多可连续申请4年。[2]在这一法令的激励之下，在第二次世界大战结束后，美国大学入学人数急剧上升。1943年美国高等院校的注册学生总数为115.5万人，而1946年上升到207.8万人。[3]有研究者称，到1946年，退伍军人注册学生总数超过了100万。[4]退伍军人的大批涌入给高等学校的管理带来了大量的难题。1946年，美国总统杜鲁门（Harry S. Truman）任命了一个以美国教育委员会主席乔治·祖克（George F. Zook）为首的"高等教育总统委员

[1] Thelin, J. R. A History of American Higher Education[M]. Baltimore: The Johns Hopkins University Press, 2004: 260.

[2] 陈学飞. 美国高等教育发展史[M]. 成都：四川大学出版社，1989：148.

[3] Carter, S. B., et al. Historical Statistics of the United States: Earliest Times to the Present（Volume 2）[M]. Millennial Edition. New York: Cambridge University Press, 2006: 441.

[4] Thelin, J. R. A History of American Higher Education[M]. Baltimore: The Johns Hopkins University Press, 2004: 263.

会"（Presidential Commission on Higher Education），要求重新检视美国高等教育的目标、方法和设施以及高等教育所承担的社会角色等。[1]该委员会于1947年发表了一份名为《为了民主的高等教育：高等教育总统委员会报告》（Higher Education for Democracy: A Report of the President's Commission on Higher Education）的6卷本研究报告，对美国高等教育进行了全面的分析，并提出了许多有价值的建议，其中之一便是大力发展社区学院。[2]这份报告发表以后，"那些主要为当地社区需要服务的机构开始改称为社区学院。在那段时间里，许多两年制学院把它们的名字从初级学院改成社区学院（Community College）"。[3]社区学院从办学目标上说，主要有两个方面：一是为进入四年制大学做准备；一是提供职业教育。社区学院通常授予副学士学位。由于社区学院很好地满足了美国社会发展的需要，所以其发展非常迅速。1950年，社区学院总数达到了540所，注册学生数达到21.7万，1970年社区学院总数达到891所，注册学生数达到了231.9万，1995年社区学院总数上升到1 462所，占美国高等院校总数的39.4%，注册学生数达到549.3万人，占美国高校注册总人数的38.5%。[4]

　　这期间，美国大学在组织和管理方面的另一个重要改革举措是政府和社会对大学的干预与影响加强。在联邦政府层面，这种干预与影响主要通过制定与实施一系列法令来实现。除了前面提及的《退伍军人权利法》外，联邦政府颁布的重要法律还有1958年的《国防

[1] Hofstadter, R., Smith, W. American Higher Education: A Documentary History（Volume 2）[M]. Chicago: The University of Chicago Press, 1968: 970.

[2] Ibid.: 985.

[3] 王英杰等.美国教育[M].长春：吉林教育出版社，2000：190.

[4] Carter, S. B., et al. Historical Statistics of the United States: Earliest Times to the Present（Volume 2）[M]. Millennial Edition. New York: Cambridge University Press, 2006: 439-442.（注：比例为笔者根据数据自己计算所得，其他数字均来源于该资料）

教育法》、1963年的《高等教育设施法》（Higher Education Facilities Act）、1964年的《民权法》、1965年的《高等教育法》（Higher Education Act）等。这些法律或通过拨款资助或通过规范办学等来影响大学的发展。如《国防教育法》规定设立国防学习贷款、专业奖学金、科研补助等；《高等教育设施法》规定，向公立社区学院、技术学院以及其他高等学校提供联邦政府补助金和贷款，以促进这些学校图书馆、实验室、教室等的建设；《民权法》规定资助处境不利家庭学生在高等学校学习；《高等教育法》不仅规定了资助高校发展的具体条件与措施，而且要求各州建立相应的部门或委员会等。20世纪80年代以来，联邦政府对大学的投入虽然有所下降，但是在其他方面的影响依然存在，如不断要求提高入学率，提高大学教育的绩效等。[1]在州政府对大学的干预和影响方面，虽然每一个州有自己的特点，但也有一些共同的方面，主要包括：颁发办学许可，提供资金，进行行政管理，制定有关劳动关系、合同以及责任的法律等。[2]自第二次世界大战结束以来，州政府在这些方面对大学的影响与干预都有所增强。

除了政府层面的影响与干预外，社会对大学的影响与干预也有所加强，特别是大学认证的影响扩大，到20世纪70年代，已经形成了6个具有广泛影响的地区性认证机构，分别为：新英格兰学院与学校协会（New England Association of Schools and Colleges，缩写为NEASC）、中部各州学院与学校协会（Middle States Association of Colleges and Schools，缩写为MSACS）、南方学院与学校协会

---

[1][2]　Cohen A. M., Kisker, C. B. The Shaping of American Higher Education: Emergence and Growth of the Contemporary System(2nd edition)[M]. San Francisco: Jossey-Bass, 2010: 380.

（Southern Association of Colleges and Schools，缩写为 SACS）、中北部学院与学校协会（North Central Association of Schools and Colleges，缩写为 NCASC）、西北部学院与大学委员会（Northwest Commission on Colleges and Universities，NWCCU）和西部学院与学校协会（Western Association of Schools and Colleges，缩写为 WASC）。这些认证机构通过对大学进行认证，对大学办学标准以及质量等产生了重要影响。

2. 第二次世界大战结束以来美国大学课程与教学的改革

第二次世界大战结束以来，美国大学在课程与教学方面进行了积极的改革，首先表现为通识教育课程引起重视。这期间，通识教育课程改革首先出现在哈佛大学。1943年，哈佛大学校长詹姆斯·科南特（James B. Conant）认命了一个由文理学院教师和教育学院教师组成的"自由社会中通识教育目标大学委员会"，责成其研究本科通识教育课程。1945年6月该委员会发表了一份题为《自由社会中的通识教育：哈佛委员会报告》（GeneralEducation in a Free Society: Report of the Harvard Committee），正式阐释了通识教育的目标与实施方法。报告发表后立即引起了广泛的关注，对美国大学通识教育课程改革产生了重要影响。1947年高等教育总统委员会发表的《为了民主的高等教育：高等教育总统委员会报告》也专门强调了在大学实施通识教育课程的重要性与必要性。[1]这之后，通识教育课程的主张在美国一些大学得到了响应，而且部分大学还进行了积极的改革。例如，阿姆赫斯特学院1947年进行了专业课程修订，在自然

---

[1] Hofstadter, R., Smith, W. American Higher Education: A Documentary History（Volume 2）[M]. Chicago: The University of Chicago Press, 1968: 987~990.

科学、社会科学和人文科学中引入三种两年的序列课程（sequence courses），到1955年，在大学前两年通识教育课程中，这些课程已经被作为必修课了。[1]不过，由于受到冷战等因素的影响，通识教育课程在当时虽然讨论得很热烈，但是包括哈佛大学在内的多数大学并没有很好地实施。直到20世纪80年代之后，通识教育课程才得到全面实施。

另外，这一时期很多大学为新生提供补习课程成为一种普遍的现象。20世纪70年代始，一些大学为了减少部分入学新生学习上的困难，开始为他们提供一些比较难的课程的补习教学，如数学、英语等，但是这些课程在大多数院校不计入学分。即使高中毕业的标准得到严格执行，大学的补习课程仍然没有有效减少。"1995年，超过3/4的院校为新生提供了至少一门补习课程，其中包括阅读、写作和数学。公立社区学院的比例为100%，私立四年制学院为63%。"[2]不过，补习课程引起的争议也是比较大的，一些大学的董事会要求减少补习班数量，如加利福尼亚州立大学、佛罗里达州立大学、得克萨斯州立大学等。一些州则提议将这些课程由社区学院承担。20世纪80年代，圣迭戈地区社区学院便采纳了这一提议，该社区学院不仅为自己的学生提供补习课程，而且为圣迭戈州立大学和圣迭戈加利福尼亚大学提供英语和数学补习课程。[3]

此外，这一时期美国大学教学方法也出现多元化发展趋势。在第二次世界大战结束的初期，教学方法的改革主要是对传统的讲授、实

---

[1] Rudolph, F. Curriculum: A History of the American Undergraduate Course of Study since 1636[M]. San Francisco: Jossey-Bass Publishers, 1977: 259.

[2] [美]亚瑟·科恩.美国高等教育通史[M].李子江，译.北京：北京大学出版社，2010：319.

[3] 同上：320.

验等方法的改进。自20世纪60年代以来，一些新的教学方法不断涌现，如程序教学法、个别化教学法、自主学习法、计算机教学法等。例如，1966年开始实施的"凯勒计划"（Keller Plan）就是一种自主学习法，按照这一计划，学生可以根据自己的情况自行制定学习的进度。1967年大学理事会（College Board）创立的大学水平考试计划（College Level Examination Program）得到普遍推广。在这一计划之下，学生可以无须参加大学课程的学习，只需通过考试即可获得学分。

三、第二次世界大战结束以来美国大学与中小学的关系

第二次世界大战结束以来，美国中小学和大学无论是数量还是质量都有很大提升。在大学与中小学的关系方面，这一时期主要表现为双方合作广度和深度的加强，形成了一种共生关系。这种关系的形成是主客观因素共同作用的结果。

1. 美国大学与中小学共生关系的主要表现

在第二次世界大战之前，美国大学与中小学之间的合作虽然有所发展，但是合作的范围比较狭小，合作的程度不够深入。第二次世界大战结束以后，特别是20世纪80年代以来，这种情况发生了重要的转变，大学与中小学的合作项目也出现较大幅度的增长。例如，美国锡拉库萨大学与美国高等教育协会（American Association for Higher Education）1993—1994年联合进行的一项全国性的不完全调查显示，1970年全美共有大学与中小学伙伴协作项目58个，1975年增加到131个，1980年增加到247个，1985年增加到525个，1990年增加到1 250个，1993年则达到2 088个。[1]

---

[1] Wilbur, F. P., Lambert, L. M. Linking America's Schools and Colleges: Guide to Partnerships & National Directory(2nd edition)[M]. Bolton: Anker Publishing Company, Inc., 1995: 2–3.

从大学与中小学合作的目的来看，在第二次世界大战结束后的
30多年中，主要是通过合作来共同培养教师。采取的主要措施是大
学把学生派到合作学校，让他们在那里接受实习训练，从而获得一些
教学的实践经验。[1]进入20世纪60年代，大学与中小学的这种合作
模式得到蓬勃发展，并且许多大学还进行了一些创新性的改革实践。
如俄勒冈大学建立了临床教授组织（Clinical Professor Organization），
用以提高实习生与公立学校教师的监管质量；哥伦比亚大学组建
了"教师学院教师团"（Teachers College Teachers Corps），教师团由
职前毕业生组成，通过与学校教师进行讨论交流来得到相互提升；
纽约大学建立了研究与实验中心，开展了一系列教师教育合作项
目；密苏里大学堪萨斯分校建立了教学实习中心（Student Teaching
Center）用以实施实习指导项目等。[2]1966年，美国教学实习协会
（The Association for Student Teaching）与美国教师教育大学协会（The
American Association of College for Teacher Education）在宾夕法尼亚
印第安纳大学还联合主办了"教师教育院校伙伴协作夏季工作研讨
会 "（Summer Workshop-Symposium on School-College Partnerships in
Teacher Education），有来自公立学校、私立学校、实验学校（campus
schools）、公立大学、私立大学、州教育厅、专业组织以及联邦政府
等的250余人参加了这次研讨会，会后发表了一份题为《教师教育伙
伴协作》（Partnership in Teacher Education）的报告。该报告不仅对伙
伴协作的各种议题如伙伴协作的政治学、专业组织的角色、伙伴协

---

[1] Sirotnik, K. A., Goodlad, J. I. School-University Partnerships in Action: Concept, Cases, and Concerns[M].
New York: Teachers College Press, 1988: 46-47.
[2] Subcommittee on School-College Relationships in Teacher Education of the Committee on Studies.
Cooperative Structures in School-College Relationships for Teacher Education[R]. Washington, D. C.:
American Association of Colleges for Teacher Education, 1965: 48-60.

作的未来等进行了论述，而且运用案例对三种典型的伙伴协作组织模式——州和地区性方法（state and reginal approaches）、教学实习中心（cooperative teachering centers）、附属学校和研发中心（affiliated schools and research and development centers）——进行了描述与分析。[1]这之后，这些模式得到大规模的发展。到20世纪70年代，大学举办的实验学校（laboratory schools）仅剩大约95所，而到1975年，教师中心达到了约4 500所。尽管这些中心并不一定包括大学，但是大多数还是加入了若干个机构和专业组织。[2]

自20世纪80年代始，美国大学与中小学合作的目的不再局限于培养教师，而且伙伴协作的学校与大学在范围、类型等方面也有所扩大，同时出现了许多促进大学与中小学合作的社会组织或机构。例如，这一时期，除了促进教师发展的合作项目外，促进学生发展的项目、进行课程开发以及加强衔接的项目、重建教育制度的项目等也获得了较大规模的发展。据美国锡拉库萨大学与美国高等教育协会的调查统计，1994年"学生发展项目""教师发展项目""课程开发与衔接项目"以及"教育重建项目"在大学与中小学合作项目中的数量比例分别为51%、29%、11%、3%。[3]该调查还表明，参与合作的大学与中小学在类型上也出现多元化发展趋势，伙伴协作大学既有副学士学位授予大学（568所），也有学士学位授予大学（315所）、硕士学位授予大学（659所）、博士学位授予大学（268所）以及研究型大学（446

[1] Brooks Smith, B., et al. Partnerships in Teacher Education[R]. Washington, D. C.: The American Association of College for Teacher Education and The Association for Student Teaching, 1966.

[2] Clark, R. W. School/University Relations：Partnerships and Networks[R]. Settle: Center for Educational Renewal, 1986: 35-37.

[3] Wilbur, F. P., Lambert, L. M. Linking America's Schools and Colleges: Guide to Partnerships & National Directory(2nd edition)[M]. Bolton: Anker Publishing Company, Inc., 1995: 4.

所）等；既有公立大学（1 629所），也有私立大学（693所）。伙伴协作学校既有中学（1 362所），也有小学（601所）、中间学校（775所）；既有城市学校（1 285所），也有郊区学校（953所）、农村学校（921所）。[1]在促进大学与中小学合作的社会组织或机构方面，主要有1985年由古得莱得创立的"全国教育革新网络"（National Network for Educational Renewal）和"教育革新中心"（Center for Educational Renewal），2003年由美国专业发展学校会议部分成员发起并创建的"全国教师专业发展学校协会"（National Association for Professional Development Schools）等全国性组织，也有一些地方性的组织，如前述的六大认证机构等。除此之外，美国教师教育大学协会、美国高等教育协会、美国州立大学与学院协会（American Association of State Colleges and Universities）、全国中学校长协会（National Association of Secondary School Principals）、美国物理协会（American Physical Society）、美国数学协会（Mathematics Association of American）、美国化学协会（American Chemical Society）、美国历史协会（American Historical Association）、美国地理协会（National Geographic Society）、美国科学基金会（National Science Foundation）、卡内基教学促进基金会（Carnegie Foundation for the Advancement of Teaching）、福特基金会（Ford Foundation）、洛克菲勒基金会（Rockefeller Foundation）等也对美国大学与中小学的合作给予了积极的支持。[2]

2. 美国大学与中小学共生关系的形成原因

第二次世界大战结束后美国大学与中小学共生关系的形成，是主

---

[1] Wilbur, F. P., Lambert, L. M. Linking America's Schools and Colleges: Guide to Partnerships & National Directory(2nd edition)[M]. Bolton: Anker Publishing Company, Inc., 1995: 1–3.

[2] Ibid.: 8.

观因素与客观因素共同作用的结果。一方面，美国大学与中小学对自身行动进行反思性监控并主动寻求解决之道；另一方面，第二次世界大战结束后，美国大学与中小学的发展结果为它们建立共生关系提供了条件。

第二次世界大战结束后，在美国社会发展与教育政策等因素的影响下，美国大学与中小学都取得了较大的成就，但是也面临着一些新的问题。一是"婴儿潮"使入学儿童大规模增加，由此需要大量的中小学教师。以前大学通过实验学校（campus laboratory schools）培养中小学教师的做法，此时已经无法满足这种现实需要，因而遭到批评。在这种情况下，大学开始转向公立学校，为自己的学生寻求实习基地，于是便产生了合作的实践。[1] 二是苏联人造地球卫星的成功发射激发了美国人对教育质量的关注，而且把美国在空间技术上的落后归因于美国教育的落后。为了应对这些批评，美国大学与中小学采取了种种提高教育质量的措施，其中之一便是加强二者的密切合作。不过，这时的合作主要集中在开发和修订科学与数学课程方面。[2] 从 20 世纪 80 年代开始，为了响应《国家处在危险中》报告的要求，合作的内容扩大到提高科学与数学的教学质量，实施多元文化课程等领域。[3] 三是中学的质量不能很好地满足大学的要求。由前论可知，第二次世界大战结束后，美国的教育改革主要集中在质量问题上，其中基础教育和中等教育的质量问题尤为突出。正因为如此，20 世纪 70 年代开

---

[1] Clark, R. W. School/University Relations：Partnerships and Networks[R]. Settle: Center for Educational Renewal, 1986: 33.

[2] Wallace, J. Building Bridges：A Review of the School-College Partnership Literature[R]. Denver: Education Commission of the States, 1993: 2.

[3] Wilbur, F. P., Lambert, M. L.Linking America's Schools and Colleges: Guild to Partnerships & National Directory[R]. Washington, D. C.: American Association for Higher Education, 1991: 2.

始，大学出现了新生补习课程。这样的实践虽然对大学解决生源质量问题具有一定的促进作用，但是其行动的意外后果也是显而易见的，因为它会弱化中小学在生源质量上的责任。正因为如此，进入 20 世纪 80 年代后，大学和中小学通过合作来促进学生发展和课程的衔接与开发等获得了积极的发展。

　　美国大学与中小学共生关系的形成除了上述双方体现出的能动性因素外，也离不开社会的客观性因素。首先，中小学和大学的多元化、系统化发展为二者的合作提供了重要的物质基础。作为一种行动，大学与中小学合作必然是具有选择性的，这也符合结构化理论对行动的界定，这就意味着只有那些符合行动者意愿的大学或中小学才可以成为合作的对象。例如，大学与中小学地理位置上的远近、大学与中小学教员的素养等都会直接影响多元化合作的开展。从前面的论述可知，第二次世界大战结束后美国大学与中小学的发展虽然存在一些问题，但总体上还是取得了不少成就，这是合作的一个重要条件。理查德·克拉克（Richard W. Clark）在论述第二次世界大战结束之后美国大学与中小学合作的促动因素时，曾把《退伍军人权利法》所带来的入学人数的增加看作是其中的因素之一。他指出，"由《退伍军人权利法》支持的毕业生使大学能够利用他们来完成比以前几十年中更多的调查（surveys）与田野研究（field studies）"。[1]其次，第二次世界大战结束后不断涌现出的大量研究与全国性的报告，也是美国大学与中小学合作的重要条件。[2]因为这些报告对合作必要性的论述，

---

[1] Clark, R. W. School/University Relations：Partnerships and Networks[R]. Settle: Center for Educational Renewal, 1986: 32.

[2] Su, Z. X. School-University Partnerships: Ideas and Experiments(1986—1990)[R]. Seattle Washington: Institute for the Study of Educational Policy College of Education University of Washington, 1990: 7.

对合作组织程序的建议等为大学与中小学之间开展合作提供了重要的参考依据。结构化理论认为，规则也是一种重要的结构，是行动的条件之一，所以这些研究与报告对促进合作实践具有重要的意义。例如，有研究者指出，《国家处在危险中》的发表传达了教育改革的信号，这为美国大学与中小学伙伴协作的快速发展提供了基础。[1]其三，来自美国联邦政府、州政府以及各种基金会等的资金支持也是大学与中小学合作的一个重要因素。前面提及的《退伍军人权利法》《国防教育法》《高等教育法》等都有关于政府拨款资助教育改革的条款，这些为大学与中小学之间的合作实践的开展提供了基础性条件。此外，一些基金会如福特基金会、卡内基教学促进基金会、洛克菲勒基金会等，也是大学与中小学合作的经费来源之一。

---

[1] John E. Kulpa. An Investgation of Collaboration between Secondary Schools and Colleges and the Adminstrative Features Relating to Success[D]. State University of New Jersey, 1996.

第三章

美国U-S伙伴协作的行动模式

美国U-S伙伴协作在实践中形成了多种不同的模式。根据行动目的的不同，大体可以把美国U-S伙伴协作划分为三种模式：基于学生发展的U-S伙伴协作模式，基于教育者发展的U-S伙伴协作模式，基于学校发展的U-S伙伴协作模式，这三种协作模式在行动的具体目标、行动的过程和行动的结果等方面表现出一些不同的特点。

第一节

基于学生发展的美国U-S伙伴协作模式

基于学生发展的U-S伙伴协作模式，是指以促进中小学学生的发展为首要目的的U-S伙伴协作模式。这种模式在美国大体上有三种类型：(1)促进学生教育机会均等的U-S伙伴协作；(2)扩大学生学业成功机会的U-S伙伴协作；(3)探索学生职业路径的U-S伙伴协作等。

一、促进学生教育机会均等的U-S伙伴协作

在基于学生发展的美国U-S伙伴协作模式中，促进学生教育机会均等的U-S伙伴协作是最普遍的一种类型，它主要以提高美国少数族裔学生、弱势群体学生的成就，以及开发具有天赋学生的潜能为主要内容。

1. 促进学生教育机会均等的U-S伙伴协作的目标

在教育上，美国虽然居世界先进国家之列，但依然存在不少问题，其中之一便是很多少数族裔或弱势群体学生的教育，如非裔美国人、西班牙裔美国人、墨西哥裔美国人、拉丁美洲人、印第安人、阿巴拉契亚人，以及来自贫困地区、低收入家庭的学生和危机学生（at-risk students），他们没有取得与其他群体学生同等的学业成就，如在MES（Mathematics，Engineering & Science）课程方面的成绩差异，在升学机会、就业后进入管理层的机会等方面存在的差异。这说明他们的潜质没得到很好的开发。另外，对少数具有某些方面天赋的学生（gifted-and-talented students）来说，他们的潜质在学校中同样也没有得到很好的开发。为了解决教育的公平性问题，美国自20世纪60年代尤其是80年代以来，实施了许多改革举措，其中之一便是一直延续到现在的U-S伙伴协作。例如，道格拉斯·米克尔森（Douglas J. Mickelson）等人1988年发表的一项研究报告称，在受调查的督导员以及大学校长中，至少有一半人指出，伙伴协作首要的或第二目标是增加少数族裔学生在中学后教育机构中的数量与比例。[1]1994年美国锡拉库萨大学与美国高等教育协会的调查也显示，针对少数族裔学生、危机学生的U-S伙伴协作项目在受调查的全美U-S伙伴协作项目中所占比例最大，达到了22.2%，再加上排名第三的针对天赋学生的U-S伙伴协作项目，促进学生教育机会均等的U-S合作项目比例占到32.4%。[2]

---

[1] 转引自：Armando Reinaldo Laguardia.A Study of the Success of School/College Partnerships Created to Improve Minority and Disadvantaged Students Enrollment and Success in Postsecondary Education[D]. Portland State University, 1995.

[2] Wilbur, F. P., Lambert, L. M. Linking America's Schools and Colleges: Guide to Partnerships & National Directory(2nd edition)[M]. Bolton: Anker Publishing Company, Inc., 1995: 8.

作为一种促进学生教育机会均等的重要社会行动，这种类型的U-S伙伴协作项目意欲实现以下具体目标：（1）激发中小学生的学习或专业兴趣和信心，具体包括鼓励参与中小学学校的学生进入大学学习和攻读相对较难的自然科学课程，以及一些如音乐、美术、健康、生物技术等专业课程。例如，亚拉巴马大学与34所农村初中和高中学校于1982年创办了"生物医学科学预备项目"（Biomedical Sciences Preparation Program），该项目的设计目的就是促进培养弱势的农村学生成为健康护理方面的专家（health care professionals）。[1]马萨诸塞大学洛厄尔分校1985年创建的伙伴合作项目"大学预备"（College Prep），其目的之一便是提高危机学生、贫困家庭学生进入大学的学术自信心。[2]（2）扩大中小学校学生的教育与生存机会，包括使参与学生积极完成学业而不至于中途退学，使他们做好上大学的准备，培养在社会中的生存能力，使他们免于毒品以及饮酒的危害等。例如，1988年，由美国亚利桑那州的马利柯帕县社区学院群[Maricopa County Community College District，包括菲尼克斯（Phoenix）地区10所社区学院]、亚利桑那州立大学和菲尼克斯中学联盟（Phoenix Union High School District）的10所中学以及周围的7个市镇学区共同创建的"智囊团项目"（Think Tank Program）的主要目的就是"降低辍学率，并大力鼓励低收入家庭的少数族裔学生为高等教育做好准备并去实现"。[3]首都华盛顿的加拉德特大学于1985年创建的"青年学

---

[1] Human Service Group. Research for College Volume 1: Directory of College-School Partnerships[R]. Rockville, Westat Inc., 1992: 5.

[2] Wilbur, F. P., Lambert, L. M. Linking America's Schools and Colleges: Guide to Partnerships & National Directory(2nd edition)[M]. Bolton: Anker Publishing Company, Inc., 1995: 40.

[3] Human Service Group. Research for College Volume 1: Directory of College-School Partnerships[R]. Rockville, Westat Inc., 1992: 13.

者计划"（Young Scholars Program），目的是为年龄在14岁以上且具有天赋但有听力障碍或耳聋的学生提供学习表演艺术课程的机会。[1]（3）提高参与中小学学生的学科成绩与学业能力，具体包括提高数学、科学、法律、外语、阅读、写作、信息技术等学科的成绩，以及解决问题的能力、批判性思维能力、计算机技能、实验技能等。例如，加利福尼亚州蒙特雷半岛学院于1989年建立的"向上跃进"（Upward Bound）伙伴协作项目的主要宗旨就是提高参与学生的数学、科学、英语、外语和批判思维技能等。[2]

2. 促进学生教育机会均等的U-S伙伴协作的过程

为了实现上述目标，美国U-S伙伴协作采取了多种措施，其中主要包括三种：一是为符合条件的中小学的学生提供在大学校园中短期交流学习机会；二是为符合条件的中小学的学生提供有针对性的课后学习辅导；三是为符合条件的中小学的学生提供体验学习的机会。

对于这种类型的U-S伙伴协作的具体实施来说，通常的做法是，首先由大学和中小学双方共同制定或是主要由其中一方负责制定学生选择标准，内容包括种族身份、家庭背景、学业水平、学术性向、天赋情况等多个方面。对不同地区、不同目标、不同学校的伙伴协作来说，选择的标准以及重点一般有所差异，但大多会综合考虑多种因素。例如，乔治梅森大学的"早期干预项目"（Early Identification Program）对合作学校中申请该项目学生的基本要求是：两封能够证明其具有学习大学预备课程能力的推荐信，其中一封必须

---

[1] Wilbur, F. P., Lambert, L. M. Linking America's Schools and Colleges: Guide to Partnerships & National Directory(2nd edition)[M]. Bolton: Anker Publishing Company, Inc., 1995: 26.
[2] Ibid.: 16.

来自自己的辅导员或老师，另一封可以是社区成员或当地的学校官员（local minister）。另外考虑的方面包括：不均衡的学习记录（uneven academic record）；有较好的学习记录但面临特别的环境（如家庭危机，需要额外的支持等）；具备享有免费或低价午餐的资格，如来自单亲家庭、非英语或英语水平不高的家庭等。[1]另外，针对弱势群体的选择标准与针对具有某些天赋的学生的标准有明显的差异，前者更加注重从学生的劣势方面考虑，而后者更加注重从学生的优势方面考虑等。

　　学生选择标准确定后，接下来的工作就是进行实际的行动。对第一种措施即短期交流学习而言，其基本的运行程序是在暑假或周末期间，大学为合作的中小学学生提供专门开发的课程，范围除了一些基础性课程如数学、英语、外语、物理、化学、数据分析、科学、阅读、写作、艺术、历史等以外，还有一些是应用性课程，如学习技巧、语言技能、卫生保健、航空技术、工程技术、物理疗法、生物技术、环境保护、海洋学、建筑、机械工程、电脑技术、礼仪、商务、社会问题（如艾滋病、毒品、饮酒等）等，时间长度一般为每学年3—8周，不过大多数是6周。课程的组织形式主要有讲授、习明纳、专题研讨会（workshops）、竞赛、实验、学生科研、服务性学习、基于问题的学习、探究性学习、导师制等。此外，一些U-S伙伴协作项目还为合作的中小学学生提供有关大学学习的一些咨询与建议服务。对不同的伙伴协作来说，课程的重点、范围与组织形式通常也不相同，如针对有天赋的学生的课程通常会集中于某一个专业领域，组织

---

[1] George Mason University. Application Process[EB/OL].[2011-12-01]. http://eip.gmu.edu/future_students/application_process.php.

工作则结合该专业领域的特点进行。就课程实施者而言，除了大学教师外，有时还包括一些客座教师（guest speakers），如当地的科学家、工程师、企业经理等。

对第二种措施即课后学习辅导来说，其基本的运行程序是，在平常的课后以及周末，合作大学中的大学生经过自愿报名或专门选拔后接受专业培训，然后到合作的中小学对符合条件的学生进行有针对性的个别辅导或小组辅导，内容主要包括问题解决、思维技巧、分析推理、计算机技能、书面与口语交流、阅读、写作、SAT/ACT准备、家庭作业，另外也包括人生规划、大学申请信息、奖学金项目信息等。

对第三种措施即体验学习（field trips）来说，其基本的运行程序是由大学组织符合条件的中小学学生参观访问大学校园、博物馆、展览室、娱乐场所、工厂、医院、研究所，观看演出、音乐会等，参加攀岩、划船、旅行、雕塑等活动。通过这些活动使参与者获得切身的感受，从而提高他们的学习热情和信心等。

上述几种措施在具体的实践中往往是交叉及综合进行的，有的采取其中的一种，多数采取两种或三种的结合。例如，圣迭戈州立大学的"数学、工程、科学成就"（Mathematics, Engineering, Science Achievement）伙伴协作项目综合采用了这三种措施，具体开展的活动包括"有组织的学习""学术建议与职业探索""暑期丰富计划""学术创新奖励""实地考察""家庭参与"等。[1]此外，为了有效地发挥这些伙伴协作的积极作用，各伙伴协作的双方大都设有专门

---

[1]　Wilbur, F. P., Lambert, L. M. Linking America's Schools and Colleges: Guide to Partnerships & National Directory(2nd edition)[M]. Bolton: Anker Publishing Company, Inc., 1995: 9.

的管理委员会，并委派专人——通常有大学教师、中小学教师、行政管理人员等——对项目的运行情况做出评价，以便这种行动的持续开展。

3. 促进学生教育机会均等的U-S伙伴协作的结果

尽管美国各大学的伙伴协作在具体的行动策略上存在个别差异，而且由于种种原因，这些伙伴协作达成的预期目标程度也不尽相同，但总体而言，它们的结果是值得肯定的。研究表明，大多数的U-S伙伴协作对提高少数族裔学生、弱势群体学生、危机学生的上大学机会、学习兴趣、学习成就等产生了积极的影响。例如，加利福尼亚大学的"学生学术预备与教育伙伴协作"（Student Academic Preparation and Educational Partnerships）项目2005—2006学年报告显示，同一所学校中参与该伙伴协作项目的中学生比没有参加该项目的学生有更好的上大学准备；参与该伙伴协作项目的中学生进入大学的比例高于州平均水平；参与该项目的中学生通过加利福尼亚中学毕业考试（California High School Exit Exam）的比例明显提高等。[1]对参与的大学教师来说，这样的伙伴协作帮助他们更好地了解学生的身心发展特点，从而有助于他们更好地教授大学一年级新生。另外，对大学来说，这种伙伴协作为其赢得了良好的社会声誉，而且丰富了大学文化等。对中小学来说，这种伙伴协作不仅可以帮助解决少数族裔学生、弱势群体学生的平等受教育机会问题，而且与大学也建立了良好的关系，为它们寻求其他教育问题的解决提供了可能的途径。

---

[1] University of California Office of the President Division of Academic and Health Affairs Repository. A Report to the Legislature on Student Academic Preparation and Educational Partnerships for the 2005-06 Academic Year (April 2007)[EB/OL].[2011-12-02]. http://repository.ucop.edu/sapep_research_reports/.

二、扩大学生学业成功机会的U-S伙伴协作

在基于学生发展的美国U-S伙伴协作模式中，扩大学生学业成功机会的U-S伙伴协作也是一种重要的类型，它主要以加强中学生进入大学的准备为主要内容。

1. 扩大学生学业成功机会的U-S伙伴协作的目标

美国的高等教育已经进入了普及化阶段，所以对每一个中学毕业生而言，上大学并不是一件很困难的事情。这样一种发展情况给大学教育质量的保障带来了一定的难度。因此，自20世纪70年代始，美国很多大学都开设了新生补习课程。但是这种措施所起的作用毕竟是有限的，而且破坏了大学原本正常的教学秩序。另外，由于社会与个人等多方面的原因，中学毕业生上大学的热情与积极性并不很高，尤其是很多中学毕业生根本就没有做好上大学的准备。例如，一项调查显示，约有40%的中学毕业生认为自己没有做好上大学的准备。[1]为了解决这一问题，使学生获得更多的学业成功机会，美国大学与中小学建立了有效的伙伴协作关系。

具体来说，这种U-S伙伴协作主要包括以下目标：一是使中学生做好上大学的学术准备和心理准备；二是使中学生提前熟悉大学的学习生活；三是使中学生在上大学后有一个好的开始；四是使中学生对自己是否适合上大学或是否值得上大学有正确的判断；五是使中学生在中学和大学之间有一个更好的过渡；六是减少中学生的辍学率，提高大学的入学率与毕业率。例如，美国U-S伙伴协作中具有广泛影

---

[1] National Education Summit on High Schools. An Action Agenda for Improving America's High Schools[R]. Washington, DC: Achieve, Inc. and National Governors Association, 2005: 3.

响并获得多次奖项的锡拉库萨大学的"预修项目"（Project Advance）致力于如下一些任务：（1）为本地在读的符合条件的中学生提供具有创新性和挑战性的大学课程；（2）通过各种措施、项目和服务增强学生的大学预备；（3）为教师提供持续的个人发展，促进大学教师和中学教师之间的对话；（4）提高教学质量，促进从中学到大学的平稳过渡。[1]

2. 扩大学生学业成功机会的U-S伙伴协作的过程

为了实现上述目标，美国U-S伙伴协作主要采取了两种措施：一是给予学生提前修读大学课程或提前获得有限的大学学分的机会；二是建立从中学到大学过渡的中间学院（middle college）或早期学院（early college）。

与上一种U-S伙伴协作类型不同的是，这种类型的U-S伙伴协作面向的不是少数群体的学生，而是全体学生。但这并不意味着任何学生都可以参与，它也存在一个选拔的过程，因为毕竟这种协作的规模受客观条件（如资源）所限。一般来说，这种类型的伙伴协作的选拔标准包括如下一些方面：一是学生的学习成绩，特别是通常要求年级平均绩点（Grade Point Average，缩写为GPA）在3分以上；二是学生的学业能力，通常需要有中学教师的推荐信，有的还要求写一篇论文；三是需满足大学预备课程的特殊要求。例如，密苏里大学圣路易斯分校的伙伴协作项目"预修学分计划"（Advanced Credit Program）的申请条件是：（1）年级平均绩点在3.0或以上（总分为4.0）的中学三年级和四年级学生（即十一年级和十二年级学生）；

---

[1] Syracuse University. Our Mission[EB/OL].[2011-12-05].http://supa.syr.edu/about/about.
    php?page=571&activemenu=2229.

（2）申请者要提供由其中学教师或辅导员亲笔签名的学术能力证明；

（3）中学二年级学生可以申请修读本项目的外语课程，但需满足下列条件之一：一是总的年级平均绩点达到3.0，并且外语的年级平均绩点达到3.5；二是初步学术评估测试（Preliminary Scholastic Assessment Test，缩写为PSAT）、美国大学入学初步考试（Preliminary American College Testing，缩写为PLAN）、学术性向测验或美国大学入学考试（American College Testing，缩写为ACT）的成绩在第九十百分位数或以上。[1]

对于第一种措施即提前修读大学课程或提前获得有限的大学学分来说，其基本的运行程序是，在中学学习阶段即由经过选拔的优秀中学教师给符合条件的学生开设一些大学基础课程和专业课程，如生物、微积分、化学、计算机工程、经济、英语、心理学、公共事件、社会学、宗教、营养学、人类学、艺术、现代语言、地理、历史、政治学、法律、管理、生物等。这些课程并非直接从大学照搬过来，而是一般会由合作双方的大学教师和中学教师共同设计——包括课程的大纲、内容、材料、教学要求、合格标准等——以确保既符合大学的标准，同时易于中学生接受。而教授这些课程的中学教师也需要经过选拔与培训，其中选拔过程主要考虑他们的学术背景和教学经验，通过后，合作大学的教师对他们进行专门的培训。同时，大学教师还会通过各种途径，包括电话、网络、现场访问等，定期与这些中学教师交流教学方法、教学材料、学生成绩等信息，同时给他们提供必要的指导。在一些伙伴协作中，这些中学教师还会被聘任为大学的兼职教员。另外一些伙伴协作则是派遣大学教师到合作中学给符合条件的学生教

---

[1] University of Missouri-St. Louis. Advanced Credit Program Student Guide[EB/OL].[2011-12-04]. http://www.umsl.edu/continuinged/acp/acp_studentbook.html#use.

授大学课程，这种伙伴协作通常发生在地域距离比较近的大学与中学之间。还有一些则是符合条件的中学生在暑期或课后到合作的大学学习大学入门课程。在这样的伙伴协作中，参与的中学生不但可以享受合作大学的教学，而且还可以使用合作大学的其他资源，如图书馆、研究室、实验室等。学生的学习成绩通常也需要得到大学的确证，并且会认可为大学学分，有的伙伴协作中学生所修的课程学分还被其他大学认可。

同样，为了保证伙伴协作的成效，一般整个伙伴协作过程都会受到监控。采取的方法有：对参与学生进行有关课堂教学的问卷调查，通过比较研究确保课程满足大学的标准，大学教师不时地进行随堂听课指导、邀请中学教师参与大学的专题研讨、经常对教学材料进行检查等。另外，为了伙伴协作的顺利进行，一般还会成立由大学和中学人员共同参与的管理机构，负责协调参与者之间的各种活动，以及为学生以及其他相关人员（如学生的父母）等提供各种咨询服务。

第二种措施是建立中间学院或早期学院（有时合称为middle college-early college），它是美国U-S伙伴协作中的一种重要形式。富兰克林·威尔伯（Franklin P. Wilbur）博士和利奥·朗伯（Leo M. Lambert）博士曾指出："任何关于中小学—大学伙伴协作的讨论，如果没有提及早期和中间学院的话，就是不完全的。"[1]一般而言，中间学院（或早期学院）由大学和学区合作创建，它兼施中学教育和大学教育，在性质上属于中学，所以部分这类学校也称为"中间学院中学"（Middle College High School）。需要指出的是，中间学院（或早期学院）

---

[1] Wilbur, F. P., Lambert, L. M. Linking America's Schools and Colleges: Guide to Partnerships & National Directory(2nd edition)[M]. Bolton: Anker Publishing Company, Inc., 1995: 6.

并不是一种补偿性质的教育项目（compensatory education programs）。[1]
截至2011年底，这种U-S伙伴协作中学在全美有35所之多。[2]

与传统的中学相比，这种中学一般具有以下几个特点：（1）位于大学校园内或位于大学校园附近；（2）入学开始年级通常为九年级，且每个年级的注册学生总数不超过100人；（3）为学生制定了一个五年学术计划，提供中学和大学相结合的课程，学习优异者可获得一个副学士学位或获得多达60个可转换大学学分。[3]

全美中间学院联盟（Middle College National Consortium）对中间学院的建立提出了六项原则，包括：（1）"动态的中学大学伙伴协作——位置、合作和组织结构"（dynamic high school college partnerships—location, collaboration & organizational sturcture）。具体而言，中学的位置要在大学校园或附近，并将其学生以大学生的身份对待，组织结构要反映中学、大学和学区对学生成绩的共同责任（如中学与大学要建立能够产生高质量教育和就业机会的课程联盟，中间学院的学生和教师要与大学教师保持积极的互动等）。（2）"成果驱动的教与学"（outcome driven teaching and learning）。具体而言，中间学院要为学生提供积极促进知识探究的严格的大学预备课程，对于学生和教师要设定高的标准，在学生的大学准备中要优先发展读写能力、数学能力和21世纪所需的技能。（3）"综合性的学生支持"（comprehensive student support）。具体而言，是要积极满足

[1] Wechsler, H. S. Access to Success in the Urban High School: The Middle College Movement[M]. New York: Teacher College Press, 2001: 1.
[2] Middle College National Consortium.Our Schools[EB/OL].[2011-12-03]. http://www.mcnc.us/our-schools/.
[3] Middle College National Consortium. Middle-Early College Overview[EB/OL].[2011-12-03]. http://www.mcnc.us/about/middle-early-college/.

学生的学术需要和情感需要，如学校中所有的成年人都要把自己看作是学生的咨询者与指导者，所有的管理人员和教师每周至少与一个小组的学生碰面，应经常举办习明纳活动以帮助学生解决学习大学课程的一些困难等，学校的指导办公室应至少有一名专业的顾问。（4）"多元化的绩效为本的学生评价"（multiple performance-based student assessment）。具体而言，要为学生提供多元化的机会以展示自己的所知与所做，评价不能限于课堂学习。（5）"通过听取每一个人的声音确保更好的结果"（ensuring better outcomes by hearing every voice）。具体而言，在人事调整、管理预算、课程与教学改革、学生活动安排等方面的决策中要设计能够让每一个人表达意见的结构。（6）"研究为基础的、合作的专业发展"（research-based, collaborative professional development）。具体而言，教师的专业发展要聚焦于学生的成功，反思性实践应成为专业发展的核心，要帮助新教师理解和实施合作共同体的目标等。[1]尽管这些原则并不具有强制性，但是各大学和学区在创建U-S伙伴协作的中间学院时大体都按照它们来进行。

3. 扩大学生学业成功机会的U-S伙伴协作的结果

通过让学生提前修读大学课程或提前获得大学学分以及创建中间学院的U-S伙伴协作，对解决美国中学生上大学准备不足的问题发挥了积极的作用。通过这样的一种实践，中学生无论是对大学的了解还是对大学的兴趣都有了一定程度的提高。例如纽约市立大学（City University of New York，缩写为CUNY）的"大学预备"（College Now）是一个提

---

[1] Middle College National Consortium. Design Principles[EB/OL].[2011-12-03]http://www.mcnc.us/about/design-principle/.

前修读大学课程的伙伴协作项目。该项目的统计结果显示，2006—2010
年纽约市立大学招收的纽约公立中学毕业生中，分别有35.5%、33.5%、
31.7%、29.6%、29.1%参与过该项目[1]，此间他们选择修读学士学位的比
例分别为52.3%、53.5%、52.3%、47.6%、49.7%，相比而言，没有参与
过该项目的选择修读学士学位的比例则分别为34.5%、32.9%、32.5%、
28.2%、28.4%。[2]另外，统计还显示，2005—2009年纽约市立大学所招
收的纽约公立中学毕业生中，参与过该项目的大学一年级新生需要参
加补习课程的比例分别为40.3%、39.5%、37.0%、38.3%、38.0%，与
此同时没有参加过该项目的新生中需要参加补习课程的比例为55.8%、
56.9%、55.9%、57.5%、56.1%。[3]再比如，洛杉矶西南学院的"中间
学院中学"的实践结果显示，2008—2009年所有学生的课程通过率为
87%，有20%的学生在中学时就已经获得了副学士学位，有66%的学生
注册进入了四年制大学，有30%的学生注册进入了两年制大学。[4]达拉
斯埃尔森特罗学院的"中间学院中学"2008—2009年所有学生的课程通
过率更是达到96%，年级平均绩点达到3.17。[5]

---

[1] The City University of New York. CUNY First-time Freshmen from NYC Public High Schools with and
    Without College Now Experience by Entering Fall Cohort Fall 2006 through Fall 2010[EB/OL].[2011-12-
    06]. http://www.cuny.edu/academics/k-to12/databook/CollegeNowStudents/CNPS2011_Enrollment_by_
    Cohort.pdf.

[2] The City University of New York. CUNY First-time Freshmen from NYC Public High Schools with and
    without College Now Experience by Degree Level Pursued Fall 2006 through Fall 2010[EB/OL].[2011-12-
    06]. http://www.cuny.edu/academics/k-to-12/databook/CollegeNowStudents/CNPS2011_Enrollment_by_
    Degree.pdf.

[3] The City University of New York. Initial Remedial Need of CUNY First-time Freshmen from NYC Public
    High Schools With and Without College Now Experience Fall 2005 through Fall 2009[EB/OL].[2011-12-
    06].http://www.cuny.edu/academics/k-to-12/databook/CollegeNowStudents/CN_CUNY_FTF_RemCoh_10.
    pdf.

[4] Middle College National Consortium.Middle College High School @ Los Angeles Southwest College[EB/
    OL].[2011-12-06].http://www.mcnc.us/our-schools/?state=CA&id=24.

[5] Middle College National Consortium. Middle College High School @ El Centro College[EB/OL].[2011-
    12-06]. http://www.mcnc.us/our-schools/?state=TX&id=32.

三、探索学生职业路径的U-S伙伴协作

在基于学生发展的美国U-S伙伴协作中，探索学生职业路径的U-S伙伴协作虽然不像前两种类型那样普遍，但也是一种不可忽视的类型。它以服务中小学学生未来职业发展为主要内容。

1. 探索学生职业路径的U-S伙伴协作的目标

美国拥有相当发达的高等教育，但同时也拥有质量堪忧的基础教育。特别是在一些核心课程如数学、自然科学、英语等方面，美国中小学学生的成绩并不是很好，在许多重要的国际测评中经常处于落后状态。许多美国中小学学生由于在这些学科方面成绩不是很好或者对其不感兴趣，所以他们在未来的职业选择上倾向于一些传统的职业，如医生、律师、教师等。对于一些需要有较好的数学、自然科学等基础的高科技职业如工程师、自然科学家等来说，学生选择的信心相对不是很大。例如，美国ACT公司的调查结果显示，参加过其组织的ACT考试的2011届中学毕业生在大学（包括两年制学院）的专业选择上，除了有15%的人回答"不能决定"和5%的人没有回答外，排名第一的专业是健康科学与技术（health sciences & technologies），有19%的人选择；排名第二的是商业（business），有10%的人选择；排名第三的是视觉艺术与表演艺术（arts: visual & performing）、社会科学与法律（social sciences & law），选择的比例均为7%；排名第四的是生物和物理科学（sciences: biological & physical）、教育（education），选择的比例均为6%；选择工程学（engineering）、工程技术与制图（engineering technology & drafting）、计算机科学与数学（computer science & mathematics）、英语与外语（English & foreign languages）的比例分别为5%、3%、

3%、1%等。[1]而2006届中学毕业生选择工程学专业的比例为4%，选择与工程学相关的技术（engineering-related technologies）专业的比例为2%，选择计算机与信息科学（computer & information sciences）专业的比例为2%，选择数学专业的则不到1%。[2]尽管完全用学科成绩较差来解释学生在专业选择上的取向特点比较片面，但至少在一定程度上可以说明这也是其中一个不可忽视的因素。正是由于学生对这些高科技相关的职业兴趣不大或是不了解，所以一些美国大学与中小学学校结成了伙伴协作关系，试图为学生探索职业路径提供有效的帮助。

具体而言，这种类型的U-S伙伴协作包括如下几个目标：一是提高学生的职业意识，让他们为未来的职业做好准备；二是激发学生对科学与工程学等相关职业的兴趣；三是使学生为自己的未来职业做好计划。例如，美国乔治华盛顿大学联合美国国防部（Department of Defense）创建的"科学和工程学徒计划"（Science and Engineering Apprentice Program），其目标就包括如下几个方面：（1）使符合条件的中学生熟悉美国国防部的活动；（2）为学生提供接触科学与工程实践的机会；（3）促进学生对国防事业的热爱与兴趣；（4）培养一批以科学与工程领域职业为目标的学生；（5）使这些参与的学生成为他们同伴的榜样，从而鼓励其他的中学生也修读更多的自然科学与数学课程；（6）提高弱势群体如女性、非洲裔和西班牙裔等美国学生选择科学和与工程相关职业的比例。[3]

2. 探索学生职业路径的U-S伙伴协作的过程

探索学生职业路径的U-S伙伴协作的主要措施有两项：一是开展

[1] ACT. ACT Profile Report-National: Graduating Class 2011 National[EB/OL].[2011-12-07]. http://www.act.org/newsroom/data/2011/pdf/profile/National2011.pdf.

[2] ACT. ACT High School Profile Report: The Graduating Class of 2006 National[EB/OL].[2011-12-07]. http://www.act.org/newsroom/data/2006/pdf/National2006.pdf.

[3] George Washington University. Science and Engineering Apprentice Program: Goals[EB/OL].[2011-12-07]. http://www.usaeop.com/programs/SEAP/goals.htm.

参观访问与实习体验活动；二是举办职业讨论与职业论坛等。

就这种类型的伙伴协作来说，通常也是面向所有中小学生，不过也有一部分主要针对的是少数族裔学生、弱势群体学生等。在参与学生的年级上，小学、中间学校、中学都有，不过要求中学生的相对居多。除了这些基本条件以外，这种类型的伙伴协作还包括如下两个条件：学业成绩达到一定标准，一般至少达到中等水平；对所涉及领域有一定的基础或兴趣。例如，由美国"领导教育与发展"（Leadership Education and Development）机构组织，密歇根大学、弗吉尼亚大学、斯坦福大学等6所大学参与的伙伴协作项目"LEAD暑期工程学研习班"（LEAD Summer Engineering Institute）的基本申请条件是：（1）十年级或十一年级学生；（2）年级平均绩点在3.2或以上，并且成功修完至少两门自然科学课程以及代数II；（3）PSAT至少为100分，或SAT至少1 000分或ACT至少为22分。[1]除此之外，该项目的申请者还必须提交如下材料（以申请2012年项目为例）:（1）两篇500字的原创作文，其中一篇为关于当前能源或技术问题的论文，另一篇为个人自述。个人自述要包括自己的性格特质或（和）学术品质、课外所做的增加自己技术知识的事情、自己的职业目标;（2）两份由自己的辅导员或数学/科学老师提供的学术建议表;（3）由辅导员或管理者签名的有关自己教育经历的表格;（4）一份正式的中学成绩单等。[2]

就第一种措施即开展参观访问与职业体验活动而言，其基本的运行程序是，组织符合条件的中小学生参观大学的自然科学与工程学实验室、本地的一些高科技企业、社会上一些自然科学研究单位、技术研究

[1] LEAD Program. New Applicants[EB/OL].[2011-12-08].http://www.leadprogram.org/apply/new_applicants/.

[2] LEAD Program. Online LEAD Engineering Application Checklist[EB/OL].[2011-12-08].http://www.leadprogram.org/wp-content/uploads/SEI_Checklist.pdf.

中心，以及让符合条件的中小学生做大学教师的实验研究学徒，让他们跟着大学教师做自然科学与工程学方面的一些基本实验等。在参观活动中，一般大学会委派经过专门培训的讲解员（docents）为学生提供指导。不论是参观活动，还是实验活动，通常都是在每年的暑期进行，持续时间多数为一周左右，不过也有时间较长的，如前面提及的乔治华盛顿大学联合美国国防部创建的"科学和工程学徒计划"持续时间达8周。

就第二种措施即举办职业讨论与职业论坛而言，其基本的运行程序是，大学为伙伴协作学校的中小学生举办职业博览会（career fair）、专题研讨会（workshop）、专业会议（conference）、小组讨论（panel discussion）等。这些讨论或论坛通常在大学校园里举办，主要内容是介绍高科技职业，包括职业性质、职业特点、所需的基础知识与技能、所需修读的课程、未来的前景、预期的待遇等。具体形式除传统的讲座外，还会采用一些现代媒体手段如视频短片、电脑动画等。同时，为了更好地激发学生对自然科学与工程学相关职业的兴趣，在这些讨论与论坛中，还经常会邀请一些在高科技职业领域成功的人士以及企业界人士做现场嘉宾，给参与的中小学学生讲述他们的成功经验。此外，大学师生还会为参与的中小学学生开展专门的职业咨询与建议讨论会，以帮助他们进行职业选择与规划。有一些伙伴协作还会对参与的学生进行职业性向测试，并将测试报告与建议提供给他们的中学辅导员，以帮助这些学生得到更好的培养。

与前面两种基于学生发展的U-S伙伴协作类型类似，在这种伙伴协作中，大学通常扮演组织者、领导者的角色，不仅提供必要的人员、资源，还负责宣传、招募、管理、监控等活动。

3. 探索学生职业路径的U-S伙伴协作的结果

探索学生职业路径的U-S伙伴协作在现实中取得了一些积极的效

果。对参与的学生来说，他们通过这样的一个活动，获得了职业方面的一些基本信息，这有利于他们明确职业方向，形成职业意识，发展职业规划等。同时，与自然科学与工程学专业相关的职业通常都有相对较高的薪水，如果参与的中小学生通过进一步的高等教育阶段学习选择并从事这类职业，对于他们的生存与发展无疑具有良好的影响。当然，对于大学来说，这样的活动可以扩大自己的影响与声誉，而且能吸引一些优秀的生源。例如，前面提及的"LEAD暑期工程学研习班"伙伴协作项目，自实施以来有21%的参与学生选择了STEM（科学、技术、工程和数学）相关的职业。[1]

第二节

基于教育者发展的美国U-S伙伴协作模式

基于教育者发展的U-S伙伴协作模式，是指以促进协作中小学学校的教师或管理者发展为首要目的的U-S伙伴协作模式。这种模式在美国主要有三种类型：(1)提高在职教师专业素质的U-S伙伴协作；(2)提高职前教师专业能力的U-S伙伴协作；(3)提高学校管理者专业素质的U-S伙伴协作等。

---

[1] LEAD Program. Our Impact[EB/OL].[2011-12-09].http://www.leadprogram.org/our-impact/.

一、提高在职教师专业素质的 U-S 伙伴协作

通过 U-S 伙伴协作来提高中小学在职教师的专业素质，是美国近几十年来在教师教育改革方面的一个重要举措。

1. 提高在职教师专业素质的 U-S 伙伴协作的目标

自20世纪苏联发射人造地球卫星以来，美国的基础教育一直备受美国社会各界的指责，所以，几乎每一届美国联邦政府都把基础教育改革作为一项重要的议题，极为重视。众所周知，提高基础教育质量是一项综合性的工程，而其中最为关键的就是提高教师质量。传统上，提高教师质量主要依赖师范教育，而随着现代社会科学技术的飞速发展，这种"一次学习，终身够用"的教师培养方式已经很难适应时代发展的需求。这就要求中小学教师除了在教育教学实践中不断地反思总结以实现自我更新外，还需要不断地接受专门的培训与再教育，从而实现自我的不断超越与进步。美国在这方面的一个重要举措就是，通过 U-S 伙伴协作来不断提高在职教师的专业素质。

具体而言，这种类型的 U-S 伙伴协作主要有以下几个目标。（1）加强与更新中小学在职教师的专业知识，包括所任教的学科的最新发展成果、背景知识以及一些新的教育教学理论等。例如，佛罗里达大学的非洲研究中心（Center for African Studies at the University of Florida）每年暑期都会为10名中小学教师提供一个两周的暑期研习班（Summer Institute），其目标是"增加参与者有关非洲的一些知识，包括它的地理、历史和文化。参与者将会用此来制定他们的班级教学计划"。[1]再比如，加利福尼亚大学戴维斯分校的"北加利福尼亚数学项目"

---

[1] Center for African Studies at the University of Florida.Teacher's Institute[EB/OL].[2011-12-13]. http://www.africa.ufl.edu/outreach/k-12_app.html.

（Northern California Mathematics Project）的主要任务是"发展教师自身的数学背景并且把他们有关数学改革的观点呈现给同行"。[1]（2）提高中小学在职教师的专业技能，包括课程与教学组织策略、使用多媒体技术教学的方法、转化危机学生的技巧、进行教学计划的能力、实验教学的能力、课堂管理能力等。例如，北亚利桑那大学的"教育人员培训项目"（Educational Personnel Training Program）的主要目标是提高在职教师的学科教学能力，特别是自然科学、数学和语言。[2]（3）提高中小学在职教师的专业思维水平，包括对教学方法、手段的反思与创新，对教育改革问题的思考，对教育发展趋势的展望，职业发展规划等。例如，蒙特克莱尔州立大学的"教与学思维技巧项目"（Project THISTLE: Thinking Skills in Teaching and Learning）就是为了帮助教师发展批判性思维、反思性思维等。[3]

2. 提高在职教师专业素质的U-S伙伴协作的过程

在提高在职教师专业素质的U-S伙伴协作主要采取的措施有：举办暑期研习班，组织专业发展研讨会与习明纳（professional development workshops & seminars），选拔中小学在职教师到大学进修等。

举办暑期研习班是美国通过U-S伙伴协作来提高中小学在职教师专业素质的最重要的措施之一。一般来说，暑期研习班安排在每年的六、七、八月份，时间2—8周不等，参与的在职教师人数一般为30人左右。暑期研习班通常都是主题性质的，即围绕一个学科或几个学科的一些问题展开，如数学课程教学、自然科学课程教学、历史课程教学、写作教

[1] Wilbur, F. P., Lambert, L. M. Linking America's Schools and Colleges: Guide to Partnerships & National Directory(2nd edition)[M]. Bolton: Anker Publishing Company, Inc., 1995: 152.

[2] Ibid.: 148.

[3] Department of Educational Foundations of the College of Education and Human Services at Montclair State University. Strategic Plan[EB/OL].[2011-12-13]. http://www.montclair.edu/Planning/EDFDStrategicPlan.html.

学、物理教学、艺术教学、生物学课程教学等，也有部分是综合性质的，主要是教育教学中的一些具体的问题，如提高危机学生学习兴趣的策略、与学生相处的技巧、现代化教学技术的使用等。具体的运行程序是，一般都是在每年的三四月份公布暑期研习班的具体安排，包括注册信息、课程信息、申请人条件等。在暑假期间，经注册符合条件的教师到大学里学习相关的课程，采取的课程教学模式除普遍的讲授制外，还包括小组讨论、实验教学、基于问题的教学、合作学习、研究性学习等模式。暑期研习班结束后，一般要求每一位参与的中小学教师都要完成一个课程学习报告或学习总结。同时，这些参与的中小学教师有时还会得到后续的服务（follow-up），如定期讨论、咨询等。

通过U-S伙伴协作来提高中小学在职教师专业素质的另一种措施是组织专业发展研讨会与习明纳。专业研讨会和习明纳的时间长短不定，有的每年举办一到五次或六次，每次一两周，有的则是每月举办一次，每次三四天。通常采取的形式就是大学教师和中小学教师就一些问题进行讨论交流，讨论的主题既有宏观的，如多元文化教育、双语教学，也有微观的，如外语教学中师生如何交流互动、当代拉美教育问题等。具体的做法大体是，参与的大学教师和中小学教师分别进行主题发言，陈述自己的看法与观点，其他参与者进行相互质疑与提问。专业发展研讨会与习明纳采取的形式不止这样一种，其他形式还包括：邀请专家、学者等做主题演讲或邀请经验丰富的教师（master teachers）进行示范课展示，然后进行讨论；由大学教师先讲授一些相关的知识并安排相关的任务后，参与的教师组成小组，然后通过大学的图书馆、实验室等进行探究性学习，最后再进行集体讨论。专业研讨会和习明纳所取得一些成果通常还会印刷成小册子（newsletter）分发给各合作中小学的其他教师。

选派中小学教师到伙伴大学进修也是美国U-S伙伴协作的一种常见措施。进修的时间少则几周，多则几个学期。其基本的运行程序是，选拔符合条件的优秀中小学教师到大学做兼职教师，他们在伙伴大学里与大学教师一起工作、开发课程等，并给部分大学生教授课程、指导实习学生，以及帮助和指导其他同伴。其中有些兼职教师通过在大学进修成为培训指导教师，学业结束后回去参与教师校本培训或地方培训的工作。不过也有一些是在大学里进行研究生课程学习，参与者通常要求拥有学士学位以及教师资格证书等。

3. 提高在职教师专业素质的U-S伙伴协作的结果

美国的U-S伙伴协作对提高中小学在职教师的专业素质发挥了积极的作用。对这些在职教师来说，他们通过与大学教师的合作交流或在大学进行进修获得了新的知识、新的技能、新的思想，不仅开阔了视野，而且提高了专业信心与专业自觉。而对于协作的中小学学校来说，这些参与的教师一方面可以为学校其他教师带来积极的影响，同时也为学校教学改进和改革提供了重要的人力资源。对于参与的大学教师来说，他们获得了成就感，有助于职业认同的提高等。例如，参与印第安纳州立大学"教育进步伙伴"（Partners for Educational Progress）项目的大学教师认为，通过这样的伙伴协作，他们中的一些称自己再次感到还可以做一些贡献，还有一些称他们对自己的帮助而引起的变化感到满足；而参与该项目的中小学教师认为，大学教师促进了他们更好地反思自己的工作，如考虑教学模式的多样化、做有意义的研究；另外也帮助他们通过头脑风暴来找出解决问题的方法等。[1]

---

[1] Wilbur, F. P., Lambert, L. M. Linking America's Schools and Colleges: Guide to Partnerships & National Directory(2nd edition)[M]. Bolton: Anker Publishing Company, Inc., 1995: 131-132.

二、提高职前教师专业能力的U-S伙伴协作

职前教师主要指大学中教师教育专业的学生（teacher education students），通常也称师范生。为了提高他们的专业能力，美国采取了多种方式，其中最重要的便是U-S伙伴协作。

1. 提高职前教师专业能力的U-S伙伴协作的目标

要提高教师质量，除了提高在职教师的质量外，提高职前教师质量也是一个非常重要的方面，因为这样才可以从源头上避免一些问题的出现。而从总体上来看，职前教师普遍都是在理论知识方面拥有一定的优势，而在实践经验方面则相对不足，因此提高职前教师的实践能力或专业能力成为教师教育不可忽视的一个重要方面。传统的做法普遍都是在大学的教师教育课程中设置实习环节，其具体措施就是安排毕业班的师范生到中小学校实习一段时间，从而发展他们的专业能力。这种做法虽然对于提高师范生的专业能力有很大的帮助，但是不易激发实习学校的积极性，这些学校在很大程度上仅仅充当了"实验室"的角色，对于自身的发展并没有多少益处，因为大多数实习都是由大学全权安排，所以实习学校处于被动接受的地位。这也就容易导致实习形式化，所能发挥的作用也就大打折扣。为了改变这种状况，美国采取了互惠互利的U-S伙伴协作来提高职前教师的专业能力。

具体来说，这种类型的U-S伙伴协作有以下几个目标：（1）提高师范生将理论转化为实践的能力，即在教育教学过程中灵活地运用所学的知识解决教学问题的能力；（2）提高师范生的课堂观察、处理突发课堂事件等基本的教学能力；（3）培养师范生与来自多元文化背景的学生一起相处与学习的能力；（4）培养师范生的反思性教学思维

（reflective pedagogical thinking）能力与教学研究能力 ;（5）提高师范生运用最先进的教学技术的能力 ;（6）提高师范生的跨学科教学能力 ;（7）发展师范生的创新性思维能力等。

2. 提高职前教师专业能力的U-S伙伴协作的过程

提高职前教师专业能力的U-S伙伴协作的主要措施是建立教师专业发展学校和教师教育中心。

建立教师专业发展学校是美国U-S伙伴协作的一种重要形式。教师专业发展学校有多种功能，其中之一是培养职前教师的专业能力。美国教师专业发展学校的基本运行程序是，大学和中小学（或学区）通过协商，把中小学学校作为师范生的一个培养基地。大学每年会安排师范生到这些学校进行实习，师范生的主要活动包括进行课堂教学观察，同时辅助指导教师进行课前准备、课后作业批改。另外，师范生也以正式教师的身份参与学校的一切活动，特别是要参与班级管理，包括承担班级的日常教学工作，管理学生、维护班级教学秩序，定期家访等。此外，他们也参与实习学校的一些会议以及科研活动等。对于实习学校的教师来说，他们除了指导实习生制订教学计划、组织实习论坛等以外，还有机会到伙伴大学进修学习。对大学教师来说，他们需要与中小学教师一起参与实习生的指导，主要包括与中小学教师一起制订师范生的实习计划，为中小学学校提供各种咨询，参与各种实习讨论活动，有时还需要亲自在实习学校进行授课或做讲座、报告等。[1] 专业发展学校的"最大特点在于合作协助与临床经验"。[2] 与一般的实验学校不同，教师专业发展学校"尝试使职前、入门和在职教育连成一体。也就是说，这种

---

[1] 时间.美国教师专业发展学校（PDS）运行机制研究[D].成都：四川师范大学，2008.

[2] 刘捷.专业化：挑战21世纪的教师[M].北京：教育科学出版社，2002：157.

学校是以革新的实践和研究，促成职前、入门和在职教育的统合成为可能"。[1] "到2000年，美国几乎每一个州都有1 000多所教师专业发展学校，中小学成为教师实习与学习的最佳场所，中小学教师与行政人员、大学教授形成伙伴关系，共同有效地改革教学。"[2]

在提高职前教师专业能力的美国U-S伙伴协作中，建立教师教育中心也是一种较为典型的措施。教师教育中心与教师专业发展学校类似，也是一种大学与中小学合作培养师范生的教师教育形式。它的基本运行程序是，大学在一个学区里选择4—6所地理位置靠近的中小学校建立一个教师教育中心，加入中心本着自愿的原则。中心的管理委员会由大学和中小学校的代表共同组成，通常包括中小学校的校长、任课教师、大学代表等。委员会负责协调大学与中小学之间的合作。通常，委员会会从加入中心的学校中选择一些优秀的任课教师到合作的大学接受专门的培训，他们在大学里主要学习教学督导以及实践经验相关的研究生课程，培训合格后即成为指导教师。对于师范生来说，他们的方法论课程以及实习课程都会安排在指导教师所在学校里完成，其计划由大学教师和合作中小学的指导教师共同制定。在合作中小学，师范生首先需要作为指导教师的助手了解班级生活的各个方面，并且为学生提供个别化的辅导，主要是帮助学生诊断和矫正学习中的问题。同时，他们也被鼓励进行某些教与学概念相关的实验，以及基于学生的特点、学校环境、学区文化对课堂教学进行分析。这一活动一般需要持续一个学期，到第二个学期，他们在大学教师和指导教师的共同指导下负责教学一个班级。

---

[1] 刘捷.专业化：挑战21世纪的教师[M].北京：教育科学出版社，2002：157.
[2] 同上：158.

3. 提高职前教师专业能力的U-S伙伴协作的结果

在提高职前教师专业能力的U-S伙伴协作中，无论是教师专业发展学校还是教师教育中心，大都取得了积极的结果。对于大学一方来说，这种合作使得其师范生得到了良好的教育教学实践训练，提高了师范生的培养质量；对于中小学一方来说，其教师也得到了很好的发展机会，获得了较为先进的教育教学理论。以教师专业发展学校为例，有研究表明，"在教师专业发展学校实习过的教师比在传统项目中培养的教师具有更强的适应性、更好的合作精神，更能激发学生的学习兴趣，能更好地完成教学任务"。[1]另外，有调查表明，对中小学教师来说，他们通过专业发展学校在如下几个方面得到了提高：从大学教师那里学到了很多理论；更新了自己的知识；与其他教师更好地合作；更愿意允许自己的班级被用于大学教师的观察实验；成为更具反思性的实践者；积极地改变他们对教与学的观点；尝试新的方法与理念。[2]另外，这种类型的U-S伙伴协作对促进教育理论与教育实践的有机融合也具有积极的作用。长久以来，在教师教育中，大学主要在理论方面占有一定的优势，而中小学主要在教育实践方面占有一定的优势，通过这种合作，双方的优势得到互补。同时，这种伙伴协作也改善了大学与中小学之间的关系，"在教师专业发展学校创建的初期，参与教师专业发展学校的所有成员进行了长时期的交谈，对合作的目标及预期成果达成了基本共识。所有项目的提议和实施都是由大学教师、师范生及中小学教师共同参与完成的，每一个项目都与教师的教学领域紧密相关，这就打破了长期以来大学是教师教育项目唯一的制订者，而学校单纯是执行者的局面"。[3]

[1][3] 时间.美国教师专业发展学校（PDS）运行机制研究[D].成都：四川师范大学，2008.
[2] Frampton, P., Vaughn, V. L., Didelot, M. J. The Professional Development School Partnership: Is Practice Improving? Teachers and Principals Respond[J]. Journal of Educational Administration, 2003(3): 306.

三、提高学校管理者专业素质的U-S伙伴协作

提高学校管理者专业素质的U-S伙伴协作，同样也是基于教育者发展的美国U-S伙伴协作的一种重要类型，它在实践中也产生了一些有价值的结果。

1. 提高学校管理者专业素质的U-S伙伴协作的目标

影响学校教育质量的因素有多个方面，除了教师的专业素质这一重要的因素之外，学校管理者的专业素质也是其中不可忽视的一个方面。有一支高素质的管理队伍，不仅可以使学校的各项工作有序进行，而且有助于形成良好的学校文化。另外，社会环境与学校环境等方面的变化，客观上要求学校管理者必须保持与时俱进的管理策略，如果墨守成规，就会降低管理效率，甚至还会导致管理失效。例如，不同时期的学生通常都具有不同的群体性特征，在管理中如果忽视这些群体特征，就有可能导致学生的对抗。正因为如此，各国都普遍重视学校管理者的持续专业发展，为他们提供经常性的培训和学习的机会，从而不断提高他们的素质。在美国，所采取的方式之一便是U-S伙伴协作。

具体来说，在提高学校管理者的专业素质上，美国U-S伙伴协作的目标有：（1）提高学校管理者的领导力与领导才能；（2）提高学校管理者的专业管理技能；（3）更新学校管理者的专业知识；（4）满足学校管理者的专业发展需要；（5）提高学校管理者的教育决策与教育政策分析能力；（6）促进管理者更好地了解社会发展问题以及国家与地方管理的问题与趋势；（7）帮助学校管理者解决一些棘手的学校问题；（8）培养教育管理专业学生的实践能力；（9）发展学校管理者共同体或联盟。以美国加利福尼亚州的奥克兰大学创建

的"梅多·布鲁克学院校长中心"（Principals' Center of Meadow Brook Academy）为例，其主要任务是提高伙伴中小学校校长的教学领导力、管理技能和自我更新能力。其中，教学领导力涉及课程与教学、员工发展、教学评价、教学计划与设计和教学观察、诊断与监控等方面；管理技能涉及规划、问题解决、决策、组织、领导方法、需求分析、目标设定和人际交往与交流技能等方面；自我更新涉及压力管理、自信心确立训练法以及说、写和听的技能等方面。[1]

2. 提高学校管理者专业素质的U-S伙伴协作的过程

为了提高学校管理者的专业素质，美国U-S伙伴协作采取的主要措施有：对学校管理者进行在职培训，对职前（包括初任）学校管理人员和教育管理专业的毕业生进行专业训练等。

对学校管理者进行在职培训是美国U-S伙伴协作提高学校管理人员专业素质的一个重要举措之一。这种合作通常发生在一个学区与一所或几所大学之间。采取的方式多种多样，主要有三种：（1）集中培训；（2）在职进修；（3）例行的专业研讨会、习明纳、学术会议、专业论坛等。集中培训一般由大学举办，在暑期或其他时间，合作学校的中小学校管理人员，如校长、督导员等到大学进行为期4周左右的培训。培训的内容主要是一些最新的学校管理理论、学校管理中的特殊问题的解决思路、学生学业评价策略等。在职进修通常是在一个学区建立若干个培训中心，符合条件的中小学校长等管理人员在该中心学习一年左右的时间，由合作大学委派大学的教育管

---

[1] Wilbur, F. P., Lambert, L. M. Linking America's Schools and Colleges: Guide to Partnerships & National Directory(2nd edition)[M]. Bolton: Anker Publishing Company, Inc., 1995: 141.

理专业的教师到中心进行专业知识的讲授，同时就这些管理人员在各自学校所遇到的一些管理中的问题提供咨询服务。有时，这些大学教师也会为学员们提供一些新的管理模型，指导他们在各自的学校进行实验。举行专业研讨会、习明纳等这种形式，其周期并不固定，但多数是每月进行一次，参加的成员除了大学相关专业的教师以及中小学校管理人员、教师之外，通常还包括学区的教育行政人员，如督导员等。研讨会或习明纳等的主题丰富多彩，包括教育热点问题、教育管理问题，以及社会问题等。如奥克兰大学的U-S伙伴协作项目"奥克兰顾问学院"（The Oakland Counselor Academy）的学术会议讨论主题包括"小组咨询、药物滥用、离婚和继亲家庭、重大损失、儿童酗酒、学生学习动机、教育气氛、职业指导与评估、伦理和法律问题、自杀预防、公共关系、时间和压力管理、职业发展计算机软件"。[1]

对职前和初任学校管理人员的专业训练主要包括选拔、学习、实践三个环节。选拔一般是由大学和中小学组成的伙伴协作委员会从合作中小学的教师中进行挑选，选拔主要考虑的是，参与者是否具有领导潜力以及是否愿意从事管理事务等。例如，加利福尼亚州立大学的"接受项目"（Project Accept）对参与者的要求是：（1）拥有较大的成功可能性；（2）正在进行资格证书的获取或已被督导员或学区任命为教师；（3）如果选拔委员会推荐他，愿意在本地学区接受在职培训；（4）基于选拔委员会的推荐，愿意学习额外的课程或（和）资格证书项目以外的在职项目；（5）服从参与常规培训以外的在职计划。[2]这些

---

[1] Wilbur, F. P., Lambert, L. M. Linking America's Schools and Colleges: Guide to Partnerships & National Directory(2nd edition)[M]. Bolton: Anker Publishing Company, Inc., 1995: 143.
[2] Ibid.: 137.

经选拔的中小学教师通常会被安排到合作大学接受一定时间的在职学习，然后返回所在学校接受管理实践锻炼，这期间，大学教师会经常提供必要的指导。同时，学校的校长等其他管理人员也会提供必要的指导。

就大学教育管理专业毕业生的实习而言，一般是大学和合作中小学共同制订实习计划，然后将毕业生安排到合作学校中参与该学校的管理。实习通常是在实习学校的管理人员指导下进行，实习时间从3个月到1年不等。在整个实习期间，学生的各种表现都会及时反馈给大学教师，以发现其中的问题，并及时商讨解决。

3. 提高学校管理者专业素质的U-S伙伴协作的结果

通过U-S伙伴协作来提高学校管理人员的专业素质是一种有益的尝试。在这种合作中，中小学校的管理人员可以及时了解到一些新的管理思想与一些学校管理改革的新趋势，对于解决学校管理中出现的一些问题具有积极的意义。另外，这种合作也可以帮助中小学发现管理中可能存在的问题，因为管理中的一些习惯常常会遮蔽一些潜在的危机，特别是在社会、文化等各方面都处于迅猛变化的现时代，这种现象就更容易出现。而通过接受一些新的管理思想，管理者能够换一种角度去反思自己的管理实践，有助于及早发现问题，从而及时矫正。当然，这种合作对合作一方的大学而言，同样具有不可忽视的积极作用，这是因为教育理论只有在实践中得到检验，才能使其价值得到最大限度的发挥。也就是说，这种合作为大学教师的教育管理思想提供了一个很好的实践平台。同时，通过参与指导中小学校管理的一些实践，也可以获得一些有价值的管理实践经验，对于管理思想的生成具有一定的促进作用。

第三节

基于学校发展的美国U-S伙伴协作模式

基于学校发展的U-S伙伴协作模式，是指以促进中小学校的发展为首要目的的U-S伙伴协作模式。这种模式在美国大体有三种类型：（1）改进和更新学校课程的U-S伙伴协作；（2）重建学校制度的U-S伙伴协作；（3）提高学校教育教学质量的U-S伙伴协作等。

一、改进和更新学校课程的U-S伙伴协作

改进与更新学校课程的U-S伙伴协作主要是使课程更具实用性，同时加强中小学课程与大学课程之间的衔接。具体的实施举措包括大学和中小学共同研发课程，合作开发职业取向的课程等。

1. 改进和更新学校课程的U-S伙伴协作的目标

课程是学校发展的一个重要方面。在学校发展中，一方面要及时发现课程中的问题并加以改进，另一方面要根据教育理论与实践发展的最新成果与趋势不断地更新课程，这样才能有效地提高课程的质量，从而促进学校的发展。但是对中小学来说，由于它们的工作主要集中在教育实践方面，而且教育资源也相对有限，仅靠自身的力量来改进和更新课程存在很大困难。在美国这样一个教育分权制的国家，这种现象尤其明显，因为美国的地方教育行政部门在课程的制定与实施等方面具有很大的自主性，而无论是国家课程标准还是州课程标准，都只有建议性质，不具有强制性质。这样，"各学

区都可以根据本州的课程计划选择不同版本的教材：学校根据学区的课程安排情况及教材的选择情况进行课程安排，执行学区课程决策。但在执行课程的过程中也有很大的自主权，校际之间也有很大的差异"。[1]这种多元化的课程制度虽然有利于发挥学校办学的主动性与创造性，但是对于课程中存在问题的诊断与解决也有某种程度的不利影响，因为标准不同，就给比较和借鉴带来某种不便。为了解决这一问题，美国中小学与大学进行了积极的合作，以试图能使课程质量得到不断提高。

具体而言，美国的U-S伙伴协作在改进和更新学校课程方面有两个目标。一是使中小学各类课程更好地适应和满足社会发展的需要。例如科罗拉多州矿业大学创建的"丹佛地球科学项目"（Denver Earth Science Project）就是这样的一种伙伴协作，其主要目标是为中小学开发一些与社会面临的关键问题相关的地球科学课程模块；[2]南卡罗来纳州大学创建的"南卡罗来纳综合学校健康教育联盟"（SC Comprehensive School Health Education Coalition）主要致力于促进中小学健康教育的有效发展以及为南卡罗来纳州中小学生提供一个健康的良好的学校环境。[3]二是使中小学课程与大学课程更好地衔接。例如克里斯托弗纽波特大学创建的"明星计划"（Stars Project），主要目标就是"提供一个从八年级到大学入门阶段的科学、数学和计算机学的无缝对接课程"。[4]

---

[1] 李月华.美国基础教育基于标准的课程改革及启示[D].保定：河北大学，2005.

[2] Colorado School of Mines. Denver Earth Science Project[EB/OL]. [2011-12-21]. http://te.csmspace.com/register.php?cat=10.

[3] Wilbur, F. P., Lambert, L. M. Linking America's Schools and Colleges: Guide to Partnerships & National Directory(2nd edition)[M]. Bolton: Anker Publishing Company, Inc., 1995: 242.

[4] Ibid.: 243.

2. 改进和更新学校课程的U-S伙伴协作的过程

在改进和更新中小学课程方面，美国U-S伙伴协作采取的措施主要有两种:(1)大学和中小学合作研发、组织实施与评价新课程;(2)实施技术预备项目（Tech-Prep Program）。

就第一种措施而言，主要包括开发与实施中小学班级学科课程以及具有通识教育性质的课程，前者如数学、自然科学、地理、历史等，后者如环境教育课程、健康教育课程等。例如，1988年美国科克学院（Coker Colleges）与南卡罗来纳州长科学与数学学校（South Carolina Governor's School for Science and Mathematics）、达林顿县学区共同组建了一个联盟，并联系美国科学促进会（American Academy for the Advancement of Science，缩写为AAAS）共同参与其提出的"2061计划"（Project 2061）。从1989—1990学年开始，该联盟基于"2061计划"提出的建议，每年开发一个年级的课程。[1]再比如曼彻斯特学院于1985年开始创建的"环境教育"（Environmental Education）项目，通过与13所中小学学校合作以努力把环境课程整合进所有的学科中。[2]此外，美国一些U-S伙伴协作还开发视频录像课程、远程教学课程等。例如，韦伯斯特大学于1993年与韦伯斯特格罗夫斯学区14所小学建立了一个名为"热爱数学"（For the Love of Mathematics）的伙伴协作项目。该项目的活动之一是，由韦伯斯特大学和该学区的课程专家一起制作旨在促进教师和学生的数学兴趣的视频课程材料。[3]新墨西哥州立大学1992年与该州100所中间学校创建

---

[1] Wilbur, F. P., Lambert, L. M. Linking America's Schools and Colleges: Guide to Partnerships & National Directory(2nd edition)[M]. Bolton: Anker Publishing Company, Inc., 1995: 152.

[2] Ibid.: 238.

[3] Ibid.: 239.

了一个名为"电视地球"（TV Earth）的伙伴协作项目。该项目主要是制作有关环境概念的电视录像材料，然后在参与的中间学校之间共同分享。[1]

这种类型的伙伴协作的运行大体包括这样几个程序。首先，根据合作的目的组建一个课程开发团队，通常包括大学里的课程专家、中小学的任课教师、专管学术事务的副校长以及学区的教育管理人员等。不过，有的伙伴协作也会邀请其他一些相关的社会人员参与，如学生的家长、企业界人士等，还有一些则仅包括合作机构的少数几位教师。例如，1993年美国路易斯大学的一位教授和该大学的贝克示范学校的一位小学教师建立了一个"一对一的伙伴关系"（one-to-one partnership）项目，他们经过6年的合作，研发了一门"人际关系素养课程"（The Relational Literacy Curriculum）。[2]其次，通过集体讨论、专家咨询、走访调查等多种方式，一起进行课程方案的设计、课程材料的选取、课程模型的建构等。在这一过程中，大学一般主要负责提供相关的课程理论以及一些前沿的课程资料等，中小学则主要负责提供一些相关的课程经验以及课程实施对象即学生的一些基本信息。再次，进行课程的评测，主要是邀请各方面的专家召开研讨会，对所开发课程的科学性、准确性、前沿性、合理性、可操作性、可接受性等进行分析与判断。最后就是课程的实施，如果取得成功还会得到进一步的推广。

就第二种措施而言，主要指的是大学和中学通过合作建立相互

[1] Wilbur, F. P., Lambert, L. M. Linking America's Schools and Colleges: Guide to Partnerships & National Directory(2nd edition)[M]. Bolton: Anker Publishing Company, Inc., 1995: 239.

[2] Ravid R., Handler, M. G. The Many Faces of School-University Collaboration: Characteristics of Successful Partnerships[M]. Englewood: Teacher Ideas Press, 2001: 179-192.

衔接的职业取向课程，参与中学的学生修满这些课程且达到相应学分
要求后，即可直接进入合作的大学继续学习。在这种类型的U-S伙
伴协作中，参与的大学主要是社区学院，参与的中学主要是综合中
学，多数情况下是一所大学与多所中学建立这样的伙伴关系。其基本
的运行程序是：首先，大学教师和中学教师首先根据双方的衔接协
议（articulation agreement）共同确定衔接课程的框架、教学大纲、教
材以及期终考试等，其中，衔接课程涉及的领域包括商务、健康、电
子、园艺、通信、制图等。其次，合作中学的学生申请者可以根据自
己的计划，选择其中若干门衔接课程学习，但需要达到相应的学分。
由于各伙伴协作大多采取的是"2+2"形式，所以一般都是在中学的
最后两年进行这样的选择。不过，也有的伙伴协作采取的是"4+2"
形式，即从九年级开始就进行这样的学习选择。最后，学生在中学修
满规定的学分后，即直接进入合作大学学习两年，毕业后达到学分要
求即获得相应领域的副学士学位，有些还可以继续转入其他大学修读
两年，取得学士学位。

3. 改进和更新学校课程的U-S伙伴协作的结果

U-S伙伴协作是美国在改进和更新课程与教学上采取的一种有效
途径。就第一种措施而言，通过这样的合作，一方面，中小学课程中
一些不合时宜的内容、陈旧的内容能够得到及时的剔除，同时一些新
的内容也能够得到及时补充，这样有助于保证中小学课程能够与社会
发展的需要保持一致；另一方面，大学在参与合作的过程中，可以使
自身的课程与教学理念得到实践的检验，从而可以及时得到修正与补
充，所以对于大学的发展也有积极的作用。对于第二种措施而言，这
种合作可以有效地避免中学课程与大学课程之间的重复，另外也为学
生从中学到大学的过渡以及就业选择提供了一种可供选择的出路。同

时，对学生来说，这样的合作也为他们节约了时间与学费。例如，一项对得克萨斯州参与技术预备项目学生的九年纵向研究显示，这些学生比普通中学的学生有更高的出勤率、更低的辍学率、更高的毕业率以及更高比例的大学预备项目完成率。[1]

二、重建学校教育制度的U-S伙伴协作

重建学校教育制度的U-S伙伴协作的目的是促进一体化教育制度的形成，即形成从幼儿园到大学的无缝对接教育系统（seamless education system）。从实践的结果来看，美国在这方面取得的成果较为显著。

1. 重建学校教育制度的U-S伙伴协作的目标

学校教育是一个系统工程，所以各级各类学校之间都有着千丝万缕的联系。这就意味着，学校之间只有彼此保持积极的、密切的配合，才能使整个学校系统处于一种良序运行状态，同时也才能保证学校教育的健康发展。以美国大学与中小学之间的关系为例，虽然自第二次世界大战结束特别是20世纪80年代以来，它们之间的合作有了很大的发展，但仍然存在一些问题。例如2003年的一项调查显示，超过一半的美国人（57%）认为大学与中学之间合作得不好，需要更好地协调。[2]大学与中小学之间的这种"断裂"（chasm）现象给美国学校教育的发展带来了严重的阻碍，主要表现在两个方面。

---

[1] Texas Higher Education Coordinating Board.College Tech-Prep Works-2005[EB/OL].[2011-12-23]. http://techpreptexas.org/downloads/Tech-Prep%20Report.pdf.

[2] Lake Snell Perry & Associates, Inc. Leaks in the Postsecondary Pipeline: A Survey of Americans[EB/OL].[2011-12-26]. http://www.jff.org/sites/default/files/LeakSurvey.pdf.

首先，大学不能很好地获得所期望的生源，而中学又不清楚大学需要什么样的人才。例如，美国教育信托组织（The Education Trust）1999年发布的一份报告称，美国教育"最大的问题之一是教与学中最重要的人——中学教师和学生——常常不知道高等教育在课程和考试内容方面的要求与中小学教育（K-12）的文凭要求之间的差异"。[1]还有研究者指出，"中学毕业生所知道的与他们为上大学、技术学院和就业所需要知道的之间存在着差距"。[2]其次，大学不能很好地培养符合中小学需求的教师队伍。例如，1998年佐治亚州"P-16教师与教师教育小组委员会"（P-16 Subcommittee on Teachers and Teacher Education）公布的一份研究报告显示，佐治亚州的教师供给在学科分布和地区分布上存在严重的不平衡，其中在幼儿教育、中间年级、英语（七年级至十二年级）、智力迟钝、社会科学（七年级至十二年级）、健康与体育、音乐、历史等领域出现供过于求，而在行为障碍、学习障碍、言语与语言病理学、全部自然科学和外语等方面出现严重的供小于求，偏僻的农村地区以及低教育水平的地区则在所有的领域都缺乏合格教师。[3]这也就导致了部分中小学教师不得不任教他们所学专业以外的课程。仍以佐治亚州为例，1993—1994学年的一项调查显示，该州公立中学（九年级至十二年级）中分别有22%的英语教师、23%的数学教师、14%的数学教师、49%的历史教师、17%的外语教师、18%的科学教师、27%的生命科学教师和66%的自然科学

[1] Ticket to Nowhere: The Gap between Leaving High School and Entering College and High-Performance Jobs[EB/OL].[2011-12-26]. http://www.edtrust.org/sites/edtrust.org/files/publications/files/k16_fall99.pdf.

[2] Maeroff, G. I., Callan, P. M., Usdan, M. D. The Learning Connection: New Partnerships between Schools and Colleges[M]. New York: Teachers College Press, 2001: 80.

[3] P-16 Subcommittee on Teachers and Teacher Education. The Status of Teaching in George: Report of the Teachers and Teacher Education P-16 Subcommittee to the Georgia P-16 Council[EB/OL].[2011-12-26]. http://www.usg.edu/educational_access/documents/teach98.pdf.

教师任教其所学专业以外的学科（teaching out-of-field）。[1]正是因为这样的原因，美国很多大学与中小学在州政府以及民间团体等的支持下重建教育制度，试图建立一个从幼儿园（甚至学前）到大学贯通一体的学校教育系统，即K-16或P-16教育系统，这里的"K"指的是"kindergarten"，"P"指的是"pre-school"。

具体说来，美国在重建学校教育制度改革上主要有几个目标：一是促进各级学校教育之间的有效衔接与过渡，例如学前到幼儿园的衔接、中学与大学之间的衔接等；二是促进大学教师教育与中小学之间的有效衔接，即促进教师教育的一体化，使职前与在职教育实现有机的统一。例如1996年，密苏里州的高等教育协调委员会（the Coordinating Board for Higher Education）、州教育委员会（State Board of Education）和密苏里大学主任委员会（the University of Missouri Board of Curators）共同建立了"密苏里K-16联盟"（The Missouri K-16 Coalition），其主要目标包括：（1）促进质量指标标准（quality performance standards）；（2）鼓励教师在各专业学科的内容和期望之间达成一致，首先从数学开始；（3）增加公众对提高学生成绩重要性的认识；（4）支持教育机构之间及其内部的完全衔接；（5）找出基于准备与能力的成绩促进策略；（6）发展政策建议供三个合作机构之间共同分享。[2]1995年佐治亚大学系统与州教育厅等建立的"佐治亚州P-16行动"（Georgia's P-16 Initiative）包括如下几个目标：（1）提高从学前

[1] P-16 Subcommittee on Teachers and Teacher Education. The Status of Teaching in George:Report of the Teachers and Teacher Education P-16 Subcommittee to the Georgia P-16 Council[EB/OL].[2011-12-26]. http://www.usg.edu/educational_access/documents/teach98.pdf.

[2] Gordon (Spud) Van de Water and Terese Rainwater. What Is P-16 Education? A Primer for Legislators-A Practical Introduction to the Concept, Language and Policy Issues of an Integrated System of Public Education[EB/OL].[2011-12-26]. http://www.ecs.org/clearinghouse/24/28/2428.pdf.

到中等后所有层次教育的学生成绩；（2）帮助学生平稳地从上一级教育过渡到下一级；（3）确保进入中等后教育的所有学生能够做好成功的准备，并且提高他们的成功率；（4）缩小不同群体学生之间的中等后教育机会；（5）把学校和教师教育合作改革集中在提高学生成绩的实践上；（6）帮助学生成为负责任的公民。[1]

2. 重建学校教育制度的U-S伙伴协作的过程

为建立P-16教育系统，美国采取了多项措施，主要包括：（1）建立大学与中小学合作交流的平台；（2）制定统一的学业评价与招生标准；（3）建立统一的教师教育体系。

就第一项措施而言，通常的做法是建立州P-16委员会（P-16 Councils）或/和地方P-16委员（Local/Regional P-16 Councils）。一般来说，州P-16委员会成员由州教育厅有关领导、州各级各类教育机构领导及其他机构人员组成，实行合作领导制。例如，得克萨斯州的P-16委员会现任成员包括州教育厅（Texas Education Agency）厅长、州高等教育协调委员会主任、州劳工委员会执行主任、州辅助和康复服务部门主任、沃斯堡独立学区督导长、州商业协会商会关系副总裁、敖德萨学院（Odessa College）校长。其中，州教育厅长和州高等教育协调委员会主任为联席主席。[2]P-16委员会的主要任务是协调中小学与大学之间的关系，通过举办会议、研讨会等方式为中小学和大学提供交流的机会，并就双方共同的一些问题，如减少辍学率，提高学生基本技能等，形成一些合作的政策建议。除了会议和研讨

---

[1] Andrea Venezia, Michael W. Kirst, & Anthonio L. Antonio. Betraying the College Dream: How Disconnected K-12 and Postsecondary Education Systems Undermine Student Aspirations[EB/OL].[2011-12-27]. http://www.stanford.edu/group/bridgeproject/betrayingthecollegedream.pdf.

[2] Texas Education Agency. P-16 Council[EB/OL].[2011-12-27]. http://www.tea.state.tx.us/index3.aspx?id=4767.

会外，一些P-16委员会还设置了其他一些交流项目。如佐治亚州的"佐治亚州申请与电子咨询系统"（Georgia Applications and Electronic Advisor System），该网络由佐治亚州大学系统设计，提供该州35所公立大学和学院的入学申请信息，同时还提供职业以及奖学金方面的一些信息。另外，申请的学生和家长也可以直接在线与大学等相关人员进行咨询。[1]

对第二项措施来说，其基本的做法是打破大学与中小学"各自为政"的桎梏，通过积极的沟通，并在相关政府部门和社会机构等协助下，对各个年级各个学科的学业评价标准进行统一规划（如每一门课程应该教授什么内容以及应该在什么阶段教授等），特别是通过U-S伙伴协作来促进中学毕业标准与大学入学标准的统一，以减轻学生的学习压力与负担，减少课程与教学的不必要重复，减少大学新生的补习课等。在具体的实施举措上，各U-S伙伴协作虽然不尽相同，但大多是以"统一标准，整体规划"为基本原则。例如，1993年俄勒冈州高等教育委员会（State Board of Higher Education）和俄勒冈州教育委员会（State Board of Education）共同制订了"基于能力的入学标准体系"（Proficiency-based Admission Standards System，缩写为PASS）。该体系是促进中小学与大学之间衔接的有益尝试，其核心是对大学入学要求的知识和技能进行了清楚具体的描述，包括六个内容领域（content areas），分别是数学、自然科学、社会科学、外语、人文与文学、美术与表演艺术；另外还包括九个补充的过程领域（process areas），分别是阅读、写作、交流能力（说与听）、问题解决、批判性思维、系统思维、作为一种学习工具的技术、团队工作、质量工作。

---

[1] 详见该网站：https://GaCollege411.org.

也就是说，学生在学习六个内容领域的材料时，需发展这九个方面的知识和认知技能。具体的评价采取三种形式：标准参照考试（criterion-referenced test）、普通评价小组（common assessment tasks）和教师鉴定（teacher verifications）。[1]

第三项措施的主要做法是统一教师和教师教育标准，建立一个完整的教师教育体系。具体包括整合教师教育体系与教师资格标准，建立统一的教师教育课程体系，建立职前与职后相统一的教师教育评价体系，建立完善的教师专业发展激励机制等。以肯塔基州的P-16为例，为了改进教师教育，从2003年开始，肯塔基州社区与技术学院系统（Kentucky Community and Technical College System，缩写为KCTCS）和所有肯塔基州公立中等后教育机构及部分独立机构签署了一个全州范围内的协议，同意在教师培训学士学位项目上，至少认可来自肯塔基州社区与技术学院系统的应用副学士学位项目（KCTCS Applied Associate Degree Program）的60个可转换学分。另外，大学的教育学院教师和文理学院教师还通过分析K-12职前教师教育课程与计划，确保教师评价的核心内容、研究计划和专业学会标准保持一致。在分析和修改完成后，部分机构已经使用教师工作样本（teacher work samples）以及来自最近毕业的中学生的反馈，开始与学区中学合作来提高教师教育课程。[2]

3. 重建学校教育制度的U-S伙伴协作的结果

建立K-16或P-16教育系统是美国U-S伙伴协作的一项重要内

---

[1] David T. Conley. Oregon's Proficiency-based Admission Standards System（PASS）Project[R]. The Annual Meeting of the American Educational Research Association, Chicago, 1997.

[2] Kentucky Council on Postsecondary Education. Kentucky P-16 Collaboration: A Review after Eight Yearsp[EB/OL].[2011-12-30]. http://cpe.ky.gov/NR/rdonlyres/C2202916-38A9-4D5D-8B9F-56015F5B1E55/0/REVIEWAFTEREIGHTYEARS2007.pdf.

容，对美国大学与中小学之间的衔接以及美国教师教育的一体化改革发挥了积极的作用。

例如，佐治亚州通过P-16改革，1995—2000年，中学生学习高水平（rigorous）核心课程的比例从76%上升到91%，平均SAT成绩从980分上升到1 030分，补习比例下降了50%。路易斯安那州通过P-16改革，中学二年级和三年级的阅读在年级水平或以上的比例从1998年的54%上升到2000年的72%，而且大学一年级学生补课的比例由1992年的53%下降到2000年的39%。[1]

三、提高学校教育教学质量的U-S伙伴协作

教育教学质量是学校发展的核心，直接决定学校发展的成败。较高的教育教学质量既是学校有效发展的结果，也是学校有效发展的保证。美国自第二次世界大战结束以来，特别是20世纪80年代以来，提高学校教育教学质量一直是其教育改革的一个重点。U-S伙伴协作即是其中最重要的一项举措。

1. 提高学校教育教学质量的U-S伙伴协作的目标

影响学校教育教学质量的因素有多个方面，除了教师这一因素外，学校资源、学校管理、学校组织、学校环境等都是重要的因素。在第二次世界大战结束后的30年中，美国在提高学校教育教学质量上相对还比较保守与封闭，更多地集中在学校内部的改革上，认为学校的改革只是学校自己的事情，与其他教育机构几乎没有多少关系。如在本书第二章所述，这期间也有一些全国性的教育改革运动，但是

---

[1] Gordon (Spud) Van de Water and Carl Krueger. P-16 Education[EB/OL].[2011-12-30]. https://scholarsbank.uoregon.edu/jspui/bitstream/1794/3382/1/digest159.pdf.

由于美国教育的分权管理体制，在具体的落实过程中，主要还是以学校的自我决策为主。这种情况在一定程度上也导致了该时期的改革实效并不是很明显，其重要的一个体现就是1983年《国家处在危险中》报告的发表。事实上，教育本身是一个系统工程，每一个阶段的教育虽有分工，但相互之间的沟通与联系是不可少的，尤其是涉及一些共同的问题，仅靠一方的力量是难以取得成功的。正是在这样的背景之下，自20世纪80年代以来，美国大学与中小学开展了广泛的合作，共同促进学校教育教学质量的提高。

通过U-S伙伴协作来提高教育教学质量的目标主要有三个。（1）使大学与中小学的教育资源得到充分利用。例如，佐治亚州"奥古斯塔学院培植学校计划"（Augusta College Adopt-a-School Programs）的目标是与露西·卡尔夫特·蓝尼中学（Lucy Craft Laney High School）和约瑟夫·马拉尔小学（Joseph Lamar Elementary School）共同分享教职员工、项目计划以及其他资源。[1]（2）改进学校组织结构。例如俄亥俄州的阿克伦大学等四所大学与五所中学共同建立的"东北俄亥俄州未来中学联盟"（Northeast Ohio Coalition for High Schools for the Future），其主要目的是重新设计中学的组织结构，使教师更加积极地参与计划和制定政策，并且使用可获得的人力、物力资源来提高学生的学习和生活质量。[2]（3）提高学校管理质量。例如，南科罗拉多州大学和34所中小学建立的"普艾布罗教育联盟"（Educational Alliance of Pueblo）的目标是，"提高从幼儿园到大学的

---

[1] Wilbur, F. P., Lambert, L. M. Linking America's Schools and Colleges: Guide to Partnerships & National Directory(2nd edition)[M]. Bolton: Anker Publishing Company, Inc., 1995: 300.

[2] Ibid.: 193.

教育传输（educational delivery），更好地使用纳税人的钱"。[1]

2. 重建学校教育制度的U-S伙伴协作的过程

美国U-S伙伴协作在提高学校教育教学质量方面主要采取了两种措施：一是大学与中小学共享教育资源；二是大学参与中小学校的组织与管理。

就第一种措施而言，既包括人力资源的共享，也包括物质资源的共享。具体有以下几种方式。（1）大学为合作中小学校提供持续的专业指导与技术援助。内容涉及中小学教育教学的各个方面，如大学教育学院的教师帮助合作中小学的教师分析提高学生成绩的方法、为合作中小学的教师提供改进课程与教学法方面的建议、为学校发展规划的制定与实施提供必要的咨询与顾问服务、为合作中小学的教师专业成长提供理论指导。以"佛罗里达州立大学教育学院与利昂县学校合作项目"（FSU College of Education/Leon County Schools Collaboration）为例，其主要采取的措施之一就是，佛罗里达州立大学教育学院的教师担任当地各学校顾问委员会的专家成员，共有55位教师服务41所学校。"这些教师作为顾问委员会成员服务的同时，也从开会中收集一些促进他们自身教学与研究方面的信息。"[2]（2）中小学为合作大学提供教育教学实践等方面的支持。包括双方就一些教育教学中的实践问题一起进行调查研究与实验研究，双方教师就一些共同关心的教育教学问题进行经常的经验交流与讨论。（3）大学与中小学共同建立各种教育资源的共享网络，让参与双方的所有人员都有机会利用彼此的资源，如图书馆、实验室、教育教学电子资源、教学材料、学生成长

---

[1] Wilbur, F. P., Lambert, L. M. Linking America's Schools and Colleges: Guide to Partnerships & National Directory(2nd edition)[M]. Bolton: Anker Publishing Company, Inc., 1995: 271.

[2] Ibid.: 272.

记录等。例如，威斯康星大学帕克赛德分校1976年创立的"发现研究"（Discovering Research）项目的主要活动之一是，邀请中学教师带他们的学生到该大学的图书馆进行体验与学习，内容包括短暂参观该大学图书馆、学习图书馆目录与在线电子资源的使用、讨论学生们进行各自研究所需要的资源，学生们将找出他们所需要的有用资源的目录，同时学生们还会进行亲自的试验。另外，学生们也可以办理借阅卡随时使用图书馆资源。[3]凯尼休斯学院1988年与50余所中学建立的"实验室设备援助项目"（Laboratory Equipment Assistance Program）的实施举措是，该学院使用工业基金购买和维护实验室设备。这些实验室设备轮流供合作中学实验时使用。[4]

就第二种措施而言，大体有两种方式。（1）大学全面代管中小学校，包括课程开发、雇佣管理人员、筹集资金、制订学校发展规划、考评教师业绩等。这里以"波士顿大学—切尔西伙伴协作"（Boston University-Chelsea Partnership）为例说明。1989年，波士顿大学接受切尔西学校委员会（Chelsea School Committee）的邀请，全面负责该市的整个公立学校系统，但切尔西学校委员会保留监管和否决波士顿大学管理决策的权力，而且在多数赞成票的情况下可以终止与波士顿大学的伙伴协作。该伙伴协作最初签署的时效为10年，后来又相继延长了5年和4年，至2008年6月结束。在近20年的时间里，波士顿大学主要进行了如下一些工作：重新开发了切尔西学校系统的课程；为学校人员和学生家长分别建立了专业发展项目和学习机会扩展项目；建立了较为完善的学生学业评价体系；积极采取措施降低学生

[3] University of Wisconsin-Parkside. Instructional Services Offered by the Library[EB/OL].[2012-01-01]. http://www.uwp.edu/departments/library/services/instruction.htm.
[4] Wilbur, F. P., Lambert, L. M. Linking America's Schools and Colleges: Guide to Partnerships & National Directory(2nd edition)[M]. Bolton: Anker Publishing Company, Inc., 1995: 301.

辍学率、增加学生日常出席率、提高中学毕业率、提高上大学率、提高中学毕业生工作安排数量；发展社区学校项目；挖掘和利用社区资源；建立家校合作项目；降低教师旷课率；提高学校系统的资金管理并扩大可运用资金；提高教职员工待遇与薪水；构建有效的教职员工招聘、雇佣以及退休等政策等。[1]（2）大学参与中小学某些方面的组织和管理，如共同组织和实施中小学的课程改革，共同组织和实施中小学教师在职培训项目等。以"大学和教育商务联盟"（Coalition of Universities and Businesses for Education）为例，该联盟包括东北伊利诺伊州大学等22所大学，其基本的运行程序是，参与联盟的每一所大学组建一个小组，小组成员包括大学校长、学术事务副校长、教育系主任、文理学院主任、商界领导、学区督导员等，每个小组各自计划学校改进，每三年举办一次研讨会，汇报所取得的进步，会议主题包括先进技术、全面质量管理、变革途径等。[2]

3. 重建学校教育制度的U-S伙伴协作的结果

在提高学校教育教学质量方面，美国的U-S伙伴协作产生了积极的作用。对于伙伴中小学来说，通过这样的合作，不但获得了大学的优质教育资源，而且在组织管理方面也获得了大学的有益帮助，对于解决教育教学中的问题以及进行教育教学的改革尝试无疑具有重要的意义。而对伙伴大学来说，通过这样的合作，它们在参与的过程中可以获得所需要的信息和有关的资料；另外，它们也能将参与过程中取得的一些实践成果转化为理论成果，对于它们的发展显然也具有重要

---

[1] The Chelsea School Committee. The Boston University/Chelsea Partnership: Seventeenth Annual Report to the Massachusetts Legislature[EB/OL].[2012-01-01]. http://www.chelseaschools.com/cps/uploads/docs/bu/flr08.pdf.

[2] Wilbur, F. P., Lambert, L. M. Linking America's Schools and Colleges: Guide to Partnerships & National Directory(2nd edition)[M]. Bolton: Anker Publishing Company, Inc., 1995: 272.

的意义。以上述提及的波士顿大学—切尔西伙伴协作为例，在20世纪80年代晚期，切尔西教育系统一团糟，几乎处于崩溃的边缘，但是经过与波士顿大学的伙伴协作，这种状况得到了明显的改善，这也正是协作时间两次延长的一个重要原因。有研究显示，在前11年的伙伴协作中，切尔西学校系统中教师的薪水上升了60%，人均经费增长了75%。在1998年马萨诸塞州综合评价（Massachusetts Comprehensive Assessment System）中，切尔西中学二年级学生的成绩在全州321所中学中位居243位，走出了原来的垫底地位。对于波士顿大学来说，其收效也是显著的。例如其中的一名教授获得了美国联邦政府对与该伙伴协作相关主题的研究经费的支持，而且出版了多项相关的研究成果。[1]

[1] Maeroff, G. I., Callan, P. M., Usdan, M. D. The Learning Connection: New Partnerships Between Schools and Colleges[M]. New York: Teachers College press, 2001: 16-17.

第四章

美国U-S伙伴协作的行动案例

按照美国U-S伙伴协作的三种模式，本章选择了三个典型的案例，以期对美国U-S伙伴协作的运行有一个更加深入的分析。第一个案例是加利福尼亚大学"早期学术拓展项目"，该项目属于基于学生发展的U-S伙伴协作模式；第二个案例是耶鲁大学的耶鲁—纽黑文教师研习所，该项目属于基于教育者发展的U-S伙伴协作模式；第三个案例是马里兰大学系统P-20伙伴协作项目，该项目属于基于学校发展的U-S伙伴协作模式。

第一节

加利福尼亚大学"早期学术拓展项目"案例研究

加利福尼亚大学"早期学术拓展项目"（Early Academic Outreach Program，缩写为EAOP）是美国基于学生发展的U-S伙伴协作模式的典型案例，从建立之初到2012年已经有36年的历史，参与伙伴协作的中小学达到300余所，参与该项目的学生在许多方面取得了有效的成果。

一、加利福尼亚大学"早期学术拓展项目"的行动背景

"早期学术拓展项目"在加利福尼亚大学的各个分校进行了广泛的实践，参与的学校包括中学和中间学校，其主要目标是使参与的学

生做好上大学的学术准备。

1. "早期学术拓展项目"的发展情况

"早期学术拓展项目"是加利福尼亚大学为回应州立法委员会关于扩大加利福尼亚州所有学生中等后教育机会的建议，于1976年建立的一个旨在促进学生发展的大学与中小学伙伴协作项目。该伙伴协作项目始于加利福尼亚大学圣迭戈分校，现在已扩展到加利福尼亚大学的10个分校。该项目是加利福尼亚大学最具影响的学术预备项目之一，伙伴学校达300所左右，每年服务的学生大约在4万人以上。各分校的合作学校数量和服务学生数量并不相同。例如，圣迭戈分校的学术拓展项目每年服务16所圣迭戈市中小学和因皮里尔县学区（Imperial Counties），总共3 000余名学生[1]；戴维斯分校的学术拓展项目每年服务12所学区的近2 800名学生，同时还为本地社区的4 800余名学生提供相应的服务[2]；伯克利分校的学术拓展项目每年服务来自旧金山市、孔特拉科斯塔县（Contra Costa）和阿拉梅达县（Alameda county）总共约3 000名学生[3]；洛杉矶分校的学术拓展项目每年服务10个学区80所学校，约15 000名学生等[4]。

2. "早期学术拓展项目"的参与者

加利福尼亚大学是美国西部加利福尼亚州三个公立高等教育系统之一（另外两个为加利福尼亚州立大学系统和加利福尼亚社区大学系统），在性质上属于研究型大学。加利福尼亚大学有10所分校，分

[1] UC San Diego. About the EAOP[EB/OL].[2012-01-12]. http://eaop.ucsd.edu/about/index.html.

[2] UC Davis. History[EB/OL].[2012-01-12]. http://eaop.ucdavis.edu/about/history/.

[3] UC Berkeley. Welcome to the Early Academic Outreach Program (EAOP) at UC Berkeley[EB/OL].[2012-01-12]. http://students.berkeley.edu/apa/apa%20home/eaop/index.htm.

[4] UCLA. UCLA Early Academic Outreach Program[EB/OL].[2012-01-12]. http://www.eaop.ucla.edu/aboutus/eaopoverview.htm.

别为伯克利分校、戴维斯分校、尔湾分校、洛杉矶分校、美熹德分校、河滨分校、圣迭戈分校、旧金山分校、圣塔芭芭拉分校、圣塔克鲁兹分校。2007年，加利福尼亚大学（系统）的学生数超过了22万人，教职员工超过17万人，校友数超过150万人。加利福尼亚大学在农业、医药、技术与环境等领域拥有世界领先的优势。在学术资源方面，加利福尼亚大学拥有世界一流的教学设施和实验室，同时还有几十个博物馆、音乐厅、美术馆、植物园、天文台、海洋中心、医学中心等，目前还负责管理美国能源部（U. S. Department of Energy）的三个实验室——劳伦斯·伯克利国家实验室（Lawrence Berkeley National Laboratory）、劳伦斯·利弗莫尔国家实验室（Lawrence Livermore National Laboratory）和洛斯·阿拉莫斯国家实验室（Los Alamos National Laboratory）。根据《加利福尼亚大学学术计划1974—1978》（University of California Academic Plan, 1974—1978），加利福尼亚大学的办学宗旨是"作为一个高等学习中心而服务于社会，通过传播先进知识、发现新知识和作为一个积极的有组织的知识加工库来提供长期的社会效益。这一宗旨，更具体地说包括本科生教育、研究生教育和专业教育、研究以及其他各类公共服务，它们是由发现和促进知识发展的这一核心宗旨决定的"。[1]

"早期学术拓展项目"的伙伴学校既有中学，也有中间学校。例如，2008—2009学年的伙伴学校包括242所中学和114所中间学校[2]。从整体上来看，伙伴学校主要有两个特点：一是大多数伙伴学校都是低成就学

---

[1] University of California. Mission Statement[EB/OL].[2012-01-10]. http://www.universityofcalifornia.edu/aboutuc/missionstatement.html.

[2] University of California Office of the President. A Report to the Legislature on Student Academic Preparation and Educational Partnerships for the 2008-09 Academic Year[EB/OL].[2012-01-12]. https://www.ucop.edu/operating-budget/_files/legreports/0910/sapep_funds_outcomes.pdf.

校。例如，有研究者通过对1998—2003年的伙伴学校分析发现，58%的学校为低学习成绩指数（Academic Performance Index，缩写为API）学校，30%的学校为中等学习成绩指数学校[1]；另据统计，2004—2005年的伙伴学校中，有79%处于5个最低学习成绩指数的学校范围之中。二是大多数伙伴学校位于家庭中值收入（median family incomes）较低的社区。例如，统计显示，71%的伙伴学校位于家庭中值收入不到5万美元的社区，相比而言，加利福尼亚州全州此类中学比例约为47%。[2]

3. "早期学术拓展项目"的任务与目标

"早期学术拓展项目"是加利福尼亚大学"学生学业准备与教育伙伴协作"（Student Academic Preparation and Educational Partnerships，缩写为SAPER）项目的子项目。"学生学业准备与教育伙伴协作"是加利福尼亚大学的一个综合项目，除了学术拓展项目外，还包括"K-20衔接联盟"（K-20 Intersegmental Alliances）、"MESA学校项目"（MESA Schools Program）、"学生入门计划"（Student Initiated Programs）、"普鲁斯学校"（Preuss School）等15个其他伙伴协作项目。"学生学业准备与教育伙伴协作"项目的任务是，通过中小学、商业部门和社区组织以及高等教育机构之间的合作来普遍提高学生的学习成绩，并缩小中小学不同群体学生之间的学习差距，从而使更多的加利福尼亚州年轻人，包括第一代上大学的人、社会经济地位较低的人和英语语言学习者等做好高等教育的学习准备，并继续进行研究生教育的学习或/和在工作上取得成功。[3]

---

[1] Noah S. Bookman. The Early Academic Outreach Program: Making the Biggest Difference at the Schools in the Middle[EB/OL].[2012-01-12]. http://www.eaop.org/documents/apa2005_noah_bookman.pdf.

[2] UC Regents. Outcomes[EB/OL].[2012-01-12]. http://www.eaop.org/outcomes/hist_success.html.

[3] UC Regents. About EAOP[EB/OL].[2012-01-13].http://www.eaop.org/about/.

就"早期学术拓展项目"这一子项目而言，其具体目标有四个：
（1）使70%的十二年级学生顺利完成"A—G"课程的学习；（2）使80%
的中学生到十年级时完成代数课程的学习；（3）使70%的十二年级学生
完成"A—G"课程的学习且完成SAT/ACT考试；（4）使70%的十二年
级学生毕业后进入中等后教育机构学习。[1]这里的"A—G"课程指的
是加利福尼亚大学和加利福尼亚州立大学招生入学要求的序列课程：
A——历史/社会科学（要求修业2年）；B——英语（要求修业4年）；
C——数学（要求修业3年，加利福尼亚大学建议4年）；D——实验科
学（要求修业2年，加利福尼亚大学建议3年）；E——英语之外的语
言（要求修业2年，加利福尼亚大学建议3年）；F——视觉与表演艺
术（要求修业1年）；G——大学预备选修课（要求修业1年）。[2]

二、加利福尼亚大学"早期学术拓展项目"的行动过程

加利福尼亚大学"早期学术拓展项目"的运行情况可以从三个方
面来分析。一是学生的选择标准和新学校的选择标准；二是开展的主
要活动；三是活动的实施举措等。

1. 学生的选择标准和新学校的选择标准

按照规定，参加"早期学术拓展项目"的学生至少需满足下列标
准之一：（1）来自低收入家庭，判断依据包括三点：具备加利福尼亚大
学免除申请费（application fee waiver）的资格；具备减免午餐费用的资
格；符合联邦指导方针（federal guidelines）的标准；（2）所在学校提供

[1] University of California. Report on Student Academic Preparation and Educational Partnerships (SAPEP)
for the 2009-10 Academic Year[EB/OL].[2012-01-13]. http://budget.ucop.edu/legreports/1011/documents/
sapep-funds-outcomes.pdf.
[2] University of California. A—G Course[EB/OL].[2012-01-13]. http://www.universityofcalifornia.edu/
admissions/freshman/requirements/a-g-requirements/index.html.

有限的大学预备课程（college prep curriculum），判断的依据是：所在学校有4门或更少的先修课程（AP Courses），并且至少没有下列领域的先修课程之一：数学、科学、英语、非英语的语言;（3）来自第一代上大学的家庭，判断的依据是监护父母没有从美国的学校或其他相似机构获得学士学位，并且（或者）父母双方都没有从美国的学校或其他相似机构获得学士学位;（4）居住在大学入学率较低的社区，判断的依据是该地区入学率低于州平均水平;（5）所在学校的SAT/ACT的分数低于平均水平，判断依据是学校的SAT I/ACT考试平均分数在加利福尼亚州学校第50百分位以下;（6）参与社区性组织（Community-Based Organization，缩写为CBO），且这些组织服务于较低收入社区和（或）大学入学率比较低的社区，判断的依据同样是低于州平均水平。[1]

加入"早期学术拓展项目"的新学校需符合下列5个条件:（1）开设有限的大学预备课程。判断依据是，学校有4门或更少的先修课程（AP Courses），并且至少没有下列领域的先修课程之一：数学、科学、英语、非英语的语言。（2）位于大学入学率较低的社区。判断的依据是：低于州平均水平的学区，或社区为本项目（community-based programs）的注册学生来自多样化的学校。（3）学校的SAT/ACT的分数低于平均水平，判断依据是学校的SAT I/ACT考试平均分数低于加州学校第50百分位。（4）学校缺乏促进上大学的文化资源。判断的依据是参与其他拓展项目（如MESA，GEAR UP，Cal-SOAP，AVID等）的数量不超过两个。（5）低中等学习成绩指数。判断的依据是，学校的数据显示在不同群体学生之间存在成绩差距。[2]

---

[1][2] UC Regents. Student and New School Selection Criteria[EB/OL].[2012-01-13]. http://www.eaop.org/intranet/documents/stu_new_school_criteria_013007.doc.

2. 开展的主要活动

加利福尼亚大学"早期学术拓展项目"开展的活动主要有四类：一是学业建议（academic advising）；二是学业促进（academic enrichment）；三是大学入学考试准备（entrance exams）；四是大学知识学习（college knowledge）。

"学业建议"活动专门致力于帮助参与者保持积极的学习动机，并完成加利福尼亚大学和加利福尼亚州立大学入学所要求的"A—G"课程。这一活动主要采取三种形式:（1）个别化建议，即"早期学术拓展项目"的指导者（advisor）轮流到伙伴学校为学生提供个别化的学业建议以及提供学业成绩监控;（2）个人学术计划（Individual Academic Plan，缩写为IAP），即每一个参与的学生制订一个上大学的学习计划，"早期学术拓展项目"的指导者依此来监控学生的学习进步。对于个人学术计划的制订，"早期学术拓展项目"提供了一个指导范本。它包括四个步骤：第一步，了解大学的入学要求，包括"A—G"课程、年级平均绩点分值、ACT/SAT考试等内容；第二步，创建自己的学习计划，包括对"早期学术拓展项目"建议的课程的安排、记录自己所参与的各种活动、奖励以及学习先修课程等内容；第三步，监控自己的进步，包括确保自己修读了大学的最低入学要求课程，根据自己的学习情况决定是否参加暑期学校或修读更多的课程等；第四步，调整自己的计划安排，包括比较自己所完成的学业与上大学所要求的情况，从而在"早期学术拓展项目"指导者的帮助下调整自己的学习计划。[1]（3）小组讨论会，包括关于大学入学要求的讨论会，以及具体问题的研讨会，如有关学习技巧、时间管理、目标设

[1] UC Regents. Your Academic Planner[EB/OL].[2012-01-14]. http://www.eaop.org/documents/iap.pdf.

定等。"早期学术拓展项目"官方网站给出了一个按年级安排的小组讨论会主题样本，见表1。

表1　加利福尼亚大学"早期学术拓展项目"小组讨论会主题样本

中间学校	九年级	十年级	十一年级	十二年级
EAOP概观	A—G课程要求	PSAT讨论会	个人陈述	加利福尼亚公立大学申请
个人学计划	个人学习计划	更新个人学习计划	大学申请材料准备	推荐信
成功升入中学	加利福尼亚大学系统、加利福尼亚州立大学、加利福尼亚社区学院和私立大学	识别大学	SATI/II准备	选择一所大学与专业
大学选择	记笔记与学习策略	记笔记与学习策略	经济资助	竞争联邦资助学生奖学金（FAFSA）
在中间学校/中学修读正确的课程	职业	目标设定	选择大学	个人陈述
年级意味着什么：荣誉课程	考试技巧	SAT I/II和ACT	准备加利福尼亚大学申请	在大学里期望什么

资料来源：Program Services: Academic Advising[EB/OL].(2009-07-11)[2012-01-14].
http://www.eaop.org/prog_svcs/acad_advising.html

"学业促进"活动主要是提高参与学生的基本学业技能，掌握中学高级课程以及为他们提供参与大学研究项目的机会等。该活动采取的形式主要有周末学校、暑期学校、家教辅导、讨论会等。例如加利福尼亚大学尔湾分校的学业促进活动包括周六数学学校（saturday academy in mathematics）、学业讨论会（academic workshops）和教师习明纳（faculty seminars）等三种形式。其中周六数学学校主要是为参与的学生提供更加个性化的额外教学课程，以促进学生对代数概念的理解；学业讨论会主要是就加利福尼亚大学入学申请、个人自述书写、专业选择、学习技能等进行讨论；教师习明纳主要是在学年期间，由尔湾分校为项目参与学生主办一系列教师研讨会和展示会（presentations）。[1]

"大学入学考试准备"活动主要是帮助八年级到十二年级的学生了解PSAT、ACT、SAT等大学入学相关考试的信息，掌握这些考试的一些技能，并认识与改善自己的薄弱学科。这一活动通常采取四种形式：（1）考试准备讨论会（test preparation workshops）。这样的讨论会一般由大学组织，每次持续一天，主要是使学生熟悉这些考试以及一些学习的策略、考试的小提示。（2）考试准备班（test preparation classes），主要是大学邀请美国卡普兰（Kaplan）教育集团、西常青藤（Ivy West）课后辅导学校、普林斯顿评论（The Princeton Review）等考试辅导公司的专家为学生提供持续多天的考试策略训练以及语文和数学试题的广泛操练。（3）在线考试准备（online test preparation），主要是通过加利福尼亚虚拟中学（California Virtual High School）使参与学生充分利用一些在线测试。（4）费用减免帮助（fee waiver assistance），主要是给予符合条件的家庭经济困难学生提供申请大学考试费用减免的帮助。

"大学知识学习"活动主要是为伙伴学校的学生及其父母提供有关大学入学申请以及奖学金等方面的相关信息，包括上大学的重要性、环境介绍、专业介绍、申请程序；有的还为学生提供一些课外活动，如发展学生的领导力等非学术性能力的活动，以促进他们更加全面地发展，从而有助于申请一些竞争激烈的大学。"大学知识学习"活动主要采取下列几种形式:（1）讨论会，具体包括名为"加利福尼亚大学预

---

[1] Center for Educational Partnerships.About EAOP[EB/OL].[2012-01-15]. http://www.eaop.uci.edu/about.html.

备"（UC PREP）、"大学申请/论文讨论会"（College Application/Essay Workshops）、"经济资助讨论会"（Financial Aid Workshops）、"大学：促成这件事"（College：Making it Happen）等讨论会。其中"加利福尼亚大学预备"每年举办一次，其基本内容是为帮助伙伴学校的学生完成加利福尼亚大学本科入学申请，以及为他们介绍有关大学资助方面的信息。通常大学的招生人员会与学生们进行直接的交流，并对他们的成绩单给予评价，鼓励他们申请他们感兴趣的加利福尼亚大学分校。"大学申请/论文讨论会"通常每年举办多次，其基本的内容是向学生清楚地解释如何撰写有效的个人自述，以及如何填写加利福尼亚大学和加利福尼亚州立大学的入学申请表单等。"大学：促成这件事"每年举办一次，主要是为中间学校学生的家庭提供一些重要的大学入学计划帮助以及动机策略等。（2）校园参观（campus visits），主要是让伙伴学校的学生参观加利福尼亚大学的各个分校，包括与各分校的在校大学生、研究生进行直接的交流，熟悉校园设施以及了解大学校园生活以及学科专业等。（3）会议与咨询（conferences and consulting），通常一年举办多次，主要内容为伙伴学校学生的家庭提供上大学的各种咨询与建议，以及为伙伴学校的任课教师提供"A—G"课程的一些帮助。

3. 活动的实施举措

暑期学校是加利福尼亚大学"早期学术拓展项目"的实施形式之一，这里以"伯克利分校2011年暑期学校"（UCB Summer Sessions 2011）为例来说明。

伯克利分校2011年的暑期学校课程共三门，分别为"民族研究"（ethnic studies）、"古典文学"（classics）和"地球与行星科学"（earth and planetary science）。这三门课程属于完全的大学课程，由加利福尼亚大学教授进行教学，并且有加利福尼亚大学本科生的参与，唯一与常规大学课程的差异是，教学时间由15周压缩成6周（2011年7月5日—
8月12日），其他方面则完全相同，而且所修学分可以作为大学学分。

"民族研究"课程的全称是"民族研究—美国文化21：美国民族
与种族群体的比较调查"（Ethnic Studies 21AC：A Comparative Survey
of Racial and Ethnic Groups in the U.S.），学生学完后可获4个学分，授
课者为亚历克·斯萨拉戈萨（Alex Saragoza）。教学分为三个环节，
一是讲座（lecture），时间为每周一、二、三的上午10:00至12:30；二
是讨论（discussion），时间为每周四的上午10:00至12:00；三是学习
小组活动（section），时间为每周二、四的下午1:00至2:00。这门课程
的目的主要是调查欧洲移民、美国黑人和拉丁美洲人的历史经验，重
点关注的主题是19世纪晚期以来移民与经济的变化。除此之外，该课
程也会涉及亚裔美国人、美洲土著以及一些新移民的经验，同时，诸
如阶级与性别等群体内部的差异也会被讨论。

"古典文学"课程的全称是"古典文学28（希腊与罗马神
话）"[classics 28 (Greek & Roman mythology)]，学生修读完成后可获4
个学分，授课者为安东尼·布洛克（Anthony Bulloch）。教学分为两个
环节：一是讲座，时间为每周一、二、三、四的下午2:00至4:00；二是
小组学习活动，时间为每周二、四的中午12:30至1:30。该课程的主要
目的是研究希腊神话和罗马神话，特别强调神话的普遍意义，以及通
过考察神话、宗教和哲学之间的相互作用来理解古代和现代文化。

"地球与行星科学"课程的全称是"地球与行星科学80：环境
地球科学—讲座2"（earth and planetary science 80: environmental earth
sciences lec 2），学生修读完成后可获2个学分，授课者为史蒂夫·安
德鲁斯（Steve Andrews）。教学分两个环节：一是讲座，时间为每周
二、四的下午4:30至7:00；二是小组学习活动，时间为每周四下午

3:00至4:00。该课程的主要目的是描述地球地质变化过程和人类活动，以及基于地球环境变化的理解使用土地与海洋资源。

申请参加伯克利分校这一暑期学校项目的基本要求是：十一年级的学生；"A—G"课程的年级平均绩点最低为3.5；学生能够证明已经成熟和具有领导力。对于已经与"早期学术拓展项目"区域代表联系过的和参加过"早期学术拓展项目"会议及活动的申请者，予以优先考虑。伙伴学校的学生只需要在规定截止时间之前（2011年为3月8日）提交申请即可。申请材料需包括个人自述。学生除了自己负担必要的交通费和课本费外，没有别的费用，经济困难的学生还可以申请交通费和教材费资助。在整个6周的学习期间，对学生的要求非常严格。例如，学生必须参加规定的所有课程的学习，如果缺席两次以上讲座课或讨论课，就没有资格继续本次暑期课程的学习。[1]

三、加利福尼亚大学"早期学术拓展项目"的行动结果

加利福尼亚大学"早期学术拓展项目"自实施以来取得了积极的成果，主要体现在以下几个方面。

一是参与该项目的学生完成"A—G"课程的比例比较高，而且取得了较好的成绩。例如，2004—2005学年，参与该项目的毕业生中，有73.7%的人完成了15个"A—G"课程学分且成绩都在C及以上，相比而言，当时加利福尼亚州所有中学毕业生完成15个"A—G"课程学分且成绩为C及以上的平均比例仅为33.7%；[2]2005—2006学

---

[1] UC Berkeley Summer Sessions 2011[EB/OL].[2012-01-16]. http://students.berkeley.edu/apa/apa%20 home/eaop/2011_Summer_Sessions_Brochure.pdf.

[2] A Report to the Governor and Legislature on Student Academic Preparation and Educational Partnerships for the 2004-05 Academic Year[EB/OL].[2012-01-16].http://www.eaop.org/documents/sapep_ legreport_0405_apr06.pdf.

年，二者相应的比例分别为71.4%和35%[1]，2006—2007学年，二者相应的比例分别是61%和36%[2]；2008—2009学年，二者的比例分别为70%和35%[3]，2009—2010学年，前者的比例达到了71%。[4]

二是参与该项目的学生在申请上大学方面有较好的准备。例如，2004—2005学年，在学业成绩指数（API）为1和2的学校中，参与该项目的学生中有60.7%的人参加了SAT-I考试或ACT考试，而在没有参与该项目的同样程度的学校中，仅有29%的学生参加了SAT-I或ACT考试。[5]二者相应的比例在2005-2006学年分别为62.8%和34.2%，[6]在2006—2007学年分别为64.6%和32.9%[7]；在2008—2009学年分别为65.9%和38.2%[8]，在2009—2010学年分别为65.88%和32.02%[9]。

三是提高了中学生毕业后直接进入大学学习的比例。例如，参与该项目的中学毕业生2004—2005学年有66.5%的人直接进入高校学习，而全州范围内该学年仅为46.3%[10]，2005—2006学年二者的比例分别为64.5%和43.7%[11]，2006—2007学年二者的比例分别为69.1%

[1] A Report to the Governor and Legislature on Student Academic Preparation and Educational Partnerships for the 2005–06 Academic Year[EB/OL].[2012-01-16]. http://www.eaop.org/documents/sapep_legreport_0506_apr07.pdf.

[2][7] A Report to the Legislature on Student Academic Preparation and Educational Partnerships for the 2006–07 Academic Year[EB/OL].[2012-01-16]. http://budget.ucop.edu/legreports/0708/documents/sapep_outcomes.pdf.

[3][8] A Report to the Legislature on Student Academic Preparation and Educational Partnerships for the 2008–09 Academic Year[EB/OL].[2012-01-16].http://budget.ucop.edu/legreports/0910/documents/sapep_funds_outcomes.pdf.

[4][9] Report on Student Academic Preparation and Educational Partnerships (SAPEP) for the 2009–10 Academic Year Legislative Report[EB/OL].[2012-01-16].http://budget.ucop.edu/legreports/1011/documents/sapep-funds-outcomes.pdf.

[5][10] A Report to the Governor and Legislature on Student Academic Preparation and Educational Partnerships for the 2004–05 Academic Year[EB/OL].[2012-01-16]. http://www.eaop.org/documents/sapep_legreport_0405_apr06.pdf.

[6][11] A Report to the Governor and Legislature on Student Academic Preparation and Educational Partnerships for the 2005–06 Academic Year[EB/OL].[2012-01-16].http://www.eaop.org/documents/sapep_legreport_0506_apr07.pdf.

和 43.7%[1]，2008—2009 学年二者的比例分别为 70.5% 和 48%[2]，2009—2010 学年前者的比例为 66.43%[3]。

第二节

耶鲁大学耶鲁—纽黑文教师研习所案例研究

耶鲁大学耶鲁—纽黑文教师研习所（Yale-New Haven Teachers Institute，缩写为 YNHTI）是美国基于教育者发展的 U-S 伙伴协作模式的一个典型案例，从创建之初到 2012 年，已经有 34 年的历史，参与伙伴协作的中小学覆盖了纽黑文市全部公立中小学，参与的教师普遍给予该研习所的活动以较高的评价。

一、耶鲁—纽黑文教师研习所的行动背景

耶鲁—纽黑文教师研习所的参与学校既有小学、中间学校，也有

[1] A Report to the Legislature on Student Academic Preparation and Educational Partnerships for the 2006-07 Academic Year[EB/OL].[2012-01-16].http://budget.ucop.edu/legreports/0708/documents/sapep_outcomes.pdf.

[2] A Report to the Legislature on Student Academic Preparation and Educational Partnerships for the 2008-09 Academic Year[EB/OL].[2012-01-16]. http://budget.ucop.edu/legreports/0910/documents/sapep_funds_outcomes.pdf.

[3] Report on Student Academic Preparation and Educational Partnerships (SAPEP) for the 2009-10 Academic Year Legislative Report[EB/OL].[2012-01-16].http://budget.ucop.edu/legreports/1011/documents/sapep-funds-outcomes.pdf.

中学、过渡学校（transitional schools）等，以提高在职教师的专业素质为主要目标。

1. 耶鲁—纽黑文教师研习所的发展

耶鲁—纽黑文教师研习所建于1978年，是耶鲁大学与纽黑文市公立学校共同建立的一个教育伙伴协作项目。1984年该伙伴协作项目被美国高等教育协会（American Association for Higher Education，缩写为AAHE）、州立学校主任官委员会（Council of Chief State School Officers，缩写为CCSSO）、美国中学校长委员会（National Association of Secondary School Principals，缩写为NASSP）和卡内基教学促进基金会（Carnegie Foundation for the Advancement of Teaching，缩写为CFAT）评选为全美改进公立学校的典范项目，1985年被美国教育部评价为全美最重要的和最有效的U-S伙伴协作示范项目等。[1]1998年，耶鲁—纽黑文教师研习所实施了一项"全国示范工程"（National Demonstration Project），以推广其成功的经验。在其带动下，其他大学也成立了类似的教师研习所，如宾夕法尼亚大学的宾夕法尼亚教师研习所（Teachers Institute of Philadelphia）等。

2. 耶鲁—纽黑文教师研习所的参与者构成

耶鲁大学建于1701年，是美国历史上最早建立的第三所大学，为常青藤联盟成员之一，位于康涅狄格州的纽黑文市。2010—2011学年，耶鲁大学拥有本科生5 279人，研究生和专业学生6 381人，国际学生1 987人，教师3 810人，职工9 085人，国际学者2 065人，在世校友167 350人，图书馆藏书1 270万册，建筑物439座，捐赠165亿美元。[2]耶鲁

---

[1]　Yale-New Haven Teachers Institute. Principal Recognition Accorded to the Yale-New Haven Teachers Institute[EB/OL].[2012-01-27]. http://www.yale.edu/ynhti/brochures/A9.html.

[2]　Yale University. Yale University in Brief[EB/OL].[2012-01-27]. http://www.yale.edu/about/facts.html.

大学包括耶鲁学院（Yale College，即该校本科生院）、文理研究生院
（Graduate School of Arts and Sciences）和专业学院（professional schools）。
其中专业学院包括建筑学院（School of Architecture）、艺术学院（School
of Art）、神学院（Divinity School）、戏剧学院（School of Drama）、工程与
应用科学学院（School of Engineering & Applied Science）、森林与环境研究
学院（School of Forestry & Environmental Studies）、法学院（Law School）、
管理学院（School of Management）、医学院（School of Medicine）、音乐
学院（School of Music）、护理学院（School of Nursing）、公共卫生学院
（School of Public Health）和圣乐所（Institute of Sacred Music）等。在
专业学院中，耶鲁大学没有教育学院。耶鲁大学对本科生教育尤为重
视，这是它的突出特点。这种重视在研究型大学中较为少见。耶鲁学
院的70余个专业主要着力于通识教育，其主要目标是"传授学生不管
最终从事什么职业都需要的知识和技能"。[1] 与牛津大学和剑桥大学类
似，耶鲁大学也实行"住宿学院制度"（residential college system），大
学一年级新生在入学之前被随机分配到12个住宿学院中，而且本科四
年通常都需要居住在住宿学院。每所学院有一位院长（master）和一
位舍监（dean），他们都是耶鲁大学的教师，分别负责学生的社交活动
和学习生活。[2] 作为一所世界一流的大学，"耶鲁大学一直秉承杰斐逊
高等教育在民主社会的作用的观念，通过在学生中鼓励自由和独立，
帮助捍卫所有人的自由和独立"。[3]

　　2012年，耶鲁—纽黑文教师研习所的伙伴学校为纽黑文市的全部
45所公立学校。这些学校的在校生数量超过2万人，其中60%以上的

[1] Yale College. Undergraduate Curriculum[EB/OL].[2012-01-27].http://yalecollege.yale.edu/content/
undergraduate-curriculum.
[2] Yale College. Residential Colleges[EB/OL].[2012-01-27].http://yalecollege.yale.edu/content/residential-colleges.
[3] 王英杰，刘宝存.世界一流大学的形成与发展[M].太原：山西教育出版社，2008.

学生来自接受公共资助的家庭，87%的学生为美国黑人或美籍西班牙人。有资格参加耶鲁—纽黑文教师研习所的教师约有1 000名。[1]

3. 耶鲁—纽黑文教师研习所的目的与原则

耶鲁—纽黑文教师研习所作为美国U-S伙伴协作的一个典型代表，其创办之初的主要的目的是提高纽黑文市公立学校的教师质量，从而提高学生的成绩。1994年，经研习所大学咨询委员会（the University Advisory Council of the Institute）同意并经耶鲁大学董事会教育政策委员会（the Educational Policy Committee of the Yale Corporation）签署的文件《政策、结构和程序》（Policies, Structure, and Procedures），进一步将该研习所的目的表述为 :（1）"加强纽黑文公立学校的教学与学习"；（2）"为了鼓励和帮助其他机构发展类似的项目，从而使它们社区的学校与大学共同获益，推广该研习所的模式并传播其材料。"[2] 关于前者，主要通过研习所的相关活动，提高教师下列几方面的素质 :（1）帮助教师提高他们所任教学科的知识 ;（2）提高教师的写作与口语表达技能 ;（3）为教师提供他们更乐意教以及更能有效地促进学生学习的课程材料 ;（4）发展有助于教师进一步职业发展的领导能力 ;（5）促进相互学习的教师网络发展，并帮助建立相互支持的同事关系。[3]

耶鲁—纽黑文教师研习所的建立及运行遵循四个指导原则（principles）:（1）教学是教育过程的核心，教师正在进行的备课以及所开发的课堂教学材料对于学生的学习来说具有根本的重要性 ;（2）教

[1] Yale National Initiative. Yale-New Haven Teachers Institute[EB/OL].[2012-01-27]. http://teachers.yale.edu/league/ynhti/index.php?&skin=h.

[2] Yale-New Haven Teachers Institute. Policies, Structure, and Procedures[EB/OL].[2012-01-29]. http://www.yale.edu/ynhti/brochures/A6.html.

[3] Ellen Eliason Kisker. Study Design for Evaluating the Yale-New Haven Teachers Institute[EB/OL].[2012-01-29]. http://teachers.yale.edu/pdfs/Study_Designed_for_Evaluating_the_Yale-New_Haven_Teachers_Institute.pdf.

师领导是公共教育改革的核心，并依赖于研习所的协调员、学校联
系人等；(3)不同水平的实习教师 (teachers of students) 作为同事能
够并且一定会相互影响，他们会提出所任教学科的共同问题；(4)大
学—中小学之间的合作只有是长期的，才会真正的有效。[1][2][3]

二、耶鲁—纽黑文教师研习所的行动过程

耶鲁—纽黑文教师研习所的核心活动是由耶鲁大学教师和纽黑文公
立学校教师协作进行的一系列习明纳，其中参与习明纳活动的耶鲁大学教
师称为"习明纳指导者" (seminar leaders)，参与习明纳活动的纽黑文公立
学校教师称为"同伴" (fellows)。"同伴"完成习明纳后，需要编写一个
"课程单元" (curriculum unit)。研习所的具体运行程序包括如下几个环节。

1. 确定习明纳主题

确定习明纳的主题是耶鲁—纽黑文教师研习所开展习明纳活动的
首要环节，这一环节从时间上说一般持续3个月左右，通常是在前一
年的十月到十二月进行。参与人员几乎涉及所有相关人士，例如包括
纽黑文公立学校的教师、耶鲁大学的教师、研习所的工作人员等。具
体方式既有咨询，也有评议和讨论等。

具体而言，确定研习所习明纳的主题，首先是由研习所的学校代
表 (school representatives，他们包括15人或以上，代表纽黑文所有小
学、中间学校和中学的人文、自然科学和数学教师，且全面负责这些

[1] Yale-New Haven Teachers Institute. Policies, Structure, and Procedures[EB/OL].[2012-01-29]. http://www.yale.edu/ynhti/brochures/A6.html.
[2] James R. Vivian. Yale University: The Yale-New Haven Teachers Institute[EB/OL].[2012-01-28]. http://www.yale.edu/ynhti/articles/C7.html.
[3] Vivian, J. R. Issues in Establishing and Developing an Educational Collaboration: The Yale-New Haven Experience[J]. Education and Urban Society, 1986(1): 59.

教师参与研习所的项目）和学校联络员（school contacts，他们是那些规模不足够大而没有代表的学校与研习所联系的教师）对纽黑文小学、中间学校和中学教师进行调查，向他们征询下一年度研习所的习明纳主题。这期间，学校的科目督导员（subject-areasupervisors）也会向这些代表提供一些习明纳主题的建议。在这三个月的调查期间，这些学校代表每两周与研习所主任（the director，由耶鲁大学校长任命，在教务长行政管辖下管理研习所）碰面一次，汇总并评价上述调查结果，以决定哪些主题可以最佳地满足预期参与教师的兴趣与需要。同时，他们在这期间也会与各自所负责联系的学校联络员进行积极的沟通。此间，研习所的主任和副主任还会与有资格且愿意指导习明纳的耶鲁大学教师进行商讨，并邀请他们准备一个可能的习明纳书面描述。最后，研习所的学校代表综合考虑各种意见，从中选择并确定第二年的习明纳主题。[1][2]调查显示，研习所习明纳主题的这种确定方式得到了大多数参与教师的认同。例如，2005-2008年，分别有71%、85%、80%和78%的参与教师说，他们有足够的机会建议习明纳可能的主题。[3]每年最终确定的习明纳主题一般为5—7个，且较为强调跨学科性和综合性。例如2012年研习所提供的4个习明纳分别为："通过视觉艺术理解历史和社会，1776—1914""传记艺术""解剖学，健康和疾病：从骨骼系统到心血管适应性""K-12班级教学中的工程学：为了21世纪劳动力的数学和科学教育"。[4]

[1] Yale-New Haven Teachers Institute. Policies, Structure, and Procedures[EB/OL].[2012-01-29]. http://www.yale.edu/ynhti/brochures/A6.html.

[2][3] Yale-New Haven Teachers Institute. Annual Report 2008[EB/OL].[2012-01-30].http://teachers.yale.edu/pdfs/ar/ar2008-full.pdf.

[4] Yale-New Haven Teachers Institute. 2012 Annual Brochure[EB/OL].[2012—01—31]. http://www.yale.edu/ynhti/brochures/A1/seminars.html.

2. 教师申请参与习明纳

研习所习明纳主题确定后，接下来的环节是打算参加的教师递交申请并被评审，这个环节一般持续2个月，在每年的一、二月份进行。具体而言，首先在每年的一月初，研习所的学校代表将习明纳的申请表格、宣传小册子以及所提供的习明纳的介绍资料发放到各个学校，同时还会在研习所为申请者举办一次开放聚会（an open house）。参加此次聚会的人包括打算申请的教师、研习所学校代表、习明纳指导者。其中习明纳指导者担任关键性的角色，他们需要对自己将要指导的习明纳进行一个简要的陈述，同时还组织参与的教师进行小组讨论。接下来，教师们开始向学校代表提交申请，通常截止日期为每年的一月底。研习所对申请教师的资格作了规定，包括：（1）申请者必须是纽黑文市现任教师，并且在参与研习所习明纳后继续任教；（2）申请者必须参加习明纳相关的全部活动，包括各种会议、研究以及课程单元的准备等；（3）申请者必须证明自己的兴趣与即将进行的习明纳有直接的联系；（4）申请者必须说明自己所计划参加的习明纳和计划编写的课程单元与自己下一学年所任教课程直接相关。

教师申请书的内容要求包括教师所教的学科和年级、计划介绍的课程研究材料以及愿意遵守上述四条规定的说明，同时申请者还需说明自己所选某一习明纳的原因以及编写课程单元的计划。由于每一个习明纳的参与人数控制在12人以内，所以竞争还是较为激烈的，不过选择的标准不是基于申请教师的学术成就，而是基于他们的实际需要，即把参与习明纳的机会优先给予那些最需要发展的教师，例如下一学年所教学科与所申请的习明纳主题相关性较高的教师，对拟任教科目几乎没有正式准备的教师等，会优先考虑。

教师的申请资料一般由习明纳指导者、所在学校校长和习明纳协调员（seminar coordinators）分别评价。其中，习明纳指导者各自对申请自己所负责的习明纳的申请者进行评价。在此过程中，习明纳指导者同时也对自己所负责的习明纳安排进行必要的调整，以更好地满足申请教师的兴趣与需要。所在学校校长对申请者材料的评价也是最终选择的一个重要参照，一般要求校长要根据四个问题来进行评价：（1）申请者的计划是否与自己学校的课程与学术计划相一致，以及对于学校来说是否重要；（2）列出申请者所拟撰写的课程单元相对应的科目与年级；（3）下一学年申请者是否会被安排与其所拟撰写的课程单元相应的一门或以上的课程；（4）指出申请书的特别优点与问题。习明纳协调员由纽黑文公立学校教师担任，主要负责习明纳的运行。一个习明纳通常配备一个协调员。在对教师申请资料的评价中，他们发挥着重要的作用。他们首先对申请书进行阅读与讨论，然后联系需要完善申请书的教师，并指导修改，最后综合学校校长的评价和习明纳指导者的评价，向研习所主任推荐建议人选，并由主任最终决定参加研习所习明纳的教师。

　　每年打算申请参加习明纳的教师一般在100人左右，一般最终选出60人左右。入选的教师既有小学教师，也有中间学校教师和中学教师；同时，为了尽可能服务更多的教师，每年都有一部分是第一次参加研习所的习明纳；初任教师所占的比例也比较大。以2008年为例，在初期的计划阶段共有117名教师表示对研习所提供的习明纳有兴趣，不过最终只有66名教师提交申请，最后筛选出的教师数量为61人。在这61人中，有25人（41%）为小学或中间学校教师（其中17人所教年级为幼儿园到五年级，8人所教年级为六年级至八年级），36人（59%）为中学教师（九年级至十二年级）。另外，2008年有24人（39%）是首次参加研习所习明纳；35%的人教龄为4年及以下；63%

的人从事他们目前教席的时间为4年及以下。[1]

3. 习明纳及其相关活动的开展

研习所每年进行的习明纳活动，从组织到最终完成，总共持续5个月，具体内容大体包括四个部分：非正式讲座（informal talks），习明纳实施（seminar providing），材料阅读（reading period），课程单元撰写（curriculum unit writing）等。

"非正式讲座"是研习所习明纳活动的一个重要组成部分，一般在每年的3月和4月进行。讲座的专家为本次或未来的习明纳"指导者"（为耶鲁大学教师），听众为全体习明纳"同伴"（即从习明纳申请者中选出来的纽黑文公立学校教师）。讲座一般每月举办三次左右，通常定于周二下午，每次两小时，目的主要是使习明纳"同伴"了解不同于自己目前所参与的习明纳以及了解将来可能参与的习明纳，激发他们的思考与讨论等。以2008年为例，在3月和4月总共进行了五场讲座，其中三场由当时的习明纳指导者所讲演，其余两场由2个未来的习明纳指导者所讲演，他们讲演的题目分别为："19—21世纪法庭在避免美国种族战争中的作用""至尊之地：通过艺术和物质文化看纽黑文的历史""文学、历史和电影中的民主刻画""小小大科学：纯碳分子的纳米技术""政策模型中的冒险"。[2]

"习明纳的实施"包括两次准备会议和十次左右的研讨会议。第一次会议一般在每年的3月初进行，其主要内容是决定每一个习明纳的讨论问题，并使每一个参与教师熟悉自己将要研究的内容。具体的做法通常是，习明纳指导者首先将带有注释的习明纳资料分发给参与

---

[1][2] Yale-New Haven Teachers Institute. Annual Report 2008[EB/OL].[2012-01-30].http://teachers.yale.edu/pdfs/ar/ar2008-full.pdf.

教师，并对自己所推荐的习明纳阅读大纲进行介绍；每一个参与教师则需要对自己计划编写的课程单元进行描述说明。在接下来的一个月左右的时间里，研习所要求每一个参与教师至少需要与自己所参加习明纳的指导者联系两次，讨论其计划撰写的课程单元以及阅读材料的选择等。第二次会议在每年的4月初举行，其主要内容是最终决定每一个参与教师将编写的课程单元主题，并决定随后的研讨会上所用的共同阅读材料。具体的做法是每一个参与教师首先呈交自己的课程单元撰写计划书、计划阅读材料目录，并陈述自己修改后的课程单元主题，然后进行集体讨论决定，随后则根据各参与教师的建议决定共同阅读的材料。从5月初到7月中旬，各个习明纳进入正式的研讨阶段，通常每周进行一次，每次仍然为两小时。研讨会的形式比较灵活，"在第一小时习明纳指导者或者进行讲解或者组织讨论共同的阅读材料（common reading）；在第二小时则由参与者陈述课程单元的工作进展或者对习明纳所学材料在教学中的应用（pedagogical applications）进行一般化的讨论。其他习明纳指导者则寻求更加灵活或更加多样的模式"。[1]

"材料阅读"贯穿整个习明纳的开展过程，即在3月初到7月初的四个月时间里，参与习明纳的教师需要广泛地阅读习明纳主题相关的材料，而且还需要精读自己将要撰写的课程单元主题的相关材料。这些阅读材料主要来自研习所的习明纳指导者分发的资料以及自己所选研究主题相关的资料。

课程单元撰写是研习所对参与习明纳教师的一个最重要的要求。具

---

[1] Yale-New Haven Teachers Institute. Policies, Structure, and Procedures[EB/OL].[2012-01-29]. http://www.yale.edu/ynhti/brochures/A6.html.

体的撰写过程包括如下几个阶段：从4月初开始到5月底结束，每一个参与教师需根据习明纳第二次会议的讨论结果撰写出课程单元的第一份草稿，主要说明课程单元的内容目标与教学策略。第一份草稿完成之后，需在习明纳课上进行讨论，并要求每一个习明纳指导者在一周之内对草稿写出书面评论。根据习明纳课上的讨论结果以及习明纳指导者的评论，参与教师要求在7月初写出第二份草稿，主要是修改课程单元的内容目标与教学策略，并完成课程单元其余部分的写作。同样在一周之内，习明纳指导者需要对其做出书面评论。在7月底，参与教师需按研习所的规范，完成课程单元的终稿。一个完整的课程单元要求包括五个部分：（1）清楚的说明内容目标；（2）统一、连贯的教学策略；（3）班级活动，包括至少三个详细的实际教学方法或课程计划的案例；（4）教学资源，包括教师参考书目、学生阅读材料目录和课堂教学材料目录；（5）不超过一页的有关课程单元所执行的学区学术标准的附录。[1]在8月，每一个习明纳的所有课程单元终稿都会被编辑成一册，并由该习明纳指导者撰写一个导言，9月分发到学区所有学校，供其他教师参考。

三、耶鲁—纽黑文教师研习所的行动结果

耶鲁—纽黑文教师研习所进行的以习明纳为主的各种活动，无论是对纽黑文公立学校的教师还是对耶鲁大学的教师，都产生了积极的影响，他们都表现出极大的参与热情，并给予了积极的肯定。例如，2008年纽黑文公立学校的一位参与教师写道："我的经历……[是]非常充实的。我接受了写作艺术的教育和怎样区分好作品和伟大作品的

---

[1] Yale-New Haven Teachers Institute. 2012 Annual Brochure[EB/OL].[2012-01-31]. http://www.yale.edu/ynhti/brochures/A1/seminures.html.

教育。这次习明纳也教会了我怎样给我的学生传授写作技巧……我非常感激习明纳指导者允许所有的参与者表达他们的思想。"[1]再如，2008年一位担任习明纳指导者的耶鲁大学教师说："我得到的基本益处就是我感觉自己能够对纽黑文公立学校的学生教育做出贡献，以及能够对那些极具献身精神的教师提供支持。这所大学常常感到自己与纽黑文社区存在距离，但是我的此次参与是对那种观点的一个重要的和满意的矫正。"另一位参与的耶鲁大学教师也写道："它是一个与这个城市联系的很好途径，并且也是一个检验以后耶鲁大学正常习明纳课程中的观点的论坛。我把它视为下一学年我将教学的习明纳的一个初步演练。我也喜欢有这样的机会，可以从不同水平的教育者中获得对我研究领域的一些看法。"[2]

除此之外，几乎每一个纽黑文公立学校的参与教师都认为，他们从习明纳等活动中获得了学科知识和职业自信（2006—2008年比例分别为100%、89%、96%），同时认为习明纳活动有助于他们的智力和专业成长（2006—2008年比例分别为100%、93%、98%）。[3][4][5]另外，研习所的习明纳等活动也提高了参与教师的写作和口语技能，增强了他们的工作热情与动力，提高了他们对学生的期望以及调动学生学习积极性的能力等。[6]

对耶鲁大学的教授来说，参与该研习所同样有积极的促进作用。

[1][2][5] Yale-New Haven Teachers Institute. Annual Report 2008[EB/OL].[2012-01-31].http://teachers.yale.edu/pdfs/ar/ar2008-full.pdf.

[3] Yale-New Haven Teachers Institute. Annual Report 2006[EB/OL].[2012-01-31]. http://teachers.yale.edu/pdfs/ar/ar2006-full.pdf.

[4] Yale-New Haven Teachers Institute. Annual Report 2007[EB/OL].[2012-01-31].http://teachers.yale.edu/pdfs/ar/ar2008-full.pdf.

[6] Rogers M. Smith. To Motivate My Students: An Evaluation of the National Demonstration Project of the Yale-New Haven Teachers Institute[EB/OL].[2012-01-28].http://teachers.yale.edu/pdfs/To_Motivate_My_Students.pdf.

例如，有研究者指出，耶鲁大学的教授们通过指导这些中小学教师，促进了他们对自己教学方法的反思，有时他们会面临普通的耶鲁大学学生不太可能提出的一些挑战。另外，为了使参与的中小学教师更好地理解，他们不得不把复杂的材料制作得更加简单，而且为了帮助参与的中小学教师制作出适合中小学学生的课程单元，这些教授还不得不对中小学生的"所知"和"所不知"有一个全面的了解。[1]

第三节

马里兰大学系统P-20伙伴协作案例研究

马里兰大学系统的P-20伙伴协作是美国基于学校发展的U-S伙伴协作模式中的典型案例，从建立之初到2012年，已经有36年的历史。参与的中小学校是马里兰州全部公立中小学校。通过参加各种活动，这些学校在许多方面获得了进步。

一、马里兰大学系统P-20伙伴协作的行动背景

马里兰大学系统P-20伙伴协作的主要目标是致力于促进贯通幼

---

[1] Maeroff, G. I. School and College: Partnerships in Education[R]. Stanford:The Carnegie Foundation for the Advancement of Teaching, 1983: 39.

儿园到大学的一体化教育体系，从而有效地提高教育质量。

1. 马里兰大学系统P-20伙伴协作的发展

1976年，马里兰州依法建立了教育协调委员会（Education Coordinating Committee），该委员会主要致力于协调州高等教育委员会（State Board for Higher Education，现在为Maryland Higher Education Commission）与马里兰州教育厅（Maryland State Department of Education）之间的活动，其成员包括3名高等教育委员会长官、3位教育委员会成员、高等教育秘书和学校督导，每一个机构都任命一位高级人员负责指导委员会的工作。[1]

1995年，马里兰大学系统（University System of Maryland，缩写为USM）与马里兰州教育厅和马里兰高等教育委员会建立了一个K-16伙伴关系，用于解决共同关心和面临的各种教育问题，如学生对中等后教育的准备，K-12课程与中等后教育课程的衔接问题，提高学术标准，提高教师质量等。新成立的这一伙伴关系在第二年即开始执行教育协调委员会的功能，尽管后者仍然是一个法律授权实体[2]。

2002年3月，新成立的K-16伙伴协作关系的三方代表正式签署"谅解备忘录"（Memorandum of Understanding），建立了"马里兰K-16教与学伙伴协作关系"（Maryland Partnership for Teaching and Leaning K-16），同时成立了"K-16伙伴协作领导委员会"（K-16 Leadership Council）。2006年，"马里兰K-16教与学伙伴协作关系"更名为"马里兰PreK-16教与学伙伴协作关系"（Maryland Partnership

---

[1][2] Kirst, M. W., Venezia, A. From High School to College: Improving Opportunities for Success in Postsecondary Education[M]. Hoboken: Jossey-bass, 2004: 224.

、for Teaching and Leaning PreK-16，简称PreK-16 Partnership），试图
建立一个从学前到大学的一体化教育系统。2007年10月，马里兰
州州长马丁·奥马丽（Martin O'Malley）在"PreK-16领导委员会"
（PreK-16 Leadership Council）上发布行政命令，建立了"马里兰州长
P-20领导委员会"（Governor's P-20 Leadership Council of Maryland），
其协作方除了原"PreK-16伙伴协作"的三个机构外，还增加了马里
兰州劳工执照厅（Department of Labor, Licensing and Regulation）和
马里兰州企业与经济发展厅（Department of Business and Economic
Development）两个机构。由于新成立的"马里兰州长P-20领导委员
会"的行动目标包含了PreK-16伙伴协作的目标，所以后来逐步取代
了原来的"马里兰PreK-16教与学伙伴协作关系"，后者于2008年正
式解散。[1]

"马里兰州长P-20领导委员会"主要致力于一些教育研究性质
的工作，并为伙伴成员之间的合作提供必要的领导支持，因此该
委员会成立了若干工作委员会和特别工作组（working committees
and task forces）。它们的一些研究成果成为各合作单位制定教育政
策的重要依据。[2]为此，马里兰大学系统与地方中小学系统（the
local school system）建立了专门的"马里兰大学系统P-20伙伴
协作"（USM P-20 Partnership），实施促进学校发展的一些具体
行动。

---

[1] Maryland Higher Education Commission. Agenda Item Summary[EB/OL].[2012-02-07]. http://www.
mhec.state.md.us/higherEd/about/Meetings/CommissionMeetings/2-13-08/TransitionfromPreK-16toP-
20.pdf.

[2] 目前的一些研究成果可参见：http://www.msde.maryland.gov/MSDE/divisions/leadership/programs/P-
20_Partnership/highlights_p16.htm.

2. 马里兰大学系统P-20伙伴协作的参与者组成

马里兰大学系统是美国第十二大大学系统，2012年，在全州范围内有本科生111 125人，研究生/专业学生44 482人；全职教师8 294人，兼职教师6 150人；学术项目（学士、硕士、博士和专业学位）1 000多个；在马里兰有100个场所（locations）；1 000所大楼（其中包括19个图书馆）；2012财政年度办学预算为45亿美元。[1]

马里兰大学系统（见表2）包括11所大学（universities）、1个研究所（research institute）、2个地区高等教育中心（regional higher education centers）。其中的11所大学分别为鲍伊州立大学（Bowie State University）、寇平州立大学（Coppin State University）、弗罗斯特堡州立大学（Frostburg State University）、索尔兹伯里大学（Salisbury University）、陶森大学（Towson University）、巴尔的摩大学（University of Baltimore）、马里兰大学巴尔的摩分校（University of Maryland, Baltimore）、马里兰大学巴尔的摩县分校（University of Maryland, Baltimore County）、马里兰大学帕克分校（University of Maryland, College Park）、马里兰大学东海岸分校（University of Maryland Eastern Shore）、马里兰大学学院（University of Maryland University College），1个研究所为马里兰大学环境科学中心（University of Maryland Center for Environmental Science），2个地区高等教育中心分别为雪迪·格罗夫大学（Universities at Shady Grove）和黑格斯敦马里兰大学系统（University System of Maryland at Hagerstown），这两个地区高等教育中心主要是为在职人员提供一些学位制、证书制等教学项目。

---

[1] University System of Maryland. About USM[EB/OL].[2012-02-07]. http://www.usmd.edu/about_usm/.

表2　马里兰大学系统基本构成情况

机　　构	成立时间/年	本科生（人）	研究生（人）	办学预算（百万美元）
鲍伊州立大学	1865年	4 444	1 134	99.5
寇平州立大学	1900年	3 298	502	90.1
弗罗斯特堡州立大学	1898年	4 866	604	93.8
索尔兹伯里大学	1925年	7 706	691	143.5
陶森大学	1866年	17 529	4 311	392.1
巴尔的摩大学	1925年	3 226	3 275	116.5
马里兰大学巴尔的摩分校	1807年	772	5 577	967.9
马里兰大学巴尔的摩县分校	1966年	10 210	2 678	359.9
马里兰大学帕克分校	1856年	26 922	10 719	1 600
马里兰大学东海岸分校	1866年	3 967	573	118.4
马里兰大学学院	1947年	25 681（境内）	13 882（境内）	307.2
马里兰大大学环境科学中心	1925年		100	43.3

资料来源：根据马里兰大学系统官方网站（http://www.usmd.edu/）数据绘制。

　　马里兰大学系统的办学使命是"通过提供全方位的优质、方便、负担得起的教育机会，来改善马里兰人民的生活质量；从事扩大现有知识边界的研究与学术活动；提供反映本州以及本国公民需要的知识为本的项目和服务或提供基于知识的项目和服务"。[1]

---

[1]　University System of Maryland. About USM[EB/OL].[2012-02-07]. http://www.usmd.edu/about_usm/.

马里兰州共有24个学区，2010—2011学年的数据显示，全州共有公立学校1 452所，其中小学796所，中间学校218所，高中（senior high school）184所，联合学校（combined school）88所，其他166所；非公立学校有1 440所；另外，2010—2011学年，全州公立学校全职教职员工共有116 689人，其中教学类人员（instructional staff）合计79 973人，非教学类人员（non-instructional staff）共计36 716人。在注册学生数方面，2010年9月的统计显示，马里兰州公立学校注册学生总数为852 211人，其中学前班（pre-kindergarten）293 777人，幼儿园（kindergarten）62 704人，一年级至六年级372 242人，七年级至十二年级387 888人。调查还显示，2011年全州公立学校中学毕业生共计50 840人，其中35 335人计划上全日制大学、1 155人计划上业余大学、7 386人计划全职工作、1 782人计划全职入伍、其他和未回答者为3 926人。

在经费来源上，2010财政年度的统计显示，本地政府占46.69%，州政府占45.58%，联邦政府占7.49%，其他占0.23%。[1]

马里兰州的公立学校质量在全美具有领先优势。在美国《教育周报》（Education Week）发布的《质量至上报告》（Quality Counts Report）中，马里兰州公立学校已经连续4年位列第一[2]；在美国大学理事会（College Board）发布的《先修课程计划年度报告》（Annual AP Report to the Nation）中，通过至少一门先修课程的中学毕业生比

[1] Maryland State Department of Education. The Fact Book 2010-2011[EB/OL].[2012-02-08].http:// marylandpublicschools.org/NR/rdonlyres/0C24833A-9CBE-4C09-9010-B7BD88F4B1E0/31190/Fact_ Book_2010_2011_.pdf.
[2] Maryland State Department of Education. Four in A Row for Maryland Public Schools[EB/OL].[2012-02-08].http://www.marylandpublicschools.org/MSDE/pressrelease_details/2012_01_12.

例，马里兰州已经连续3年排名第一^[1]。

3. 马里兰大学系统P-20伙伴协作的目标

"马里兰州长P-20领导委员会"是美国U-S伙伴协作中具有广泛影响的重建学校教育制度的典范。其目标主要有三个：（1）整合中学毕业标准与大学入学要求，从而扩大学生接受中等后教育的机会，特别是那些弱势群体学生以及少数族裔学生；（2）提高职前教师和在职教师的素质，确保每一个班级都有高质量的教师；（3）加强马里兰大学系统、马里兰州教育厅和马里兰高等教育委员会等之间的相互交流以及教育政策制定之间的相互合作。^[2]

"马里兰大学系统P-20伙伴协作"与"马里兰州长P-20领导委员会"的目标基本是一致的，具体包括加强从小学到大学以及其他方面的教育成绩，发展一些项目以鼓励学生考虑并准备上大学，以及提高学前到大学各个层次的教师质量。^[3]

二、马里兰大学系统P-20伙伴协作的行动过程

马里兰大学系统P-20伙伴协作包括多个项目，其中有"纵向一体化伙伴协作K-16"（Vertically Integrated Partnership K-16，缩写为VIP K-16）、"高等教育中的变革与可持续性"（Change and Sustainability in Higher Education，缩写为CASHE）、"教育等于指导、

---

[1] Maryland State Department of Education. Maryland Ranks First in AP Success for Third Straight Year[EB/OL].[2012-02-08].http://www.marylandpublicschools.org/MSDE/pressrelease_details/2011_02_09.htm.

[2] Maryland State Department of Education. Overview: The Governor's P-20 Leadership Council of Maryland[EB/OL].[2012-02-09].http://www.msde.maryland.gov/MSDE/divisions/leadership/programs/P-20_Partnership/.

[3] University System of Maryland. USM P-20[EB/OL].[2012-02-09].http://www.usmd.edu/usm/academicaffairs/p20/.

教练和同伴"（Education Equals Mentoring, Coaching, and Cohorts，缩写为E=MC²）、"社区学习项目"（Project Learning in Communities，缩写为Project LINC）、"大学与职业准备评价伙伴协作"（Partnership for Assessment of Readiness for College and Career，PARCC)、"少数族裔学生通向数学和科学的伙伴协作"[Minority Student Pipeline Math and Science Partnership，缩写为（MSP）²]等。这里以其中的两个项目为例来说明其运行情况。

1. 纵向一体化伙伴协作K-16（VIP K-16）

"VIP K-16"是由美国国家科学基金会（National Science Foundation，缩写为NSF）资助的一个为期五年（2002—2007年）的伙伴协作项目，其目标有两方面：一是丰富中学科学教师的知识，以提高中学科学教学质量，从而使学生更好地达到马里兰州的中学科学评价标准；二是提高大学科学教师的教学技能，以提高本科生通识教育课程中的科学科目教学质量。该项目的核心伙伴成员包括马里兰大学帕克分校、马里兰大学巴尔的摩分校、陶森大学、蒙哥马利学院（Montgomery College）和蒙哥马利县公立学校（Montgomery County Public Schools，缩写为MCPS）等。马里兰大学生物技术研究所（University of Maryland Biotechnology Institute）、雪迪·格罗夫大学、马里兰大学环境科学中心（UMCES）和马里兰大学系统（USM）等是伙伴协作的服务提供者。[1]

"VIP K-16"的主要行动包括开发课程指南，本科生实习，建立大学教师和中小学教师学习共同体，改革本科生科学、技术、工程和

---

[1] MSPnet. VIP K-16 Profile[EB/OL].[2012-02-12]. http://vipk16.mspnet.org/index.cfm/profile.

数学课程，拓展教师的专业研究经验等。[1]

开发课程指南是"VIP K-16"的主要工作之一，由蒙哥马利县公立学校领导。其科目范围是中小学核心科学课程（core science courses），具体包括物质与能源（matter & energy）、地球空间系统（earth space system）、化学、物理学、生物学共5门。每一门课程开发约10个课程指南，其中生物学10个、化学11个、地球空间系统6个、物质与能源10个、物理学10个。"每一个课程指南代表一个专业学习单位（major unit of study），如应用遗传学、运动学、公式写作。"[2]课程指南的内容包括教学活动、不同的教学策略、预评价、正式评价以及其他的教学资源。课程指南开发采取的主要形式是小组会议、习明纳和暑期研习所等，一般都是由中小学的相关学科教师组织安排，大学相关学科教师参与讨论。具体程序是先拟定一个草稿，然后逐渐精炼，最后在中小学教学中应用。

本科生实习主要针对的是马里兰大学帕克分校的STEM本科生，主要目的是使他们更好地了解中小学科学课程的教学情况，以及为他们提供与中学科学教师合作的机会。具体运行程序是，每年从马里兰大学帕克分校中选择10名左右的本科生，安排他们到蒙哥马利县公立学校中实习10周，每周平均3—4个小时。实习的具体方式由每一个结对双方（本科生和中学教师）共同商定，通常的做法是实习本科生帮助结对中学教师辅导其学生，设计评价方案，准备和安排实验，以及与结对中学教师和学校的其他教师一起设计课程讲授方式。实习学

---

[1] Vertically Integrated Partnerships K-16 Report for Year 4 (Oct 2005-Sept 2006)[EB/OL].[2012-02-14]. http://hub.mspnet.org/media/data/AnnualReportYear4.pdf?media_000000005941.

[2] VIP K-16 Nuggets[EB/OL].[2012-02-14].http://hub.mspnet.org/media/data/VIP_K-16Nuggets2.06. pdf?media_000000005922.pdf.

生每周需要对实习经历进行总结,这些被用来分析该项目对学生教学兴趣的影响。

通过建立学校共同体来促进教师的发展是"VIP K-16"项目采取的一种重要行动。最初,学习共同体只在陶森大学实施,后来在蒙哥马利学院和马里兰大学巴尔的摩分校也开始实施。三所大学的学习共同体都以发展探究式教学(inquiry-based instruction)为主要目的,组织形式有相互进行课堂观察,定期举办有关教学计划的习明纳和分享建设性的反馈,举办研讨会等。学习共同体的组成人员通常是这些大学的教师和蒙哥马利县公立学校的教师,人数上比较灵活。以马里兰大学巴尔的摩分校为例,其共同体包括7名本校教师和若干名蒙哥马利县公立学校教师,通常以小组形式组织讨论活动,每次有1—2名大学教师和1—3名中小学教师,同时,每年还进行两次专题研讨会,主题范围涉及教学的各个方面,如2005年1月的专题研讨会,蒙哥马利县公立学校教师和马里兰大学巴尔的摩分校教师共同就大学与中小学在教学法和课程方面的不一致进行讨论,尤其是学生从中学到大学的衔接问题。

改革本科生STEM课程的主要目的也是为了更好地促进探究式教学的应用与发展。通常的做法是,大学教师和同事或者蒙哥马利县公立学校的教师一起通过讨论、交流来共同设计本科生的部分科学课程。参与的大学包括陶森大学、马里兰大学帕克分校、蒙哥马利学院,参与的教师包括生物学教师、化学教师、物理教师、地球学教师、教育学教师、数学教师等。

拓展教师的专业研究经验是由马里兰大学生物技术研究所主办并实施,旨在促进蒙哥马利县公立学校中学科学教师的一个专业发展项目。该项目的主要目的是,帮助蒙哥马利县公立学校教师更好地理解科学以及科学研究的本质。其主要的做法是，蒙哥马利县公立学校教师与马里兰大学生物技术研究所的研究人员进行长期的合作研究，合作建立教师专业发展共同体，进行探究式课业，并将内容聚焦于掌握科学和科学探究的本质以及在真正的研究中如何学习等方面。此外，该项目也使用质性研究方法对教师学习和实践进行研究。[1]具体的运行程序通常是，每年有10名左右的蒙哥马利县公立学校教师在暑期到马里兰大学生物技术研究所进行合作研究，时间通常为1个月，第一次参与该项目的教师会有一个2—5天的预研究培训（pre-research training）。参与的教师每周以小组形式与研究所的专家会面三次左右，会面的主要目的是促进这些教师对研究项目以及科学探究方法的了解。同时，参与的教师需要记录日志，并且在该暑期项目完成时向自己的同伴和研究所教师介绍自己的研究情况。为了对项目的成效进行评价，项目实施前后都会对参与教师进行一个调查，同时，教师的参与情况的资料会被收集起来，所有的工作会议都会录像。[2]

2. 少数族裔学生通向数学和科学的伙伴协作［(MSP)²］

（MSP）²也是由美国国家科学基金会资助的一个为期五年（2008—2013年）的伙伴协作项目，其主要目的是扩大少数族裔学生在上大学时选择科学、技术、工程和数学（STEM）领域的机会。该项目的伙伴成员包括鲍伊州立大学（BSU）、乔治王子社区学院（Prince George's Community College，缩写为PGCC）、乔治王子县公立学校（Prince George's County Public Schools，缩写为PGCPS）、马

---

[1] VIP K-16 Nuggets[EB/OL].[2012-02-14].http://hub.mspnet.org/media/data/VIP_K-16Nuggets2.06. pdf?media_000000005922.pdf.

[2] Vertically Integrated Partnerships K-16 Report for Year 3 (Oct 2004-Sept 2005)[EB/OL].[2012-02-14]. http://hub.mspnet.org/media/data/VIPK16year3.pdf?media_000000005881.pdf.

里兰大学生物技术研究所（UMBI）、马里兰大学帕克分校（UMCP）、马里兰大学系统办公室（University System of Maryland Office）。（MSP）[2]具体包括四个类别：一是针对四年级至八年级科学教师的项目；二是针对中学科学教师的项目；三是针对乔治王子县公立学校中学生的项目；四是针对本科生的实习项目。[1]

针对四年级至八年级科学教师的项目主要包括6个暑期科学研习所，分别为：由乔治王子社区学院提供并在其校园内举办的"化学暑期研习所""地球与空间科学暑期研习所""生命科学暑期研习所""物理学暑期研习所"；由乔治王子社区学院和爱丽丝·弗格森基金会（Alice Ferguson Foundation，缩写为 AFF）共同提供并在后者的哈德·伯根农场环境中心（Hard Bargain Farm Environmental Center）举办的"环境科学暑期研习所"；由马里兰大学帕克分校提供并在霍华德·B. 欧文科学中心（Howard B. Owens Science Center）[2]举办的"科学探究暑期研习所"（Inquiry Summer Science Institute）。这些研习所通常在每年的7月中下旬举办，时间为2周。其实施形式包括：（1）参与的科学教师亲身实践一些由合作大学相关学科教师指导的探究活动，这些探究活动完全按照科学家的研究方式来进行（如参与环境科学研习所的教师需亲自进行田野调查），以训练参与教师的科学探究思维，并加深他们的科学知识;（2）参与的科学教师通过观看四年级到八年级学生的课堂活动以及科学讨论活动视频等，与大学指导教师一起进行探究性教学模式的设计与修改，这其中也会参照一些

[1] Dual Enrollment Form[EB/OL].[2012-02-15].https://docs.google.com/present/view?id=df64j9xd_261g69wxhc3.
[2] 该中心是由乔治王子县公立学校运行的一个公共学校设施机构，详见：http://www1.pgcps.org/howardbowens/。

成熟的探究性教学模式，如"5E"[Engagement（行动），Exploration（探索），Explanation（解释），Elaboration（说明），Evaluation（评价）]模式。另外，为了补充暑期研习所的不足，参与大学还会在学年期间组织一些专门的研讨会。例如，"化学、地球与空间科学""生命科学与物理学""环境科学研习所"等5个暑期研习所的补充活动是，每学年由（MSP）²科学办公室领导至少两次左右的专业发展研讨会（professional development workshops）。科学探究暑期研习所的补充活动是，由10个左右的参与者组成一个小组，每隔一周在放学后（大约在下午的4时至6时）开会一次，主要是通过观看预先录制好的参与者的科学课堂教学视频片段来讨论分析探究性教学的实质，并采取头脑风暴等形式对所观看的教学片段进行修改或提出新的教学设计方式。所有参与者都要求每隔一周准备一个一小时长的课堂教学录像或（和）针对这些会议的学生探究活动录像，以轮流讨论。[1]

针对中学科学教师的项目主要包括两个子项目，分别为"拓展教师的专业研究经验"项目（ExPERT program）和"通过教学模拟科学"（Modeling Science through Teaching，缩写为MoST）。前者的主要目的是深度探索"什么是科学""科学知识是如何产生的"以及"探究在科学中有什么作用"等。该项目的核心是一个5周时间的暑期项目，一般在每年的7月和8月进行。在第一周，参与的中学教师以学习共同体的形式讨论科学概念的本质以及科学概念如何在课堂教学中讲授等问题。在接下来的4周，参与的中学教师会被安排到陶森大学、马里兰大学帕克分校、鲍伊州立大学、马里兰大学巴尔的摩分校、马

[1] PGCPS. Summer Science Institutes（Grade 4-8 Science Teachers）[EB/OL].[2012-02-15]. https://sites.google.com/a/pgcps.org/msp-2/-msp-2-components/strand-1.

里兰大学巴尔的摩县分校等大学的实验室，与大学教师结对进行实验研究。在这4周中，参与的中学教师每周进行4天的实验研究，第五天以学习共同体的形式继续讨论。在暑期项目完成后接下来的学年中，参与的教师仍然需要以学习共同体的形式每月组织讨论一次。后者与前者基本上类似，不同的只是后者的暑期项目为2周的研讨会，不进行实验室研究。[1]

针对乔治王子县公立学校中学生的项目主要包括三个子项目，分别为"鲍伊州立大学未来STEM学者"（Bowie State University Future STEM Scholars，缩写为BSU-FSS）项目、"鲍伊州立大学入学前科学学者学院"（Bowie State University Pre-College Science Scholars Academy，缩写为BSU-PCSSA）项目和"乔治王子社区学院/乔治王子县公立学校大学科学学者项目"（PGCC/PGCPS College Science Scholars Program，缩写为PGCC/PGCPS-CSSP）。"BSU-FSS"项目的主要目的是激发乔治王子县公立学校学生的科学兴趣，参加该项目的学生要求是六年级至九年级，且STEM学科的平均成绩为B或以上。该项目一般在每年7月举办，参加的学生在鲍伊州立大学住宿学习2周，他们会接触各种各样的科学实验并参与讨论以及与科学相关的田野考察。"BSU-PCSSA"的主要目的是为乔治王子县公立学校的学生提供一个提前修读本科科学课程的机会，参加该项目的学生需是十年级学生，该项目一般在每年的6月和7月举行，时间一般为5周，主要活动是学生们进行课堂教学学习，学习科目为化学、数学、大学技能（college skills）、物理学、生物学、英语等。"PGCC/PGCPS-CSSP"

---

[1] PGCPS. Strand 2-The ExPERT Program and The MoST Program[EB/OL].[2012-02-15]. https://sites. google.com/a/pgcps.org/msp-2/-msp-2-components/strand-2.

的主要目的也是为乔治王子县公立学校学生提供提前修读大学课程的机会，不过与"BSU-PCSSA"不同的是，学生不需要到合作大学乔治王子社区学院去学习，而是在自己所在的学校即可修读大学课程，这些课程由大学教师来教授，通过这些课程后，参与的学生可获得双重学分，即既可以获得大学学分，同时也可以获得所在中学的学分。参加该项目的学生需是即将升入十一年级和十二年级的学生，且通过了马里兰州的中学毕业资格考试——"中学评价考试"（High School Assessment，缩写为HSA）的全部四门科目（"代数学/数据分析""英语""生物"和"治理"）。另外，参与学生的代数和几何成绩最低为B，年级平均绩点最低为2.50等。该项目提供的大学课程包括三门："生物学1110—环境生物学""生物学1120—环境生物学实验学""生物学1100—法医生物学"。参与学生按照乔治王子社区学院的校历，每星期学习5天，每天学习1.5小时。除了学习这些课程外，参与学生每月还必须与乔治王子社区学院的指导者（instructor）至少会见一次，以便了解其课程学习进展，另外每月还必须至少参加一次由乔治王子社区学院的大学生提供的"科学研究短期会议"（science study session）。成功修读完这些课程后，参与学生可获得8个可转换的大学科学学分，同时还能获得2个中学毕业学分。[1]

针对本科生的实习项目主要包括两个子项目，即科学教师导师项目和本科生研究项目。两个子项目的主要目的都是为了提高本科生对科学教育或科学研究的兴趣。前者的主要做法是将马里兰大学帕克分校等大学的本科生安排到乔治王子县公立学校进行教学实习训练，由

---

[1] PGCPS. Strand 3-BSU-Pre-college Experiences for PGCPS Middle and High School Students[EB/OL]. [2012-02-16]. https://sites.google.com/a/pgcps.org/msp-2/-msp-2-components/strand-3.

乔治王子县公立学校的科学教师担任指导教师（mentor），对他们进行一对一的教学指导；后者的主要做法是为大学的科学专业的本科生提供参与研究实验的机会。[1]

三、马里兰大学系统P-20伙伴协作的行动结果

从目前的整体运行情况来看，马里兰大学系统P-20伙伴协作的各个项目都取得了积极的成果，并产生了广泛的影响。以"VIP K-16"为例，其主要成就如下。

第一，对于参与该项目的中小学来说，主要是促进了学校教师教学水平和专业能力的提高。例如，蒙哥马利县公立学校的很多参与教师反映，他们的学校之前并没有包括"预评价、形成性评价和终结性评价"等内容的科学科目课程指南，而且他们也没有能力进行开发。通过这样的项目，他们不仅获得了优质的课程指南，而且逐渐学会了如何开发课程指南。同时，这些课程指南在他们的教学实践中也取得了良好的效果。正因为如此，有很多学校教师向他们询问是否出售他们的课程指南。另外，许多参与的中小学教师称，"VIP K-16"项目为他们提供了广泛的专业发展机会，他们从中不仅学到了很多专业知识，而且也学会了很多教学技能，特别是探究性教学技能。另外，该项目也强化了他们的职业情感。蒙哥马利县公立学校的参与教师纷纷表示，他们对帮助实习生感到非常兴奋，特别是能够帮助实习生将他们的内容知识应用到教学中。因此，他们还积极鼓励其他的教师也来参与该项目，同时他们还经常在各种会议上分享经历，畅谈该项目的

---

[1] Minority Student Pipeline MSP-(MSP)²[EB/OL].[2012-02-16].http://mspsquared.mspnet.org/index.cfm/profile.

积极价值。[1]

　　第二，对参与项目的大学来说，除了参与的教师获得专业发展的机会外，参与的本科生也收获了不少技能与知识。例如，调查显示，通过参与该项目，这些本科生称他们获得了很多课堂教学实践的技能，包括组织课堂，调动学生的学习积极性，回答有关实验程序的问题以及课程材料的问题，进行实地调查，提供课程反馈等。同时，参与项目前后的对比调查还显示，通过参与该项目，他们对教师职业有了更深入的理解和更全面的认识，同时还加强了对从事教师职业的意向。他们对项目表达了很高的满意度，并坦言很好地满足了他们的期望。[2]

　　第三，该项目也加强了大学与中小学之间的相互联系，对于促进形成从学前到大学一体化的教育制度发挥了重要的作用。例如，调查显示，通过该项目的参与，大学教师、中小学教师、管理者和其他人之间的联系加强了，这些联系对于从更高水平上改革蒙哥马利县公立学校课程与评价等具有重要的帮助，同时也为以后的进一步合作建立了良好的基础。另外，通过该项目搭建起来的关系，也有助于此后相互之间的独立合作。此外，这种联系也促使更多的人来关注和讨论从中学到大学的顺利过渡问题。[3]

[1][2]　Vertically Integrated Partnerships K-16 Report for Year 4 (Oct 2005-Sept 2006)[EB/OL].[2012-02-14].
　　　http://hub.mspnet.org/media/data/AnnualReportYear4.pdf?media_000000005941.pdf.
[3]　Vertically Integrated Partnerships K-16 Report for Year 4 (Oct 2005-Sept 2006)[EB/OL].[2012-01-16].
　　　http://hub.mspnet.org/media/data/AnnualReportYear4.pdf?media_000000005941.pdf.

第五章

美国U-S伙伴协作的行动
策略

根据结构化理论的观点，对美国U-S伙伴协作行动策略的分析，也就是分析美国大学与中小学如何运用结构形成互动。这就涉及对U-S伙伴协作中的结构要素和行动要素的分析，前者是对U-S伙伴协作中的规则和资源进行分析，后者是对权力的使用、意义的交流和规范性制裁进行分析。

第一节

美国U-S伙伴协作的结构要素

美国U-S伙伴协作的结构包括资源和规则两个方面，前者主要包括资金、教育手段和课程资源等配置性资源，以及教育关系资源、教育信息（知识）资源等权威性资源；后者包括美国各级政府和社会组织机构等出台的一些相关的法律法规、政策建议等正式规则，以及以人为本的规则、以课程为核心的规则、平等尊重的规则等非正式规则。

一、美国U-S伙伴协作中的资源

按照结构化理论的观点，资源是社会行动中涉及的结构的一个重要组成部分。资源分为两类，一类是配置性资源，一类是权威性资源。所谓配置性资源，也就是融入结构化过程的物质资源，其表现形式主要有三种：（1）环境的物质特性（原材料、物质性权力资源）；
（2）物质生产/再生产的手段（生产工具、技术）;（3）物质产品[（1）
和（2）结合在一起所产生的人工制品]。[1]在结构化理论中，权威性
资源通常也称非物质性资源，其表现形式主要有三种：（1）社会的时
空组织（社会的时空构成）;（2）身体的生产和再生产（人类在社会中
的组织和关系）;（3）人类生活机会的组织（自我发展和自我表现的机
会构成）。社会的时空组织指的是实践在社会中的场所化；身体的生
产和再生产指的是人类沿时空在社会中的分布；人类生活机会的组织
指的是行动者在特定类型社会中取得特定生活方式或者自我实现方式
的能力。[2]

1. 美国U-S伙伴协作中的配置性资源

就美国U-S伙伴协作这一具体的社会行动而言，其配置性资源包
括协作双方的基本教育设施、教育手段、教育材料以及其他社会各方
面的物质支持等。在本研究中具有重要影响的主要是资金、教育手段
和课程资源等。

（1）资金

资金的可获得性是美国U-S伙伴协作实践与研究中经常提到的
一个重要影响因素。尽管根据伙伴协作规模的大小和实施模式等的
不同，所需资金的多少可能有一定的差异，但是普遍重视资金保障
是美国U-S伙伴协作中的一个显著特点。例如，有研究者就影响U-
S伙伴协作的成功因素，对21个促进弱势群体和少数族裔学生发展的
美国U-S伙伴协作进行调查后发现，有5个U-S伙伴协作没能继续下

[1] [英]安东尼·吉登斯.历史唯物主义的当代批判：权力、财产与国家[M].郭忠华，译.上海：上海译
    文出版社，2010：51.
[2] 同上：51-52.

去的主要原因都是因为资金短缺。该调查（n=31）还显示，每年的伙伴协作运作资金大于30万美元的占51.6%，在10万—29.9万美元之间以及小于5万美元的都占19.3%，在5万美元和9.9万美元之间的占9.6%。[1]

美国U-S伙伴协作的资金除了合作双方提供以外，吸收外部资金是一个重要渠道，其中包括政府（联邦政府、州政府、地方政府）、基金会（如福特基金会、洛克菲勒基金会、卡内基基金会等）、商业组织、公民组织等。例如，美国锡拉库萨大学与美国高等教育协会1993—1994年的一项全国范围内的调查统计显示，在2 322个U-S伙伴协作中，有1 250个（54%）称收到了合作大学与学校之外的资金，其中809个（64.7%）受到政府资助，307个（24.6%）受到基金会资助，256个（20.5%）受到商业资助，31个（2.5%）受到公民组织资助，248个（19.8%）受到其他组织或个人的资助。[2]再如第四章提及的加利福尼亚大学"早期学术拓展项目"中，加利福尼亚州和加利福尼亚大学对该项目的资金预算总额，1997—1998年度为479.4万美元，2000—2001年度为1 609.4万美元，2008—2009年度为891.4万美元，2009—2010年度为841.6万美元，2010—2011年度为841.6万美元。其中2009—2010年度该项目共计服务47 924人，人均176美元。[3]马里兰大学P-20伙伴协作中的"VIP K-16"、（MSP）2等项目则是由美国国家科学基金会资助，其中"VIP K-16"的资

[1] Laguardia, A. A Survey of School/College Partnerships for Minority and Disadvantaged Students[J]. The Urban Review, 1998(2): 172-174.

[2] Wilbur, F. P., Lambert, L. M. Linking America's Schools and Colleges: Guide to Partnerships & National Directory(2nd edition)[M]. Bolton: Anker Publishing Company, Inc., 1995: 6-7.

[3] University of California.Report on Student Academic Preparation and Educational Partnerships (SAPEP) for the 2009-10 Academic Year[EB/OL]. [2012-01-13].http://budget.ucop.edu/legreports/1011/documents/sapep-funds-outcomes.pdf.

助总额为8 300.029 3万美元[1]，（MSP）²的资助总额为980.348 5万美元[2]。

在美国U-S伙伴协作的配置性资源中，之所以说充足的资金是一个重要的结构性条件，主要是因为除了组织活动本身需要一定的资金外，还需要给参与的教师支付一定的薪酬，同时为了吸引更多的学生参与，学生的一切参与费用大多也是免除的。例如，加利福尼亚大学伯克利分校对参与"早期学术拓展项目"暑期学校的学生免收注册费和课程费，学生只需要支付自己的交通费和课本费即可，家庭贫困的学生还可以申请资助交通费和课本费。[3]再比如耶鲁大学的耶鲁—纽黑文教师研习所，组织者除了给予指导习明纳的耶鲁大学教师一定酬金外，还对成功完成研习所活动的纽黑文公立学校参与教师支付一定的薪金。这些薪金基本能够抵消他们的部分参与费用，包括课本费、习明纳材料费、路费、停车费以及文字处理费等。[4]再如，马里兰州的"少数族裔学生通向数学和科学的伙伴协作"项目每年资助80名乔治王子县公立学校的中学生参与双元制学分修读计划（即同时获得中学学分和大学学分），资助范围包括学费、书本费等。[5]

（2）教育手段

教育手段也是美国U-S伙伴协作中一项不可缺少的配置性资源。

[1] NSF. Vertically Integrated Partnerships K-16 (VIP K-16) [EB/OL].[2012-02-21]. http://www.nsf.gov/ awardsearch/showAward.do?AwardNumber=0227325.

[2] NSF. Minority Student Pipeline MSP[EB/OL].[2012-01-16]. http://www.nsf.gov/awardsearch/showAward. do?AwardNumber=0831970.

[3] UC Berkeley Summer Sessions 2011[EB/OL].[2012-01-16].http://students.berkeley.edu/apa/apa%20home/ eaop/2011_Summer_Sessions_Brochure.pdf.

[4] Yale-New Haven Teachers Institute. Policies, Structure, and Procedures[EB/OL].[2012-01-29].http://www. yale.edu/ynhti/brochures/A6.html.

[5] Christine Barrow, et al. Strengthening the Early-College Minority Student Pipeline in Science with a Multi-faceted Program[EB/OL].[2012-02-21].http://hub.mspnet.org/media/data/26_Campbell. pdf?media_000000006854.pdf.

这里的教育手段主要指的是进行伙伴协作的物质条件，包括伙伴协作所需要的教育场所、教育设施、教育媒体等。在美国U-S伙伴协作中，虽然教育手段不像资金那样被频繁提及，但它也是不可忽视的重要结构性条件之一。首先，从美国U-S伙伴协作的具体形式来看，除了一般的课堂讲授外，习明纳、专题研讨会、实验、竞赛、体验学习、科研实践、研习班等也是常见的形式，这就要求协作的组织者一方（通常是大学）除了需要拥有一些基本的教学设施（如教室、课桌等）外，还需要拥有与这些现代教育教学形式等相符合的各种设备与工具，如研究室、图书馆、实验室、网络媒体、电教传媒等，对STEM课程、课程开发等来说更是如此。例如，在一项有关美国U-S伙伴协作的成功因素的研究中，一些受访的伙伴协作负责人就特别指出了诸如电脑、办公空间等的重要性。[1]其次，网络媒体、电教传媒也使得U-S伙伴协作能够超越空间的限制，即在身体缺场的环境下也能实现互动的发生。试想一下，如果所有的U-S伙伴协作活动都必须在身体在场的条件下进行，那么U-S伙伴协作的范围以及内容就会受到很大限制，其效率必然也会受到影响。再次，为了U-S伙伴协作的顺利进行，各种教育设施与工具必须得到合理配置，并得到数量上的满足。因为作为主要组织者的大学一方来说，如果其相关的资源连原本正常的教育教学秩序都难以满足或者它们刚好满足，协作实践也就几乎失去了可能。例如，大学拥有的实验室如若仅够满足本校教育教学的使用需求，那么，那些需要足够实验设备支持的合作项目就很难形成。最后，为了保证U-S伙伴协作

---

[1] Daisy B. Wood. School-University Partnerships: An Exploration of the Relationship[D]. College of William and Mary, 1996.

的质量，监控是其中的一个重要环节，而监控就需要有一些先进的教育技术的配合。如在第四章第三种模式的案例中，其中一个项目要求教师对自己的课堂教学进行定期录像，以供分析研究，这就要求所在学校必须拥有教学录像设备。

（3）课程资源

课程资源也是美国 U-S 伙伴协作的重要配置性资源之一。首先，从美国 U-S 伙伴协作的三种模式来看，根据不同的目的学习不同的课程是伙伴协作的基本环节之一。例如无论是在基于学生发展的 U-S 伙伴协作模式中，还是在基于教育者发展的 U-S 伙伴协作模式中，都有大量的时间用于学习一些专门的课程，从宽泛的意义上讲，甚至可以说大部分时间都用于专门课程的学习。正因为如此，伙伴大学是否具有丰富的课程资源就成为与中小学开展合作的必要条件之一。其次，由于大学与中小学在教育目的以及受教育者等方面的不同，在教学方式等方面通常会有一定的差异，这就决定了无论是在美国 U-S 伙伴协作的哪一种模式中，都需要对课程资源进行必要的调整，这样才有助于合作的成功。以美国 U-S 伙伴协作中的学生提前修读大学课程为例，即使选拔出的学生非常优秀，他们毕竟与本科生有一定的差异，所以对他们的教学虽然在课程内容上可能与本科生一致，但也需要伙伴大学的教师准备一些相关的补充性质的课程资源。另外，U-S 伙伴协作中的其他形式的行动，如习明纳、专题研讨会等，也需要有相应的课程资源做保证。而在课程开发（包括课程单元、课程指南等）的 U-S 伙伴协作行动中，课程资源的重要性就更不用说了。

2. 美国 U-S 伙伴协作中的权威性资源

美国 U-S 伙伴协作所依赖的权威性资源主要包括各种相关的教育关系资源和教育信息（知识）资源等。

（1）教育关系资源

教育关系资源在这里指的是教育机构与政府、社会之间以及教育机构相互之间形成的一种相对稳定的联系纽带，这种联系纽带是美国U-S伙伴协作的一个不可缺少的结构性条件。

首先，从与政府的关系来看，美国大学和中小学具有相对较高的独立性，即在大学和中小学的整个办学过程中，政府更多的是"服务者"的角色，而不是"指挥者"的角色。例如，从第二章的论述中可以看到，从殖民地时期一直到现在，在大学与中小学的发展过程中，政府进行的工作主要是制定有关的教育法律法规，建立学校，提供教育发展经费，提供教育改革的建议等。这也就意味着，美国的大学和中小学在办学实践上拥有较大的自由，可以自己制定教育发展的目的，自己选择教育的内容，自己选择合适的教育教学模式，自己制定教育教学的标准等。总之，学校作为行动者，其能动性的充分发挥得到了有效的保护。而能动性的充分发挥，一方面使大学和中小学能够根据自身的反思性监控结果，及时调整办学策略；另一方面也为它们相互之间的积极互动创造了有利的条件。另外，从第二章的论述中还可以看到，大学与中小学的这种高度独立性、自主性的特点，有力地促进了它们之间共生关系的形成。例如，在美国U-S伙伴协作的形成过程中，很少看到有政府的直接"干预"，更多的是美国大学与中小学的一种自觉自主行动。

其次，从与社会的关系来看，美国大学和中小学与社会保持着积极的互动。尽管学校与社会之间的联系是一种普遍现象，但是就美国而言，这种联系表现出一种可以称为"互动性"的特点。这里的"互动性"，主要指的是大学和中小学与社会的相互影响与积极回应。从前面几章的论述中可以看到，根据社会发展的人才需求对课程教学等进行积极的改革，根据社会上的各种教育组织发表的一些研究报告和建

议等进行办学模式的调整等，是美国U-S伙伴协作形成和发展中的一
个重要特点。美国大学和中小学与社会的这种积极互动性特点之所以
构成美国U-S伙伴协作的一个重要条件（当然，从结构化理论的"结
构二重性"观点来看，也是其结果），是因为一方面这种互动性特点或
互动性关系使大学和中小学共同解决社会问题成为一种必要；另一方
面也使它们的伙伴协作实践获得了社会的支持。例如，伙伴协作中的
各种社会捐赠，很大一部分原因就是出于它们之间的这种互动关系。

最后，从教育机构之间的相互关系来看，在长期的发展过程中，
美国大学与中小学形成了一种共生关系，即美国大学与中小学之间表
现为一种相互依存性：大学的发展离不开中小学的积极配合，而中小
学的发展也有赖于大学提供积极的智力等支持。这种共生关系的存在，
是美国大学与中小学伙伴协作的一个必要条件。之所以这么说，是因
为U-S伙伴协作产生的原因之一就是出于它们共同利益的考虑，第二
章对此已有所论述；同时，U-S伙伴协作的顺利进行也需要它们的积
极性的支持，而相互之间的这种依存关系无疑是一个重要的前提。

（2）教育信息（知识）资源

教育信息（知识）资源在这里指的是美国U-S伙伴协作过程中运
用到的各种相关的教育信息或知识。吉登斯在论及社会行动时指出：
"权威性资源的储存首先涉及对信息或者知识的保留和控制。"[1]由此也
可以看出信息或知识在社会行动中的重要作用。美国U-S伙伴协作中
涉及的教育知识或信息包括哪些内容呢？从前面的论述中至少可以做
出如下回答。

---

[1] [英]安东尼·吉登斯.历史唯物主义的当代批判：权力、财产与国家[M].郭忠华，译.上海：上海译
　　文出版社，2010：95.

首先是关于学生的信息。从美国U-S伙伴协作的发展来看，在现代社会的传播媒介作用以及美国较为开放的社会背景下，关于学生的学习成绩信息、学习状况信息、种族身份信息、统计信息等得到了有效的储存与时空延伸。这既促进了美国U-S伙伴协作的产生，同时也为美国U-S伙伴协作的行动方案的选择提供了重要基础。例如，在一项有关U-S伙伴协作环境因素的调查中，其中一个伙伴协作项目的一些参与者在受访时表示：需要通过U-S伙伴协作来解决拉丁裔学生的辍学问题，是基于美国的国家统计资料。[1]事实上，不仅有关学生的统计资料，有关学生的其他信息资料也在美国U-S伙伴协作中起到了结构性条件的作用。例如，在基于学生发展的U-S伙伴协作模式中，关于各种族、各经济背景学生在学校中的分布情况、学生的学业与职业发展机会构成情况等，均是U-S伙伴协作开展的重要前提。

其次是关于教师的信息及其教学知识。从美国U-S伙伴协作的发展情况来看，不管是哪一种模式，教师在其中都扮演着重要的角色。因此，为了U-S伙伴协作的顺利进行，有关教师队伍的信息以及与教师职业相关的教学知识就成为其中的结构性条件之一。有关教师队伍的信息主要包括教师队伍的构成情况、教师的素质发展情况等；与教师职业相关的教学知识主要是教学中运用到的内容知识、教学法知识等。例如，在基于学生发展的U-S伙伴协作模式中，参与的大学教师通常需要有较为综合性的知识，需要对中小学与大学之间衔接的有关知识有所了解；在基于教育者发展的U-S伙伴协作模式中，教师的整体发展情况、教育发展对教师素质提出的要求等，是需要伙伴协作组织者储存的信息。

---

[1] John E. Kulpa. An Investigation of Collaboration between Secondary Schools and Colleges and the Administrative Features Relating to Success[D]. State University of New Jersey, 1996.

最后是有关学校的信息。对美国U-S伙伴协作来说，有关学校的信息储存也是一个重要的结构性条件。例如，学校的空间分布、学校发展的一些基本信息等都是需要组织者予以关注的，因为U-S伙伴协作是一种互动行动，这就要求协作双方对对方的信息有足够的了解，协作本身不是目的，协作的目的是为了共同的发展，因此，充分了解并储存双方的信息是必要的前提。

二、美国U-S伙伴协作中的规则

按照结构化理论的观点，规则也是社会行动中涉及结构的一部分。规则作为社会互动的方法论程序，主要表现为两种形式，即规范性约束（normative elements）和表意性符码（codes of signification）。[1]据此，吉登斯将结构化过程中的规则区分为表意结构和合法化结构。但吉登斯强调，这种划分只具有分析意义，他认为任何规则都具有这两方面的特性。为了避免这种划分的局限，同时为了研究的方便，本书根据吉登斯对社会研究的总体问题相关规则特点的深入分析[2]，把规则区分为正式（形式化）规则与非正式规则，前者指在互动过程中运用的以字面条文的形式表现出来的规则，后者指互动过程中使用的那些默契（tacit）的规则。"后一种规则与新制度主义所说的非正式制度存在着重合之处。"[3]由于每一行动的规则都不可能被彻底地描述与分析[4]，下面仅对美国U-S伙伴协作中涉及的一些较为重要的规则进行分析。

[1] [英]安东尼·吉登斯.社会的构成：结构化理论大纲[M].李康，李猛，译.北京：生活·读书·新知三联书店，1998：52-53.

[2] 同上：85-87.

[3] 郭忠华.现代性理论脉络中的社会与政治：吉登斯的思想地形图[M].上海：上海人民出版社，2010：72.

[4] Giddens, A. Central Problems in Social Theory: Action, Structure and Contradiction in Social Analysis[M]. London: The Macmillan Press Ltd., 1979: 65.

1. 美国U-S伙伴协作中的正式规则

美国U-S伙伴协作过程中运用的正式规则主要包括国家层面的教育法律法规、州和地方政府部门出台的教育法律法规、社会组织或机构发表的有关报告建议，以及伙伴大学与伙伴中小学自行制订的一些实施细则、组织运行与管理规范等。

首先，从美国U-S伙伴协作的发展情况来看，在国家层面除了个别针对联邦政府资助的U-S伙伴协作项目的具体条款[如《1998年高等教育修正案》中关于"GEAR UP"（Gaining Early Awareness and Readiness for Undergraduate Programs）项目的一些规则]外，并没有出台关于U-S伙伴协作的一般性、普适性的教育法律法规。之所以会出现这样的情况，与美国分权制的教育管理制度有关，因为在美国，教育通常由州和地方负责，"大多数学校政策（从学制年限到教师资格）都由州立法机构和地方学校董事会负责"，联邦政府对教育的干预主要通过资金援助来实现。[1]但是这并不意味着在国家层面就没有规则，因为美国联邦政府出台的其他一些政策法规虽然不是针对U-S伙伴协作的，但也对美国U-S伙伴协作产生了一定的影响。也就是说，这些法律法规也是美国U-S伙伴协作运用的结构之一。其原因在于，结构化理论认为，规则和行动之间并不必然是一一对应的关系，在不同的时空背景下，规则可以运用于不同的行动[2]。也就是说，美国联邦政府出台的其他一些政策法规虽然不是针对U-S伙伴协作的，但是也不排斥被运用于U-S伙伴协作这一行动过程中。根据前面的分析，在美国联邦政府出台的各种各样的法规

---

[1] [美]托马斯·帕特森.美国政治文化[M].顾肃，译.北京：东方出版社，2007：579-580.
[2] Giddens, A. Central Problems in Social Theory: Action, Structure and Contradiction in Social Analysis[M]. London: The Macmillan Press Ltd., 1979: 65.

中，至少以下列一些法律法规为代表的正式规则对美国 U-S 伙伴协作产生了重要的影响，而且这种影响更多地体现在 U-S 伙伴协作的意义构成上。

一是以《民权法》为代表的有关权利平等的相关法律法规、政策条文等，它们为美国 U-S 伙伴协作的教育平等与公平的意义构建提供了重要的基础，其最直接的体现就是，美国 U-S 伙伴协作中的部分项目就是以促进教育机会均等为目标。关于这一点，第二章已经有所论及。例如，1964 年《民权法》虽然主要针对的是种族隔离现象，但其产生的影响是深远的，包括詹姆斯·科尔曼主持开展的关于"教育机会均等"的调查以及《初等和中等教育法》等，均与此有一定的关系。美国 U-S 伙伴协作中的部分项目也运用了由《民权法》等直接衍生而来的这些正式规则，如教育要促进平等与公平等。

二是以《国家处在危险中》为代表的有关教育质量的法律法规、政策条文等，它们为美国 U-S 伙伴协作的教育责任制的意义构建提供了重要基础。尽管《国家处在危险中》仅仅是美国教育部的一个委员会的调查研究报告，不是政府颁布的法规，但是正如第二章所论，它提出的一些改革建议成为美国各州教育改革实践的重要规则。美国 U-S 伙伴协作在很大程度上也运用了《国家处在危险中》以及此后一些相关的政策法规主张，诸如"提高教育质量需要中小学和大学等共同来完成"等。例如，该报告明确指出："保证我们这些建议成功实现不仅仅是学校和大学的任务。显然，大学教师和管理人员，以及政策制定者和大众媒体，在教育改革中也发挥着重要作用。"[1]

---

[1] National Commission on Excellence in Education. A Nation at Risk：the Imperative for Educational Reform[M]. Washington: U. S. Government Printing Office, 1983: 34.

其次，州政府和地方政府出台的一些相关的法律法规也是美国 U-S 伙伴协作的正式规则的重要组成部分。具体而言，州政府和地方政府层面的 U-S 伙伴协作的正式规则主要包括教育运行的一些较为普遍性的法则，以及针对具体的伙伴协作项目出台的一些规则。前者主要是一些教育日常运行规范，包括各级各类的教育基本法、学制标准、课程设置、学业评价、教师资格等，尽管这些规则并不是针对 U-S 伙伴协作的，但它们对 U-S 伙伴协作运行具有约束作用；后者主要是州和地方教育部门就 U-S 伙伴协作的运行提出的一些原则性规定。例如，在基于学校发展的 U-S 伙伴协作模式中，合作的学校一般是整个学区或整个州范围内的学校，所以通常是由地方教育部门或州教育部门来进行伙伴中小学与伙伴大学之间的协调，因此制定了一些 U-S 伙伴协作的基本运行规范，特别是 P-16（K-16）相关的项目。这些规范主要是一些较为宏观层面的 U-S 协作运行规范，如对伙伴学校与伙伴大学各自职责的规定、目标的规定、组织的基本程序的规定等。

再次，美国的一些社会组织与机构在美国 U-S 伙伴协作中也发挥了重要作用，它们在所发表的部分报告建议中提出的一些教育运行规则，也是伙伴协作的正式规则的组成部分。下面两份报告就是其中较为突出的代表。

一是进步教育协会成立的大学与中学关系委员会于 1932 年发表的报告《关于学校和大学更好合作的建议》。这可以说是美国 U-S 伙伴协作运用的第一份具有广泛影响的专门性的"正式规则"。虽然这一"正式规则"只是针对进步教育协会"八年研究"的一个"方法论程序"，但是它影响了美国此后的 U-S 伙伴协作的发展，其中提出的一些实施方案等，成为此后美国 U-S 伙伴协作的重要参照。有研究者指出："这项历时八年，在全国范围内开展的大规模的中学与大学合作的教育改革实验……是现代美国大学作为高等教育系统通过合作伙伴关系参与中小学教育改革的开端。"[1]

二是美国教学实习协会与美国教师教育大学协会于1966年发表的《教师教育伙伴协作》报告。正如第二章中所论，该报告不仅就通过U-S伙伴协作来实施教师教育的一些具体的原则性问题进行了阐述，而且以案例的形式对三种典型的U-S伙伴协作模式进行了描述与分析。报告提出的一些U-S伙伴协作的具体方法论程序同样成为此后一些伙伴协作运行的重要"正式规则"。这可以从此后这些模式得到大力发展得到充分的证明。

总之，这两份报告以及随后的一些相关报告中提出的大学与中小学合作的一些规则，为美国U-S伙伴协作的意义构建奠定了重要的基础。（当然这并不是说它们在约束方面没有作用，因为在结构化理论看来，意义构建和约束是任何规则的两方面特性，只不过我们从不同的视角来理解而强调不同的方面了。）

最后，美国U-S伙伴协作的中小学与大学参与者制定的伙伴协作的实施细则、组织运行与管理规范等，也是其正式规则的重要组成部分。与国家层面的正式规则和州政府、地方政府的正式规则相比，这些自行制定的规则的约束力相对比较强。具体而言，这些正式规则主要包括三类。一是关于行动者参与资格的标准，主要解决"什么人或什么学校可以参加伙伴协作"的问题。从第三章和第四章的论述中可以看到，不同模式、不同类型的伙伴协作的项目，其在参与者资格标

---

[1] 韦国锋.伙伴关系的形成——20世纪美国大学参与中小学教育改革的历史研究[D].北京：北京师范大学，2005.

准方面的规定是不完全相同的。这就意味着，要根据不同的目的制订不同的标准。同时，这些资格标准都有一些具体的测量指标，这也是一个重要的方面。二是关于行动的基本方案的规定，主要解决"伙伴协作如何实施"的问题。美国各U-S伙伴协作项目在具体的实施方案的规定上，既有相同之处，也有不同之处。例如，在基于学生发展的U-S伙伴协作模式中，课程的安排大多是在自然科学领域，时间大多安排在暑期等。三是行动结果的监测与评价标准等，主要解决"伙伴协作运行结果如何"的问题。为了保证U-S伙伴协作目标的实现，许多参与的中小学和大学制订了如何监测与评价伙伴协作运行的一些具体规则等。

2. 美国U-S伙伴协作中的非正式规则

结构化理论特别重视非正式规则在社会互动中的重要作用，因为非正式规则有时比正式规则具有更深层的影响，如语言规则、轮次交替顺序等。[1]在美国U-S伙伴协作过程中，同样有一些类似的非正式规则，其中较为重要的主要包括"以人为本的规则""以课程为核心的规则""平等尊重的规则"等。吉登斯指出，"在话语层次上对一项规则进行形式化概括，这就已经是对该规则的解释了。同时，……形式化的话语概括过程本身就可能改变运用规则的方式"。[2]因此，这里概括的这三项规则并不完全等同于美国U-S伙伴协作中运用的非正式规则，本研究所能做的是尽可能对其作出准确的解释。

"以人为本的规则"是美国U-S伙伴协作过程中一项重要的非正式规则，它主要指在伙伴协作过程中，要把人的发展放在首位，要尊

---

[1][2]　[英]安东尼·吉登斯.社会的构成：结构化理论大纲[M].李康，李猛，译.北京：生活·读书·新
　　知三联书店，1998：86.

重和爱护每一个人，要发挥人的主体性地位，要顺应人的禀赋，提升人的潜能等。综观美国U-S伙伴协作的历史以及各种伙伴协作模式的具体运行过程，这一规则在伙伴协作的各个方面都有所体现。首先，从殖民地时期开始，每一个儿童均享有受教育的权利就已成为一种共识，并且逐渐形成了美国教育的一种传统。虽然这种传统在不同的历史时期的具体表现有一定的差异，但始终把人作为兴办教育的出发点是一个共同的特点。即使在第二次世界大战结束后的"冷战"时期，教育对国家与社会发展的作用受到特别的强调，在具体的教育教学实践中，人也仍然是首位的。美国U-S伙伴协作正是运用了这一教育传统。例如，不管是哪一种模式的伙伴协作，归根结底都是为了学生的发展。基于学生发展的U-S伙伴协作就不用说了，在基于教育者发展的U-S伙伴协作模式和基于学校发展的U-S伙伴协作中，如果对行动的目的做连续的追问，显然，不管是促进教育者的发展还是促进学校的发展，它们最终都是为了学生的发展。其次，从美国U-S伙伴协作的具体实施过程来看，重视人的主体性也是其突出的一种表现。例如，在基于学生发展的U-S伙伴协作模式中，讨论式教学、做中学、体验式学习等运用得特别普遍，各项目中，学生的参与度普遍比较高，学生的学习因此不是一种被动的学习，而是主动的学习；在基于教育者发展的U-S伙伴协作模式中，不管是针对在职教师的伙伴协作项目，还是针对职前教师和教育管理者的伙伴协作项目，它们的运行过程都是围绕受训者的需要来组织的，而且参与式讨论同样也是经常使用的方式，这些均是以人为本规则的最直接体现。

"以课程为核心的规则"也是美国U-S伙伴协作过程中一项较为重要的非正式规则，它主要指在伙伴协作过程中，要重视课程在伙伴协作中的核心作用，要围绕课程方面的问题来进行协作内容与方法的选择等。具体而言，这一规则主要包括以下几个方面。首先，要把课程学习作为伙伴协作的一项重要内容，例如在基于学生发展的U-S伙伴协作模式中，不论是为了促进学生的教育机会均等，还是为了促进学生的学业成功，修读专门的课程都是其中的一个重要组成部分；在基于教育者发展的U-S伙伴协作模式中，无论是理论课程的学习还是实践课程的学习，都受到特别的重视。其次，课程的组织应采取多元化的方式，例如在基于学生发展的U-S伙伴协作模式中，除了采取课堂教学以及课后辅导等常见的形式外，还包括到大学校园、博物馆、工厂等地方进行参观学习；在基于教育者发展的U-S伙伴协作模式中，习明纳、专业研讨会、研究性学习（如课程单元、课程指南的开发）等也是普遍采用的方式。最后，要注重建立课程体系，如在基于学校发展的U-S伙伴协作模式中，课程标准、课程衔接等都是多数项目所重视的方面。

"平等尊重的规则"同样是美国U-S伙伴协作中一项重要的非正式规则，它指的是在伙伴协作过程中，伙伴成员以独立自主为基本前提，并且在各方面都拥有同等的参与权利，且在决策过程中采取民主的方式。在美国U-S伙伴协作过程中，"平等尊重的规则"主要体现在两个方面。首先，伙伴协作的各项重要政策通常是由参与者共同制定。例如，在基于学生发展的U-S伙伴协作模式中，学生的选择标准一般是由参与的大学和中小学共同讨论指定的，即使主要由其中一方负责，也需要征得另一方的认可，这些都属于彼此默契的规定；在基于教育者发展的U-S伙伴协作模式中，受训者培训主题的确定，大多要经过诸多参与者或参与者代表协商；在基于学校发展的U-S伙伴协作模式中，组织与管理委员会同样也是由各方代表组成，大家共同进行政策的制定。其次，在具体的协作实践过程中，参与者之间保持平等的地位，这在各个U-S伙伴协作模式中都有所体现。例如，在基于学生发展的U-S伙伴协作模式中，参与的学校和参与的学生都受到同等的对待，享有同样的机会、同样的服务等；在基于教育者发展的U-S伙伴协作中，同样强调的是彼此之间的相互合作，而不是一方对另一方的服从；在基于学校发展的U-S伙伴协作中，即使伙伴协作由某一方或州政府发起，参与者之间的地位也是平等的，大学与中小学之间不是领导与被领导的关系。

总之，无论是以资金、教育手段和课程资源为主要内容的配置性资源，还是以教育关系资源和教育信息（知识）资源为主要内容的权威性资源；无论是以国家、州和地方政府有关法律法规、社会组织等报告建议为主要内容的正式规则，还是以"以人为本的规则""以课程为核心的规则""平等尊重的规则"等为主要内容的非正式规则，它们都是美国U-S伙伴协作不可缺少的结构性条件。根据结构化理论的观点，行动者行动过程中使用规则和资源来达到行动者行动目的的时候，"它们总是'不可避免'地伴随着行动而得到再生产。社会结构的生产和再生产对于行动者来说完全是一种'意外后果'"。[1]因此，在美国U-S伙伴协作中，这些资源与规则在行动中实际也得到了再生产，是伙伴协作行动"意外后果"的一种体现。显而易见的是，作为行动意外后果的资源与规则，其能否得到再生产，有赖于行动者行动目的的实现程度。总体而言，美国U-S伙伴协作在行动目的的实现上是积极的。这也就意味着，在可预见的范围内，这些规则和资源依然是美国U-S伙伴协作不可或缺的结构性条件。

---

[1] 郭忠华.现代性理论脉络中的社会与政治：吉登斯的思想地形图[M].上海：上海人民出版社，2010：78.

第二节

美国U-S伙伴协作的行动要素

美国U-S伙伴协作的行动包括权力的使用、意义的交流和规范性制裁。在权力的使用方面，美国大学和中小学基本实现了一种权力的平衡；在意义的交流方面，美国大学和中小学以两者文化的融合为基本的媒介；在规范性制裁方面，美国大学和中小学各自的权利与义务的规定，为其伙伴协作的合法性提供了基本保证。

一、美国U-S伙伴协作中的权力使用

按照结构化理论的观点，权力是社会互动构成的一个重要内在要素，它具有两方面的特性，即转换能力与支配能力，"前者表现为主体本身所具有的自主性，后者表现为主体间的依赖关系"。[1]吉登斯的这一权力观是对传统二元对立的主体主义权力观和客体主义权力观的超越。主体主义权力观表现为行动者不顾他人反抗也能实现自己意志的能力，这种权力观以马克斯·韦伯（Max Weber）等人的理论为代表；客体主义权力观表现为社会系统的结构性特征，这种权力观以塔尔科特·帕森斯等人的理论为代表。吉登斯认为，这两种权力观都是有缺陷的，前者忽视了社会结构制约性的一面，而后者忽视了行动者

---

[1] 郭忠华.现代性理论脉络中的社会与政治：吉登斯的思想地形图[M].上海：上海人民出版社，2010：110.

能动性的一面。[1]依据吉登斯的这一权力观以及结构化理论的其他内容，可以对美国U-S伙伴协作中权力的使用进行深入分析。

1. 美国U-S伙伴协作中的权力关系的特征表现

作为一种社会互动，美国U-S伙伴协作必然涉及权力的使用。而考察互动中权力的使用，首先就需要对行动者之间的自主与依赖关系进行分析，这里也就是伙伴协作中的美国大学和中小学之间的自主与依赖关系。由于"行动过程中转换能力的应用相对于自然或其他行动者而言就变成了支配能力"[2]，因此这里着重考察美国U-S伙伴协作过程中大学与中小学各自的支配能力。

综观美国U-S伙伴协作的整个过程可以发现，不管是在哪一种模式的伙伴协作过程中，大学与中小学在支配范围和支配大小等方面大体实现了一种权力的平衡。也就是说，在保证U-S伙伴协作这一互动正常运行的前提下，双方各自都有对伙伴协作某些环节的支配能力，同时在一些关键性的环节上保持同等大小的支配能力。参与大学通常在伙伴协作的内容、方法等方面相对具有较大的支配能力，而参与中小学通常在伙伴协作所针对的对象的选择等方面相对具有较大的支配能力；而在伙伴协作的目标设定、组织、管理等行政方面，双方基本保持同等大小的支配能力。当然，这种划分并不是绝对的，不同的伙伴协作项目之间仍然会有一些差异存在。

例如，在基于学生发展的U-S伙伴协作模式中，是为了"促进学生的教育机会均等"，还是为了"扩大学生学业成功机会"和"探索学生职业发展路径"，这些通常由双方共同来决定。换句话说，在

---

[1] 郭忠华.现代性理论脉络中的社会与政治：吉登斯的思想地形图[M].上海：上海人民出版社，2010：107-110.

[2] 同上：111.

这个问题上，任何一方都没有完全的支配能力。但是，在伙伴协作过程中，为学生提供什么样的课程，提供何种形式的课后辅导，参观访问什么样的地方等，主要由伙伴大学来决定，伙伴中小学则在学生的选择上相对具有较大的支配能力。在基于教育者发展的 U-S 伙伴协作中，如暑期研习班、专题研讨会和习明纳、在大学进修等活动的主题或课程的最终确定，通常由伙伴大学决定，而对专业发展学校以及教师教育中心的组织，则由双方共同决定。在基于学校发展的 U-S 伙伴协作模式中，几乎所有的环节都是由双方共同执管，即使在诸如"波士顿大学—切尔西伙伴协作"这种由大学全面代管中小学的伙伴协作中，中小学一方的代表也随时都保留着对波士顿大学管理的监督权力，而且还可以在多数赞成票的条件下随时终止与波士顿大学的伙伴协作。总之，在美国 U-S 伙伴协作中，大学和中小学任何一方都没有完全支配伙伴协作运作的能力。

2. 美国 U-S 伙伴协作中权力关系的生成原因

根据结构化理论的观点，社会互动过程中，支配能力的大小与行动者获得配置性资源和权威性资源的数量和对两种资源的储存能力有关。"在特定行为互动关系中，能够动员较多资源的行动者具有比其他行动者更大的'支配'（power over）能力，而在较大时空范围内，两种资源相对密集的地区（如城市）具有比资源相对稀疏的地区（如乡村）更大的支配能力。"[1]美国 U-S 伙伴协作中的权力关系与大学和中小学各自的资源动员能力有密切关系。

首先，对大学一方来说，大学在长期的发展过程中，在资金的可

---

[1] 郭忠华.现代性理论脉络中的社会与政治：吉登斯的思想地形图[M].上海：上海人民出版社，2010：112.

获得性、教学手段的多样性、课程资源的丰富性等方面拥有重要的存储。例如，大学在社会资金的可获得性上，校友的捐赠是其重要的来源，相比而言，中小学就弱一些；在教学手段方面，习明纳、参与实验、体验学习等也是大学教学过程中常用的方式，这为伙伴协作的开展提供了更大的方便，中小学在这方面显然就会弱一些；在课程资源方面，不论是课程的种类、数量还是课程辅助材料，大学也具有一定的优势。这就是说，若要进行U-S伙伴协作这样的互动，那么大学自然在合作内容、方式等具体的执行上具有较大的支配能力。

其次，对中小学一方来说，中小学也具有一定的资源动员优势。例如，在资金的可获得性上，虽然社会捐赠可能没有大学多，但是各级政府的支持相对更多一些。政府对中小学各方面的支持都比较大，包括政策支持、资金支持、技术支持等。另外，在权威性资源方面，中小学也表现出一定的优势，中小学与各级政府的关系自然就不用说了，在与大学的关系中，中小学一方也表现出更大的优势。也就是说，大学与中小学之间的共生关系更多地取决于中小学的支持。这是因为，中小学即使不储存这样的关系资源，对于中小学本身的发展并不会造成多大的影响；但是对大学一方来说，由于大学之间竞争的加剧，大学必须为争取优质生源而积极努力。

再次，美国U-S伙伴协作中权力的使用方式。根据结构化理论的观点，在社会互动过程中，权力的使用需要通过便利手段来实现与资源的关联。所谓便利手段，也就是权力使用的工具或者说支配能力运用的方式。权力的使用主要有两种方式：一种是积极意义的权力使用，或称积极支配；另一种是消极意义的权力使用，或称消极支配。前者是指"支配者可以通过'诱使'（inducement）的方式使处于被支配地位的行动者做出符合自己要求的反应，诱使的方式如授权、奖励等";后者是指"支配者通过'强制'（coercion）的方式使处于被支配地位的行动者的行动符合自己的要求，强制的方式可以是限制、惩罚等"。[1]虽然这两种方式的支配不是截然分开的，但是从美国U-S伙伴协作的行动过程来看，积极支配相对而言是更主要的方式。当然这并不是说消极支配就不存在，事实上在一些项目中，对于不能达到要求的参与者也有一些相应的惩罚措施，如取消参与类似项目资格的惩罚。本研究仅就其中使用较多的"诱使"方式进行分析。

伙伴大学主要以"奖励"这种形式来运用自己的支配能力。例如，在基于学生发展的U-S伙伴协作模式中，不管是促进学生教育机会均等的伙伴协作，还是扩大学生学业成功机会和探索学生职业路径的伙伴协作，它们都首先出于伙伴中小学的利益考虑，因为该伙伴协作模式所针对的学生都是中小学生，学生的发展一定程度上也就是学校的发展。同时，参与该协作模式的学生在升入大学（如提前获得大学学分等）或就业上获得了更多的机会。在基于教育者发展的U-S伙伴协作模式中，其出发点同样首先是参与中小学本身的利益，因为教师质量的高低直接关系到学校的教育质量。通过参加这样的伙伴协作行动，中小学教师在专业知识、专业能力、专业技能等方面都可以获得一定程度的提高，这对参与协作的中小学校来说显然具有一定的吸引力，特别是，一些参与的教师还能被聘为大学的指导教师，有机会参与大学的一些科研活动等。在基于学校发展的U-S伙伴协作模式中，这种以"奖励"为主的权力运用形式更加明显，因为就其本身的行动目标来说，就是为了参与协作的中小学的发展。不管是更新学校

---

[1] 郭忠华.现代性理论脉络中的社会与政治：吉登斯的思想地形图[M].上海：上海人民出版社，
2010：112.

课程的伙伴协作项目，还是重建学校制度和提高学校教育教学质量的伙伴协作项目，对参与协作的中小学的发展来说都具有积极的作用。参与协作的大学正是通过这样一些"诱使"方式在伙伴协作的内容等方面运用其支配能力。

参与伙伴协作的中小学主要以"授权"这种形式来运用自己的支配能力。例如，从中小学的教育活动（行动）本身来看，中小学由于在动员学校资源能力上的优势，故对自身的学生和教师具有较大的支配能力。也就是说，学生和教师本身处于被支配的一方。在 U-S 伙伴协作过程中，中小学并没有因为大学的介入而减小了对自己学生和教师的这种支配能力。那么在 U-S 伙伴协作过程中，中小学是如何运用自己的这种支配能力的呢？它们采取的仍然是"诱使"的方式。具体而言，就是采用"授权"这种方式来实现自己支配能力的运用，即赋予参与的大学一定的对中小学学生和教师的支配能力。这种情况在三种模式的伙伴协作中都有所体现，例如在基于学生发展的 U-S 伙伴协作模式中，大学安排自己的教师给伙伴中小学学生提供补习课程等。

二、美国 U-S 伙伴协作中的意义交流

意义的交流是任何社会互动都包含的一个重要内在要素。按照结构化理论，"互动中意义的交流涉及解释图式（interpretive scheme）的运用，通过解释图式，意义在行动者的所言和所做中生产出来"。[1] 而所谓解释图式，指的是"互动再生产过程中行动者所运用知识库存的标准化成分。解释图式构成共同知识（mutual knowledge）的核

---

[1] Giddens, A. New Rules of Sociological Method: A Positive Critique of Interpretative Sociologies(2nd edition)[M]. Cambridge: Polity Press, 1993: 129.

心"[1]。这里的共同知识，按照吉登斯的解释，指的是互动过程中那些被视为"理所当然的（taken-for-granted）'知识'，它是行动者假定别人也拥有的知识——如果他们是'健全'（competent）的社会成员的话，而且它被用于维持互动交流"。[2]也就是说，"共同知识"是互动中意义交流的前提。据此可以分析美国U-S伙伴协作中意义的交流。

1. 美国U-S伙伴协作中意义交流的前提

作为一种社会互动，美国U-S伙伴协作中必然包括意义的交流。正如研究者指出的："缺乏交流不仅会阻碍正式的合作努力，而且会阻碍参与组织中那些可能以一种未曾预料的方式扩大合作努力的个人之间的非正式网络关系的建立。"[3]根据结构化理论的观点，分析美国U-S伙伴协作中意义交流的前提，实际就是分析美国U-S伙伴协作中涉及的共同知识。从前面的分析可以看出，这种共同知识的主要内容是大学和中小学的文化，因为U-S伙伴协作本质上是两种不同文化的相互介入。因此，双方的文化自然构成U-S伙伴协作的基本"背景知识"。由于"共同知识在它被视为理所当然的意义上就是'背景知识'，并且大多数情况下具有不可言传性"[4]，所以，美国大学和中小学的文化自然就构成了美国U-S伙伴协作中意义交流的一个基本前提。

关于这一点，可以借助吉登斯《社会的构成：结构化理论大纲》一书中引述的一个有关法庭互动的案例来说明。在这个案例中，包括

---

[1]　Giddens, A. Central Problems in Social Theory: Action, Structure and Contradiction in Social Analysis[M]. New York: The Macmillan Press Lid, 1979: 83.

[2][4]　Giddens, A. New Rules of Sociological Method: A Positive Critique of Interpretative Sociologies(2nd edition)[M]. Cambridge: Polity Press, 1993: 113.

[3]　Sirotnik, K. A., Goodlad J. I. School-University Partnerships in Action：Concept, Cases, and Concerns[M]. New York: Teachers College Press, 1988: 145.

一位法官、一名公设辩护人和一位地方检察官，他们之间围绕一个罪犯的二级盗窃指控的量刑问题进行了讨论，最后给予罪犯入狱90天的判决。吉登斯指出，在这样的一个具体情景的互动中，"谈话的每一个参与者都拥有大量的知识，他们了解一种'法律体制'的性质是什么，法律的规范程序有哪些，罪犯、辩护人和法官都是些什么样的人，等等"。"要'成功地完成'互动，参与者就要利用这些知识，从而使这些交流成为'有意义的'"。[1]由此可以有逻辑地得出结论，如果参与者没有上述这些背景知识，那么这样的法庭讨论就不会发生。

美国U-S伙伴协作中的意义交流之所以能够顺利地进行，也是源于这样的道理。试想一下，如果大学和中小学的参与者对双方的文化（如各自的教学特点、教学程序、教师特点等）没有多少了解，那么他们的意义交流还可能吗？而如果意义交流不可能的话，那么它们之间的伙伴协作互动还可能发生吗？答案显然是否定的。例如，有学者研究曾发现，美国大学与中小学至少在下列四个方面的文化差异上影响着它们之间的伙伴协作。

一是专业重点（professional focus）。研究者指出，在中小学的文化里，实践性（practicality）和私人性（privacy）是两个重要的特点。前者是指，在中小学，能在课堂活动中运用的策略受到很大重视，即教师们对那些可以直接使用的、具体的教育教学方法表现出更大的兴趣，即所谓"反学术文化"（anti-scholastic culture）；后者是指，在中小学，教师更愿意保持自己教育教学的封闭性，他们不愿意他人的介入。例如在课堂教学中，教室的门通常是关闭的。相反，在大学的文

---

[1] [英]安东尼·吉登斯.社会的构成：结构化理论大纲[M].李康，李猛，译.北京：生活·读书·新知三联书店，1998：468.

化里，理论性是主要特点，所以研究、学术自由和较高的学术标准等
受到重视；大学里虽然也存在私人性，但是这种私人性与中小学是不
同的，大学教师迫于各种压力，需要通过出版来分享他们的私人学术
成果，然而由于职称晋升等方面的竞争以及满足大学要求的原因，他
们更愿意独立来完成，因此在他们出版的学术成果中，个人成果远远
多于合作成果。另外，大学教师对中小学的服务通常不会得到更多的
重视。

二是工作节奏（work tempo）。研究者指出，在中小学，工作节
奏通常是固定安排的，很少有灵活性，教师们在工作日的自由基本限
于非教学领域；教师在工作日期间也很少有教学反思的机会，而且与
同事之间的委员会工作和计划通常被认为是课外之事。而大学的工作
节奏通常较为灵活，教学安排一般由教师自我决定，教师不需要整天
都上课，他们相对有较为自由宽松的时间来安排自己的工作，另外，
委员会工作和计划也被认为是工作的组成部分等。

三是奖励（rewards）。研究者指出，在中小学文化里，相对更强
调内部奖励（intrinsic rewards），即教师从自身获得的奖励。这是因为
教师薪酬的年度增加主要取决于他们的工作时间和聘用期限，优秀教
师和落后教师在奖惩方面的差别主要在于他们是否可以获得更多自己
喜欢的教学安排等，而他们的生活不会受到影响。大学文化更强调外
部奖励（extrinsic rewards），即在等价交换基础上从他人那里获得的
自己想得到的有价值的东西。这是因为在大学里，教师在教学、科研
和服务方面的专业贡献是其薪酬高低的重要标准，而且其声誉更多地
体现在校内的影响，而不是在校外。

四是控制或效能（control or efficacy）。这里指的是在工作环境中
的影响力或对工作环境的控制，其基本的特征是个人的角色掌控能力

和信任他人的能力。研究者指出，信任对交流来说是必要的，而交流对于发展和保持伙伴协作是必要的。正因为如此，一个批准有争议的统一流程的学区不是一个好的伙伴候选者。[1]

美国大学与中小学上述四个方面的文化差异显然对U-S伙伴协作有着重要的影响，无论哪个方面都关涉到伙伴协作的顺利进行。也就是说，如果U-S伙伴协作的双方没有这些方面的共同知识，那么在互动过程中就很难进行有效的交流。

2. 美国U-S伙伴协作中意义交流的实现方式

由于美国大学与中小学之间在文化方面存在上述差异，要使它们之间进行有效的伙伴协作，就需要在协作过程中构建良好的交流机制。根据结构化理论，意义的交流需要借助解释图式进行，也就是说，解释图式是行动者在运用表意结构（规则）时需要的一个基本中介。而解释图式表现为共同知识的标准化、类型化。换句话说，要使意义交流顺利进行，行动者必须知晓（不一定用话语的形式表达）共同知识，而且必须将其转化为解释图式，否则交流就不可能进行，或者交流是无意义的（这时行动者也就没有了反思性监控）。对美国U-S伙伴协作来说，伙伴协作双方的参与者最重要的就是了解彼此的文化，并形成互动中可供运用的解释图式，也就是要形成一种文化的融合。美国U-S伙伴协作过程中是如何促进合作双方对意义交流所依赖的解释图式的形成呢？

首先是大学和中小学相关人员互相到对方校园参观访问。在美国U-S伙伴协作的互动交流中，解释图式形成的前提就是了解对方的文

---

[1] Selke, M. J.Cultural Analysis of School-University Partnerships Assessing Dynamics and Potential Outcomes[R]. The 1996 AACTE National Convention, Chicago,1996.

化。虽然通过书本可以了解一些对方的文化，但写在书本上的毕竟不是全部，文化更多地体现在行动者的实践意识中，而且每个学校都有自己的特点，所以唯有亲身体验才能更好地把握学校的运行特点，才能更好地达成一种文化的融通。在美国U-S伙伴协作过程中，行动者正是注意到了这一点，所以经常会进行一些互访活动，以增进互相了解，从而更好地为伙伴协作服务。

其次是建立联络人（liaison）制度。美国的很多U-S伙伴协作都设有促进伙伴双方沟通的联络员。联络员一般具有双重身份，即既是伙伴中小学的高级成员（senior member），同时也是伙伴大学的工作者，其职责主要是了解协作双方的需要，促进互相了解等。研究表明，联络员是伙伴协作发展与成功的关键之一。某伙伴协作的一位参与者这样评价他们的联络员："她了解我们、孩子和学生。她是灵活的，乐意倾听我们的需要。作为伙伴协作的引导者，她令人惊奇。"[1]

再次是成立专门的伙伴协作指导委员会（partnership steering committee）。指导委员会通常由对伙伴双方文化都比较了解的教师或管理人员组成，他们经常一起开会，经常与双方的负责人以及参与者进行沟通。同时，他们也为参与者提供各种咨询，为伙伴协作提供良好的服务。

三、美国U-S伙伴协作中的规范性制裁

规范性制裁是构成社会互动的一个重要内在要素。根据结构化理论，互动中的规范性制裁（normative sanctions）通过规范来实现与合

---

[1] LeighAnn M. Oettinger. A Case Study of An Emerging School-University Partnership[D]. Ohio University, 1998.

法化结构（规则）的关联，即规范是互动中各种约束的依据。"互动的规范性构成可以看作是权利的折现（actualisation of rights）与义务的规定（enactment of obligations）。"[1]也就是说，所谓规范，也就是特定的权利和义务的统一。[2]需要指出的是，规范中的权利和义务并不必然是一种逻辑的对称，即一方的权利似乎就是另一方以适当方式做出反应的义务，并且反之亦然；在实践活动中，权利和义务往往是不对称的，即不一定能相互提供正当化证明。之所以如此，是因为人类是具有知识能力的行动者，反思性地监控着彼此之间的互动流。[3]

1. 美国U-S伙伴协作中规范性制裁的媒介

美国U-S伙伴协作中的规范性制裁需要通过规范来实现，而规范也就是U-S伙伴协作中参与者的权利和义务。作为参与者的大学和中小学，它们各自什么方面的权利与义务在U-S伙伴协作中是最重要的呢？

在美国U-S伙伴协作中，伙伴大学最重要的权利是办学自主权，最重要的义务是服务社会。也就是说，办学自主权和服务社会是美国U-S伙伴协作中大学所进行的各种实践活动的基本依据，这些依据使大学在U-S伙伴协作中的实践活动"站得住脚"。大学在U-S伙伴协作中的实践活动包括：按照一定的规则为中小学生提供参观大学的机会，提供课后辅导帮助，提供先修课程；为教师提供暑期研习班，建

[1] Giddens, A. Central Problems in Social Theory: Action, Structure and Contradiction in Social Analysis[M]. New York: The Macmillan Press Lid, 1979: 86.

[2] Giddens, A. New Rules of Sociological Method: A Positive Critique of Interpretative Sociologies(2nd edition)[M]. Cambridge: Polity Press, 1993: 114.

[3] 参见：Giddens, A. New Rules of Sociological Method: A Positive Critique of Interpretative Sociologies(2nd edition)[M]. Cambridge: Polity Press, 1993: 114-115; Giddens, A. The Constitution of Society: Outline of the Theory of Structuration[M]. Cambridge: Polity Press, 1984: 29-30; Giddens, A. Central Problems in Social Theory: Action, Structure and Contradiction in Social Analysis[M]. New York: The Macmillan Press Lid, 1979: 86.

立教师专业发展学校，建立教师中心，为中小学教师提供在职进修课程；研发中小学新课程，实施技术项目，参与中小学的组织管理等。这些实践活动本身的合法性依据正是来源于大学的办学自主权和服务社会的义务。办学自主权使大学在招生、课程设置、教学组织、行政管理等方面获得一定限度的自由，大学可以根据自身发展的需求等自主安排，而大学与中小学之间的这种伙伴协作也正是大学办学自主权的现实体现。如果大学在这些方面没有任何自主权，所有的教育教学需要政府安排或批准，那么大学与中小学开展的伙伴协作实践活动也就失去了合法性的依据，尽管这些实践活动可能是有意义的，也就是说，尽管大学具有实施这些活动的各种理由，但是实践活动本身是缺乏依据的。这与平常所说的动机和结果可能是好的，但行动可能是不合法的是同样的道理。服务社会的义务赋予了大学一定的责任，即大学有必要积极参与到促进社会发展的建设中，与中小学开展包括上述活动在内的一些伙伴协作本身也是大学服务社会义务的直接体现。这就是说，大学与中小学开展伙伴协作行动的依据也包含大学服务社会这一义务，或者说，大学之所以组织和参与这些活动，是因为大学有服务社会的义务。

在美国 U-S 伙伴协作中，伙伴中小学最重要的权利是自主管理权，其最重要的义务是促进每一个学生更好地发展。在美国 U-S 伙伴协作过程，中小学的主要实践活动是按照一定的规则参与大学提供的各种课程、辅导、研讨、实验等活动，这些实践活动的合法性依据主要就是中小学这两个方面的权利和义务。自主管理的权利使得中小学可以在伙伴协作的内容、学生的选拔标准、伙伴协作的评核等方面获得积极的参与权。而促进每一个学生更好发展的义务使得 U-S 伙伴协作的范围不仅仅限于学生，而且扩大到教师和整个学校，虽然基于教育者发展的U-S伙伴协作和基于学校发展的U-S伙伴协作，其出发点分别是教育者的发展和学校的发展，但最终都是为了学生的发展，这是由学校本身的性质决定的。因此，促进每一个学生更好地发展这项义务，也是中小学参与U-S伙伴协作的依据之一。

2. 美国U-S伙伴协作中规范的形成原因

根据结构化理论，"社会互动系统中所涉及的规范每时每刻都在社会日常接触流中维持和再生产"。[1]这说明规范本身并不是固有的，它是在互动过程中形成并得以再产生的。同时，结构化理论还强调，"规范可能被参与者在互动生成过程中以一种'功利主义'的方式对待，同时，这在概念上也与规范声称实现的偶然性相关联"。[2]在美国U-S伙伴协作中，规范性制裁所依赖的"规范"自然也是在长期的发展过程中形成的。

就美国大学的权利，美国在殖民地时期创建的9所大学均为私立大学，虽然它们都有一些教派倾向，但是总体上具有一定的办学自主权，其最高决策机构是董事会。独立战争至南北战争之前，随着州立大学的兴起，政府开始对大学有了一些控制或影响，但也仅限于公立大学，著名的达特茅斯学院案件的判决结果就是一个重要的体现。即使是公立大学，政府也不是完全控制，大多限于立法、咨询以及拨款等方面。南北战争之后一直到第二次世界大战结束以来，政府对公立大学的控制有所加强，但主要还是在拨款和整体规划等方面，董事会制度仍然是多数大学采取的管理制度。对大学的义务来说，殖民地时

---

[1] Giddens, A. Central Problems in Social Theory: Action, Structure and Contradiction in Social Analysis[M]. New York: The Macmillan Press Lid, 1979: 86.

[2] [英]安东尼·吉登斯.社会学方法的新规则——一种对解释社会学的建设性批判[M].田佑中，刘江涛，译.北京：社会科学文献出版社，2003：208.

期就已经有服务社会的义务，不过在当时主要是培养神职人员，当然也有其他职业的人员，如医生、教师等。独立战争后，大学服务社会的范围进一步扩大，各行各业的专业技术人员都是大学的培养目标。南北战争后，出现了赠地学院，大学要服务社会成为一种广泛的共识，并出现了著名的"威斯康星理念"。此后，这种服务社会的理念得到越来越多大学的认同，因此也成为大学义务的重要组成部分。

就美国中小学的权利，在殖民地时期，公立和私立学校普遍存在，但是多数学校受到的外部控制比较明显，特别是拉丁文法学校、市镇学校和教会学校。独立战争后，在各州法律政策的支持下，公立学校蓬勃发展起来，由此也出现了州领导学校的管理体制。这时，甚至包括课程的设置、教科书等，州政府也做了明确的规定。南北战争后，随着中小学校类型的多样化、课程的多元化以及教学模式等改革，学校的自主管理权有了一定的发展，例如中学学分制的出现，使得中学在课程设置上有了一定的灵活性，可以自主进行课程设置。第二次世界大战结束之后，中小学的科学化、民主化获得了重要发展，虽然外部对中小学的影响有所增强，但就中小学管理体制而言，相对获得了更大的自主性。就美国中小学的义务，在殖民地时期，美国的中小学主要沿袭英国的传统，属于精英性质的教育。独立战争之后，普及教育成为一种重要的趋势，让更多的孩子接受教育成为中小学的一项重要的义务。南北战争后，普及教育继续得到发展，并且义务教育法也普遍实施，促进每一个学生的全面发展越来越得到重视。第二次世界大战之后，最初主要以提高教育质量为主，后来主要以教育公平为主，促进每一个孩子更好地发展成为中小学校的主要的义务之一。

总之，美国U-S伙伴协作行动过程中，在权力的使用方面，大学和中小学各自的资源动员能力并不存在很大的差异，因而它们的权力达到了相对的平衡，而在权力的使用过程中，主要采取"诱使"方式；在意义交流方面，解释图式主要表现为伙伴双方的文化融合；在规范性制裁方面，大学的办学的自主权利与服务社会的义务和中小学的自主管理权与促进每一个学生更好地发展的义务，是U-S伙伴协作行动合法性的重要依据。根据结构化理论，美国U-S伙伴协作行动的这些特点对于行动意图结果的实现显然是非常重要的内在要素，因为它们代表的是结构化理论所强调的主体性的维度。同样，从美国U-S伙伴协作的行动结果来看，这些特点在可预见的未来将继续得到再生产。

结语

美国U-S伙伴协作之启示

从美国U-S伙伴协作的历史考察、行动模式、行动案例和行动策略的分析中，可以获得如下启示：(1)正确认识大学与中小学合作中的结构与行动的关系；(2)努力掌握大学与中小学合作中的规则和资源；(3)积极促进大学和中小学合作中内在要素的协调发展。

一、正确认识大学与中小学合作中结构与行动的关系

结构化理论为理解U-S伙伴协作提供了很好的视角。对美国U-S伙伴协作的研究发现，在U-S伙伴协作中，无论是对结构的过度强调还是对行动的过度强调都是错误的。为此，我国在借鉴美国U-S伙伴协作经验的过程中，一定要对可能出现的两种错误倾向予以批判：一是"强结构弱行动"的倾向；二是"强行动弱结构"的倾向。换句话说，在推进我们国家大学与中小学合作实践时，坚持"结构二重性"的认识是一个基本的前提。

1. 大学与中小学合作中的"强结构弱行动"倾向批判

"强结构弱行动"的倾向表现为一种客观主义的立场，即在大学与中小学的合作中，过度强调结构性条件的一面，忽视了大学和中小学作为行动者所具有的能动性特征。具体而言，受这种倾向的影响，会产生两种错误认识。一是认为大学和中小学之间的合作只是各种社会客观因素直接推动的结果，即双方的合作是教育发展自然演进

的结果，与它们自身并没有多少关系。所以作为行动者的大学和中小学不能凌驾于教育发展的客观现实之上，等到条件具备了，合作自然就会发生。同时还会认为，大学与中小学的合作遵循类似生物进化论的发展规律，即有产生、发展、成熟、深化等逐步提高的过程，因此对合作不能进行跨越式的发展设计。在这种观点支配下，很可能导致这样的认识结论：正是因为各方面的客观条件还不成熟，所以我国目前的大学和中小学的合作还不够深入，范围比较小；只有当我们的社会（包括教育）发展到一定阶段，我国大学与中小学的合作才能逐渐走向成熟，并逐步向纵深发展；或者说在各方面条件成熟后，我国的大学与中小学合作就会和美国一样，在深度和广度上取得较大规模的发展。

二是认为，大学和中小学合作是为了满足教育系统的功能需要。在这种观点中，教育被看作一个有机统一的系统，每一个教育机构都承担着一定的功能，如同生物有机体的各个器官一样，大学和中小学在这个系统中分别承担着不同的功能，它们之所以合作，或者是因为它们的功能出现了失常或改变，或者是其他教育机构的功能出现了失常或改变，由此需要通过合作来维持整个教育系统的稳定性。这也就是说，教育是一个具有明确目的的系统，大学和中小学作为其中的行动者，丧失了理性行动的目的，仅仅是教育系统的消极适应者。在这种观点支配下，就很可能导致这样的认识结论：我国的大学与中小学的合作之所以不够深入，范围较小，是因为我们国家的整个教育系统运行良好，不需要扩大和深化大学与中小学之间的合作；或者说我国当前大学与中小学的合作实践已经满足了教育系统的功能需要，所以不需要向纵深发展。

这两种观点就是社会学中的结构主义理论和功能主义理论在大

学与中小学合作中的认识论体现。它们虽然有一些差别，但是在方法论的意义上是相同的——都认为在社会行动中也存在着与自然科学相同的因果规律性，即都坚持"社会决定论"的方法论。社会决定论认为，"社会行为受社会规范的制约，社会规范外在于个人的意愿并具有威权性质（authoritativeness）。换言之，社会结构的事实，是一种超越个人并对个人有制约力的行为或思维类型，它们独立于个人之外，但也强加于个人身上"。[1]这种方法论虽然有一定的合理性，但是它把行动中行动者的能动性剥离了出去，行动者因此而成为任社会摆布的"木偶"，这显然具有一定的片面性。我国进行大学与中小学的合作实践时，对这种认识需要引起注意，要避免。

2. 大学与中小学合作中的"强行动弱结构"倾向批判

"强行动弱结构"的倾向表现为一种主观主义的立场，即在大学与中小学的合作中，过度强调大学和中小学作为行动者的能动性特征，忽视了大学与中小学合作的结构性条件。具体而言，受这种倾向的影响，会产生两种错误认识。一是认为大学与中小学之间的合作是一种个体化的行为，它们之间的合作不受或较少受外界客观因素的影响。这就意味着，我国大学与中小学的合作，完全可以抛开社会各方面发展的现实状况，可以根据双方的意愿开展任意方面的合作。例如，美国的教师专业发展学校在促进教师专业发展方面产生了积极成效，那么我们就可以直接拿来，照搬即可。另外，这种倾向还认为，大学与中小学之间的合作不可进行因果概括（casual generalization），任何一种因果概括在逻辑上都是不值得考虑的。这也就是说，在大学

[1] 王铭铭"安东尼·吉登斯现代社会论丛"译序，见[英]安东尼·吉登斯.社会的构成：结构化理论大纲[M].李康，李猛，译.北京：生活·读书·新知三联书店，1998：6-7.

与中小学的合作中，没有任何规律可参照，因此我们在实践活动中有完全的自由。

二是认为大学与中小学的合作是它们对自身进行积极主动反思的结果。这种观点认为教育机构之间不存在必然的联系，它们以一种"原子"的形式存在。作为行动者的大学和中小学具有天然的独立性，它们的发展从根本上说与社会（包括教育）的发展没有多大关系，而只与它们的理性选择有关。理性选择的一个重要特点就是其反思性，大学与中小学之间的合作本质上是它们进行自我反思的结果。换句话说，它们之间的合作并不是为了满足教育系统发展的需要，而是为了它们自身发展的需要。在这种观点支配下，会导致这样的认识结论：我国大学与中小学之间的合作应该从作为行动者的大学和中小学自身的需要出发，外部的各种客观条件或是无关紧要的或者说是次要的，或者说大学和中小学要从外界的束缚中解放出来，勇于运用自己的反思能力，如果总是要等待条件成熟，那只会阻碍双方合作的发展。

与"强结构弱行动"倾向的方法论基础不同，"强行动弱结构"倾向代表的是一种"方法论个人主义"。"方法论个人主义"认为，"所有的社会整体都可化约（reducible）为个人的逻辑性堆砌"。[1] 从上面的分析中不难看出，这种认识对大学与中小学之间的合作来说，在某些方面具有一定的合理性，特别是突出了社会行动过程中行动者的能动性，但是它忽视了社会客观条件对大学与中小学合作的制约性，同时也没有注意到行动的"意外后果"对行动的影响，所以很

---

[1] 王铭铭 "安东尼·吉登斯现代社会论丛"译序，见[英]安东尼·吉登斯.社会的构成：结构化理论大纲[M].李康，李猛，译.北京：生活·读书·新知三联书店，1998：7.

容易把大学与中小学之间的合作演变为一种唯主观意志的行为。因此，这样的认识在大学与中小学之间的合作实践中也需要注意并加以避免。

3. 在大学与中小学合作中坚持结构二重性认识

从美国U-S伙伴协作的发展情况可以看出，不管是"强结构弱行动"的认识倾向还是"强行动弱结构"的认识倾向，都是片面的，都不利于协作活动的开展。在美国U-S伙伴协作的行动中，一方面，美国大学与中小学始终表现出一种积极的能动性，原因之一就是满足双方发展的需要；另一方面，它们也充分考虑到各方面的客观条件，例如双方各自可供支配的资源等。因此，我国大学与中小学的合作一定要坚持"结构二重性"的认识，这是一个基本的前提。也就是说，在大学与中小学的合作实践上，既不能止步不前，同时也不能贸然前进。具体来说，就是要做到如下几点：

一是要正确认识大学与中小学合作的重要意义。美国的经验表明，大学与中小学的合作无论是对于大学的发展来说还是对于中小学的发展来说，都具有积极的意义，而且也产生了积极的结果。这种积极的结果反过来又可以推动双方合作的进一步发展。对我国来说，目前对大学与中小学合作的认识还有待加强，因为我们虽然取得了一些进展，但是还没有形成规模效应。这种现象与"强结构弱行动"倾向有很大关系，导致大学与中小学的主体性发挥不足。但是，我们也要防止过度强调主体性，这也会导致不可预料的"意外后果"。

二是要构建多元化的大学与中小学合作模式。美国U-S伙伴协作存在多种模式，每一种模式有多种类型。从结构化理论来看，这实际上是行动者能动性的一种积极体现。目前，我国大学与中小学的合作模式和类型之所以还比较单一，与大学与中小学的能动性发挥有很大关系。美国的这些模式和类型虽然并不一定能够直接拿来为我们所用，但是至少提供了一种重要的参照。我们可以合理地借鉴这些模式来解决我国大学与中小学发展中的一些问题。

三是要充分认识大学与中小学合作中的结构，也就是各种规则与资源。由美国U-S伙伴协作的情况可知，结构在伙伴协作中既具有"使动"作用，也具有"制约"作用，两者都很重要。前者为伙伴协作的意义生成提供了条件，后者为伙伴协作的合法性提供了基础。我们在大学与中小学的合作实践必须对结构予以足够的重视。

四是要正确看待大学与中小学合作的规律。我们可以从大学与中小学伙伴协作的实践中概括出一些规律，但是这些规律与自然科学中的因果规律是不同性质的，因为它们依赖于未预期后果的再生产组合，这也就意味着满足一定的条件并不一定会出现预想的结果。从美国U-S伙伴协作的情况也可以看出，其发展过程中也出现了一些意外的后果，而这些意外的后果又成为伙伴协作行动的未被认识到的条件，从而影响伙伴协作的继续发展。

五是对大学与中小学合作行动的开展要有合理的筹划。一方面不能夸大结构性条件的制约，另一方面也不能进行唯意志的行动，这就涉及如何处理二者关系的问题。根据对美国U-S伙伴协作的分析，在处理两者关系时，至少可以进行如下方面的思考。首先是大学与中小学各自的资金、教育手段和课程资源等储存情况。资金、教育手段和课程资源等配置性资源是美国U-S伙伴协作重要的结构性条件，所以我们在进行大学与中小学的合作实践时，也必须重点考虑这些方面。其次，还要考虑各种教育关系资源与教育信息资源。对于前者，主要是分析大学和中小学与政府、社会的关系以及它们彼此之间的关系；对于后者，主要是分析有关学生、教师、教学、学校等方面的信息。最后，要对大学与中小学合作的一些可资运用的规则进行分析，包括国家和地方的有关法律法规、政策文件以及一些非正式的规则。既要考虑合作双方自身发展的需要，同时也需要考虑整个教育发展的需要。在美国U-S伙伴协作过程中，不管是哪一种模式的伙伴协作，着眼点并不限于协作双方自身发展的需要，还兼顾到整个教育发展的需要，这从各伙伴协作的目标就可以看出。也就是说，在大学与中小学的合作实践中，根据自身的需要选择不同的模式虽然重要，但也需要考虑我国教育发展与改革的整体趋势。

二、掌握大学与中小学合作所需要的资源与规则

根据结构化理论，规则和资源是行动的条件，对我国大学与中小学合作实践的发展来说，唯有掌握一定的规则和资源，才能使合作顺利发展。基于美国U-S伙伴协作的分析可以发现，对我国大学与中小学合作来说，首先要加强大学与中小学合作所需的资源的积累，其次要加强大学与中小学合作所需的规则的建设。

1. 加强资源积累

资源积累主要包括资金、教育手段和课程资源等配置性资源的积累，以及教育关系资源和教育信息等权威性资源的积累。具体而言，可以进行如下方面的尝试。

一是尽可能扩大资金来源的渠道。从对美国U-S伙伴协作的结构要素的分析中可以看到，资金的可获得性是其中的一个重要条件。没有充足的资金来源，伙伴协作很难开展，也很难继续，因为在整个协作过程需要有一些基本的设施等做基础，同时，需要给参与人员一定的报酬作为回报。因此，对我国大学与中小学的合作行动来说，首先

需要根据合作的目的制订详细的资金预算，采取多种方式获得资金的支持。我国的公立中小学与公立大学的办学经费主要来自地方政府部门或中央政府部门，社会资金来源较少，而政府拨款基本上是专款专用。所以对我国大学与中小学的合作行动而言，除了积极争取政府部门的专项经费支持外，也需要采取其他办法来吸引社会资金的支持，包括捐赠、基金会等。

二是积极进行教育手段与课程资源的积累。教育场所、教育设施、教育媒体、课程资源等都是互动的重要条件。我国的大学与中小学合作虽然不可能完全照搬美国U-S伙伴协作的模式，但是至少这些方面的条件是需要加以考虑的。也就是说，我们应根据双方合作的目的等来决定需要哪些具体的教育手段和课程资源，通过有效的方式进行积累。例如，如果采取诸如美国教师教育中心的合作实践，那么参与的中小学教师至少需要准备有关教学实习方面的课程材料，而参与的大学也需要准备一些适应中小学教师接受能力的课程材料等。

三是加强大学和中小学与政府、社会以及彼此之间联系纽带的建立。美国U-S伙伴协作的行动过程表明，教育关系资源是大学与中小学合作重要的权威性资源之一。也就是说，大学和中小学与政府、社会以及彼此之间保持一种怎样的关系，直接影响到它们之间合作的运行。基于我国目前的现实，在推进我国大学与中小学合作实践的过程中，首先要进一步扩大大学和中小学的办学独立性。因为总体来看，目前我国大学和中小学的办学独立性不是很高，在整个办学过程中，政府扮演着极其重要的角色，大学和中小学的能动性还不能得到充分发挥，所以其积极性自然也会受到很大限制。其次要加强大学和中小学与社会之间的互动。在我国，大学和中小学与社会的联系还不是很密切，"关门办学"较普遍。如何让社会参与到学校的办学实践中，政府部门以及大学和中小学大有作为。最后，大学与中小学之间的关系需要进一步加强。总体来看，我国大学和中小学之间的联系还比较少，尽管它们之间的合作本身也是加强这种联系的方式（这符合结构化理论的观点），但是除了合作以外，也可以有其他的途径，如邀请双方的教师分别做讲座，以及开展互访、参观、座谈等活动。只有二者建立起积极的联系纽带，才有可能开展广泛的合作。

四是加强教育信息资源的可获得性。教育信息资源主要包括有关学生的信息、有关教师的信息、教学知识以及关于学校的信息等，它们是大学与中小学合作重要的权威性资源。就我国大学与中小学的合作实践来说，加强这些方面信息的可获得性是需要着重考虑的问题。这是因为，不管哪一种合作模式，合作双方首先必须对彼此有一个全面的了解，同时还需要掌握一些合作中直接使用的教学法知识等。

2. 加强规则建设

从美国U-S伙伴协作的发展可以看出，规则——作为方法论程序——也是其最重要的结构性条件之一。规则可分为正式规则和非正式规则，在美国U-S伙伴协作中，前者主要表现为各级政府的一些教育法律法规，社会组织、团体、机构等的报告建议，以及伙伴协作的大学和中小学制订的一些规则等；后者主要表现为"以人为本的规则""以课程为核心的规则""平等尊重的规则"等规则。借鉴美国的经验，并基于我国的现状，在大学与中小学合作的规则建设方面，可以进行如下方面的工作。

一是加强大学与中小学合作的相关法律制度的建设。我国的教育管理体制与美国不同，是"在党和政府统一领导下，由中央政府实行集中管理，教育方针、政策、发展计划及其他重大问题都由党中央决定"。[1]对于像大学与中小学合作这样的实践来说，虽然不一定需要由中央政府直接决定，但是由中央政府部门制定相关的法律法规确是非常必要的。这是因为，大学与中小学的合作实践并不仅仅是参与的大学和中小学的个别行为，其行动的结果也会影响到整个教育的发展，这就需要有一定的合法性结构的支持。各级政府作为大学和中小学的权威决策部门，理应在大学与中小学合作的总体方向上作出一定的规定，这样才能使大学与中小学合作有法可依，从而也才能让大学和中小学"放手"进行大胆的合作实践。

二是加强对社会组织、机构介入大学与中小学合作的立法工作。我国虽然也有一些与教育相关的社会组织、机构，如各种教育协会等，但是总体上它们对大学与中小学的合作影响甚微。与社会互动的不足一定程度上割裂了我国大学和中小学与社会的联系，这进一步导致学校教育的产出与社会期待之间形成较大的落差。正因为如此，对教育的不满与责难不时见诸媒体。教育从来都是一种社会现象，作为教育改革的一个方面，大学和中小学之间的合作若没有社会的积极参与，其在社会上的合法性必然会遭到质疑。因此，如何让社会机构在大学与中小学合作中发出独立的声音是教育改革必须考虑的问题。解决的路径之一是有关部门出台相关的政策法规，促进社会对教育发展事业的介入。

三是大学与中小学合作过程中应制订详细的实施细则、组织运行与管理规范。作为一种社会互动，大学与中小学的合作自然需要具体的方法论程序作为媒介，这就需要参与双方制订详细的实施程序的规范。这些规则一般应包括这样几个方面：合作的目标，合作的形式，如何开展合作，如何组织和管理合作实践，如何评价合作的结果等。

---

[1] 吴文侃，杨汉清.比较教育学[M].北京：人民教育出版社，1989：656.

这些都要有明确的规定，这样才能使大学与中小学之间的合作有章可循，从而更好地促进行动意图结果的发生。

四是促进大学与中小学合作所需要的非正式规则的生成。从美国U-S伙伴协作的分析中可以知道，"以人为本""课程中心""互相尊重"等非正式规则也是其互动中所运用的重要结构。这几条规则具有一定的普适性，我们要努力促成这些规则的生成。具体在大学与中小学的合作实践中，就是要做到：尽可能让每一个参与者都有充分的机会发挥主体性，特别是要让每一个参与者都能够自由表达自己的观点与意见；要把课程学习、课程体系的建立作为一项重要工作来抓；要建立民主平等的决策机制。

三、积极促进大学与中小学合作中内在要素的协调发展

美国U-S伙伴协作中，在权力使用方面的特点是大学和中小学基本实现了一种权力平衡，并主要采取了"诱使"的方式使用权力；在意义的交流方面的特点是努力达成了大学与中小学文化的融合；在规范性制裁方面的特点是，大学和中小学权利之折现和义务之设定，为伙伴协作实践提供了合法性基础。美国的经验启发我们，我国大学与中小学的合作实践在互动的内在构成要素方面，主要应该从以下几个方面着手。

1. 在U-S合作实践中使双方的权力保持一定的平衡

权力是结构化理论中的一个核心概念，因为"权力例行地卷入社会实践的具体化"[1]。由美国U-S伙伴协作的经验可以知道，在大学

---

[1]　[英]安东尼·吉登斯.历史唯物主义的当代批判：权力、财产与国家[M].郭忠华，译.上海：上海译文出版社，2010：49.

与中小学的合作实践中，保持双方的权力平衡是其成功的重要因素之一。反观我国大学与中小学之间的合作实践，在多数情况下，大学和中小学都处于一种权力不对等的地位，这种状况严重制约了被支配一方积极性的发挥，同时也使双方的合作不能得到深入发展。尽管吉登斯强调，在社会互动过程中存在权力的"控制辩证法"（dialectic of control），即"不论某些行动者能对他人实施多么广泛的控制，弱者总是具有使用某些资源来抵抗强者的能力"[1]，但是这种能力毕竟存在一定的有限性，而且还取决于受支配一方是否愿意运用这样的一种能力。因此，如何促进互动双方权力的平衡才是根本。也就是说，在合作过程中，要促使大学和中小学的支配能力在大小和范围上能够取得一定程度的平衡。基于美国的经验，可以进行如下一些尝试。

一是建立一种平衡的决策机制。例如在大学与中小学的合作管理委员会中，尽可能给予双方平等的席位。从美国U-S伙伴协作的实践可以看出，在一些重大问题的决策上，通常是由伙伴协作双方共同决定的，如伙伴协作的目标、内容、基本策略等，都不是一方说了算，而是通常都会有一个讨论协商的过程。建立一种平等决策机制的目的正在于此，即使双方都可以充分运用自己的支配能力。

二是尽可能促进资源的均衡分布，提高行动者的资源动员能力。结构化理论认为，权力的大小取决于行动者获得资源的数量和储存能力的大小，所以，若要从根本上解决大学与中小学之间权力不平衡的现状，就要努力促进资源的均衡分布。在大学和中小学的合作中，主要运用到的资源包括资金、教育手段、课程资源等配置性资源和教育

---

[1] [英]安东尼·吉登斯.历史唯物主义的当代批判：权力、财产与国家[M].郭忠华，译.上海：上海译文出版社，2010：63.

关系资源、教育信息资源等权威性资源，因此对促进资源的均衡分布来说，主要就是在这些方面促进均衡分布。

2. 在U-S合作实践中努力促进双方文化的融合

文化融合在大学与中小学的合作实践中具有重要意义，它使合作双方的意义交流成为可能，是伙伴协作持续发展的基本保证。所谓文化融合，一般是指"大学与中小学双方经过文化上的碰撞与交流，相互作用、相互影响，最终创生出一种能够高效率推动双方合作，高质量促进双方发展的新文化"[1]。对我国大学与中小学的合作实践来说，实现文化融合，至少可以采取以下两项措施。

一是加强大学与中小学之间的日常交流。大学和中小学文化融合的前提是了解彼此的文化。了解的途径有很多种，加强日常交流就是一个重要途径。在我国，长期以来大学与中小学的交流比较少，而且基本是一种单向的交流。例如，除了一些师范院校安排学生到中小学进行实习，以及政府委托师范院校对中小学教师、校长等进行培训外，大学与中小学之间几乎没有其他形式的交流，最多也就是在每年的高考报名期间，部分大学到一些高中进行相关宣传。这种现象严重影响了大学与中小学之间的合作，正如两个互相不了解的人很难会主动进行合作一样。因此，为了进一步促进我国大学与中小学之间的合作实践，加强彼此的日常交流是不可缺少的一项工作。需要强调的是，加强日常交流不应该限于有合作意向的大学与中小学之间，虽然每所大学和每所中小学都有自己的特点，但是毕竟大学和中小学都有各自的共同特点，通过诸如经常性的参观访问、联谊活动等，可以逐

[1] 吴康宁.从利益联合到文化融合：走向大学与中小学的深度合作[J].南京师大学报（社会科学版），2010（3）.

渐弥合大学与中小学之间的文化鸿沟，有利于可能的合作。之所以我国的大学与中小学的合作没有形成一种规模效应，而只是局限于少数院校与中小学，这也是一个重要原因。例如，很多中小学不愿意大学参与到自己的教学改革中，认为大学的专家过于理论化、理想化。不打破这种文化上的壁垒，双方即使可能合作，也只会"貌合神离"，不会有长期的发展。

二是在大学与中小学的合作中建立专门的协调机构。在美国U-S伙伴协作中，为了加强伙伴协作大学和中小学的文化融合，设立了专门的联络人，成立了专门的伙伴协作指导委员会，这些举措对美国U-S伙伴协作双方的意义交流发挥了积极的作用，值得借鉴。在我国目前部分大学与中小学开展的合作实践中，这一点还没引起足够的重视。例如，有研究者对一个职前教师教育合作项目中的参与者的问卷调查显示，超过20%的学生对"就实习的'预热'工作到位，双方在合作前开展了有效的接洽，便于更快地融合"这一问题给予了中性或否定的回答；在"实习结束后，合作双方进行了很好的总结，听取了各方（包括实习生）的意见建议"问题中，有超过30%的学生认为"不是这样"或"做得一般"[1]。借鉴美国的经验，解决这些问题首先需要建立一种大学与中小学之间的协调机构，负责合作成员之间的联系，提供有关咨询，讨论相关的议题等。协调机构的成员可以从合作双方中对大学和中小学文化有较多了解的教师和管理者中选择，必要时还可以分别选拔合作双方的若干名教师进行一定时间的交换体验。总之，一定要做好前期的准备工作，同时要有问题反馈的便捷渠道。

---

[1] 王恒.我国大学与中小学合作机制研究[D].北京：北京师范大学，2011.

3. 在U-S合作实践中加强双方权利和义务的规范

根据结构化理论，规范性制裁作为社会互动的一个重要构成要素，通过规范与合法化结构实现关联，或者说合法化结构通过互动双方特定的权利和义务转化为规范性制裁。从美国U-S伙伴协作的经验可知，美国大学的办学自主权与服务社会的义务和美国中小学的自主管理权与促进每一个学生更好地发展的义务，是其规范性制裁的主要媒介。推进我国大学与中小学之间的合作，也不能忽视双方权利和义务的规范。就具体的改进策略而言，可着重考虑以下两点。

一是在大学一方，一方面政府应进一步明确大学的办学权利，让"大学的归大学，政府的归政府"；另一方面，大学应提高服务社会的意识与责任。从我国的大学发展现状看，政府在办学中处于重要的支配性地位，大学的积极性还不能得到最大限度的发挥，这使得很多大学为了规避可能出现的风险而在教育教学改革上不敢大胆作为。这也正是我国大学与中小学的合作还没有得到全面发展的重要原因之一。比如设想一下，如果大学与中小学就基于学生的发展开展合作，那么占用学生周末或假期的时间是否合法？如果通过合作，学生的素质提高了，但是在高考中没有取得好成绩，谁来负责？类似这样的一些问题还能提出很多，而解决的关键就是赋予大学全面的办学自主权。例如，如果每所大学都有招生自主权，那么在基于学生发展的合作中，就可以按自己的标准来安排课程和进行有针对性的合作活动。除此之外，大学加强自身服务社会的意识与责任也非常重要。大学有三项使命：教学、科研和服务。我国很多大学都集中在前两个使命上，对第三个使命做得不够，与社会的联系还不是很密切。也就是说，我国很多大学还秉承着"大学就是象牙塔"的办学思路，这种思路不利于促进大学与中小学的合作实践，因为它很容易形成一种功利驱动的合作。只有把服务作为大学的一项义务，合作的范围才会得到扩展。正因为如此，美国一些没有教育学院或教育系的大学和研究型大学也都与中小学之间有合作项目的开展。对推进我国大学与中小学合作来说，加强大学的社会服务意识是不可忽视的一项内容。

二是在中小学一方，一方面，政府要扩大中小学的自主管理权；另一方面，中小学要把促进学生更好地发展作为一项重要的办学使命。合作只有在自愿的基础上才能更好地调动合作成员的积极性，被动的合作很容易演变成一种任务完成式操作。这也就意味着合作的主体即行动者需要有较大的自主管理权利。我国中小学的自主管理权较为有限，这给开展大学与中小学的合作实践带来了诸多不利。例如，在教师专业发展上，中小学校几乎没有多少权利，这使它们在与大学的合作上缺乏可靠的合法性说明。正因为如此，目前我国大学与中小学之间的很多促进教师发展的合作都是由政府部门主导的，这种政府主导下的大学与中小学合作，如果得不到合作中小学的认可，或者说不能反映它们的需要，那么合作的有效性就会大打折扣。在美国，有些项目也是由政府发起的，但具体的合作内容主要还是由参与协作的学校和大学自己决定，政府主要发挥引导作用。鉴于此，扩大中小学的自主管理权也是推动我国大学与中小学合作的一个不可忽视的策略。此外，由于受传统教育的影响，应试教育的色彩在我国中小学依然浓厚，学生的发展没有引起足够的重视。这种现状对中小学与大学合作的影响不可忽视。因此，转变中小学的办学理念，把促进学生更好地发展作为一项重要的使命与义务，也是推进我国大学与中小学合作向纵深发展的一个不容忽视的方面。

参考文献

［澳］马尔科姆·沃特斯.现代社会学理论（第2版）［M］.杨善华，等译.北京：华夏出版，2000.

［德］马克斯·韦伯.社会科学方法论［M］.韩水法，莫茜，译.北京：中央编译出版社，1998.

［法］迪尔凯姆.社会学方法的准则［M］.狄玉明，译.北京：商务印书馆，1995.

［法］雷蒙·阿隆.社会学主要思潮［M］.葛志强，胡秉诚，王沪宁，译.上海：上海译文出版社，2005.

［美］C. 赖特·米尔斯.社会学的想象力［M］.陈强，张永强，译.北京：生活·读书·新知三联书店，2001.

［美］H. S. 康马杰.美国精神［M］.南木，等译.北京：光明日报出版社，1988.

［美］T. 帕森斯.现代社会的结构与过程［M］.梁向阳，译.北京：光明日报出版社，1988.

［美］艾尔·巴比.社会研究方法（第11版）［M］.邱泽奇，译.北京：华夏出版社，2009.

［美］博克.回归大学之道——对美国大学本科教育的反思与展望［M］.侯定凯，梁爽，陈琼琼，译.上海：华东师范大学出版社，2008.

［美］布尔斯廷.美国人：建国历程［M］.中国对外翻译出版公司，译.北京：生活·读书·新知三联书店，1993.

［美］布尔斯廷.美国人：开拓历程［M］.中国对外翻译出版公司，译.北京：生活·读书·新知三联书店，1993.

［美］布尔斯廷.美国人：民主历程［M］.中国对外翻译出版公司，译.北京：生活·读书·新知三联书店，1993.

［美］哈里楠.教育社会学手册［M］.付松涛，等译.上海：华东师范大学出版社，2004.

［美］华勒斯坦，等.学科·知识·权力［M］.刘健芝，等编译.北京：生活·读书·新知三联书店，1999.

［美］杰弗里・C.亚历山大.社会学的理论逻辑（第一卷）［M］.夏光，戴盛中，译.北京：商务印书馆，2008.

［美］杰弗里・C.亚历山大.社会学的理论逻辑（第二卷）［M］.于晓，唐少杰，蒋和明，译.北京：商务印书馆，2008.

［美］鲁斯・华莱士，［英］艾莉森・沃尔夫.当代社会学理论：对古典理论的扩展（第六版）［M］.刘少杰，等译.北京：中国人民大学出版社，2008.

［美］乔纳森・H.特纳.社会学理论的结构［M］.邱泽奇，张茂元，译.北京：华夏出版社，2006.

［美］塔尔科特・帕森斯，［美］尼尔・斯梅尔瑟.经济与社会——对经济与社会的理论统一的研究［M］.刘进，等译.北京：华夏出版社，1989.

［英］安东尼・吉登斯.社会的构成：结构化理论大纲［M］.李康，李猛，译.北京：生活・读书・新知三联书店，1998.

［英］安东尼・吉登斯.批判的社会学导论［M］.侯定凯，译.上海：上海译文出版社，2007.

［英］安东尼・吉登斯.社会学方法的新规则——一种对解释社会学的建设性批判［M］.田佑中，刘江涛，译.北京：社会科学文献出版社，2003.

［英］安东尼・吉登斯.历史唯物主义的当代批判：权力、财产与国家［M］.郭忠华，译.上海：上海译文出版社，2010.

［英］杰西・洛佩兹，［英］约翰・斯科特.社会结构［M］.允春喜，译.长春：吉林人民出版社，2007.

［英］帕特里克・贝尔特.二十世纪的社会学理论［M］.瞿铁鹏，译.上海：上海译文出版社，2005.

谷贤林.美国研究型大学管理——国家、市场和学术权力的平衡与制约［M］.北京：教育科学出版社，2008.

郭忠华.现代性理论脉络中的社会与政治：吉登斯的思想地形图［M］.上海：上海人民出版社，2010.

侯钧生.西方社会学理论教程［M］.天津：南开大学出版社，2001.

金忠明，林坎利.大学—中小学合作变革的潜在冲突［J］.上海教育科研，2006（6）：13-16.

梁玲.美国大学与中小学伙伴合作实践探析［D］.重庆：西南大学，2010.

刘宝存.大学理念的传统与变革［M］.北京：教育科学出版社，2004.

刘少杰.当代国外社会学理论［M］.北京：中国人民大学出版社，2009.

施晓光.美国大学思想论纲［M］.北京：北京师范大学出版社，2001.

滕大春.美国教育史［M］.北京：人民教育出版社，1994.

王丹娜，谌启标.美国基于学校改进的大学与中小学合作伙伴建构［J］.外国中小学教育，2009（4）.

韦国锋.伙伴关系的形成——20世纪美国大学参与中小学教育改革的历史研究

［D］.北京：北京师范大学，2005.

吴康宁.从利益联合到文化融合：走向大学与中小学的深度合作［J］.南京师大学报（社会科学版），2010（3）.

吴艳.基于"八年研究"的大学与中小学关系述评——谈美国的一项教育改革实验［J］.外国中小学教育，2009（12）.

伍红林.美国大学与中小学合作教育研究：历史、问题、模式［J］.比较教育研究，2008（8）.

谢立中.西方社会学名著提要［M］.南昌：江西人民出版社，1998.

杨启光.美国大学与中小学伙伴关系的质量保证策略［J］.外国中小学教育，2007（11）.

张景斌.大学与中小学的伙伴协作：动因、经验与反思［J］.教育研究，2008（3）.

Atkin, J. M., Kennedy, D., & Patrick, C. L. Inside Schools: A Collaborative View ［M］. Philadelphia, PA: The Falmer Press, 1989.

Barth, R. S., & Guest, L. S. Improving Schools from Within: Teachers, Parents, and Principals Can Make the Difference ［M］. San Francisco, CA: Jossey-Bass Publishers, 1990.

Brixey, J. E. Examining Major Influences on Low Student Achievement through A University-Urban Middle School Partnership ［D］. University of Kansas, 2007.

Brooks, G. D. An Account of A School/University Collaboration ［D］. University of Pennsylvania, 1997.

Brown, P. R., & Amsler, M. Future Directions for School-College Collaboration ［J］. Policy Briefs, 1992, (18): 1-6.

Brown, S. E., & Jackson, W. K. The Cooperative Extension Service as a Model for University-School Collaboration ［J］. Education, 1983, 104 (1): 3-6.

Bullough Jr, R. V., & Kauchak, D. Partnerships between Higher Education and Secondary Schools: Some Problems ［J］. Journal of Education for Teaching, 1997, 23 (3): 215-233.

Callahan, C. A. A Rhode Island High School-University Partnership: Urban Students' Perceptions of College Readiness ［D］. Johnson & Wales University, 2010.

Carpenter, R. L., & Mahlios, M. C. Functional Relationships between Universities and Public School ［J］. Education, 1982, 102 (4): 339-342.

Chamberlin, M., & Plucker, J. P-16 Education: Where Are We Going? Where Have We Been? ［J］. Phi Delta Kappan, 2008, 89,(7): 472-479.

Christiansen, H., et al. Recreating Relationships: Collaboration and Educational Reform ［M］. Albany, NY: State University of New York Press, 1997.

Clark, B. R. The School and the University: an International Perspective ［M］.

Berkeley, CA: University of California Press, 1985.

Clark, M. R. A Successful University School District Partnership to Help San Francisco's K–12 Students Learn about Science and Medicine [J]. Academic Medicine, 1996, 71 (9): 950–956.

Cole, D. J., Tomlin, J., & Renick, P. School Renewal: Analysis and Findings from a School University Partnership [J]. Education, 1999, 119(4): 695–705.

Crayton, P. N. Co-constructed Community, School, and University Partnerships for K–12 School Reform [D]. University of Southern California, 2009.

Daly, W. T. College-School Collaboration：Appraising the Major Approaches [M]. San Francisco, CA: Jossey-Bass, 1985.

DeVaney, S. B., & Brendel, J. M. A School/University Partnership: Insights on Effective Collaboration [J]. TCA Journal, 2001, 29 (2): 132–139.

Duenas, C. A Qualitative Case Study of a University-School Partnership [D]. University of California, Los Angeles, 2005.

Harkavy, I., & Hartley, M. University-School-Community Partnerships for Youth Development and Democratic Renewal [J]. New Directions for Youth Development, 2009, 122 (Summer): 7–18.

Houck, J. W., Cohn, K. C., & Cohn, C. A. Partnering to Lead Educational Renewal: High-Quality Teachers, High-Quality Schools [M]. New York, NY: Teachers College Press, 2004.

Keller, D. The Philadelphia World History Project: A Case Study in School-University Collaboration [D]. New York University, 2006.

Kirkwood, T. F. Integrating an Interdisciplinary Unit in Middle School: A School-university Partnerships [J]. The Clearing House, 1999, 72 (3): 160–163.

Kirst, M. W., & Venezia, A. From High School to College: Improving Opportunities for Success in Postsecondary Education [J]. San Francisco, CA: Jossey-Bass Publishers, 2004.

Klinkose, D. J. A Public Schools/University Partnership: Model for School Renewal [D]. Indiana University, 1991.

Krueger, C., & Rainwater, T. P–16: Building a Cohesive Education System from Preschool through Postsecondary [J]. Peer Review, 2003,(Winter): 4–8.

Ledoux, M. W., & McHenry, N. Pitfalls of School-University Partnerships [J].The Clearing House, 2008, 81 (4): 155–160.

Lefever-Davis, S., Johnson, C., & Pearman, C. Two Sides of a Partnership: Egalitarianism and Empowerment in School-University Partnerships [J].The Journal of Educational Research, 2007, 100 (4): 204–210.

Luce , R. H. School-University Partnership: A Case Study [D]. University of

Massachusetts Lowell, 2005.

Macintosh, R. The Brigham Young University/Public School Partnership, 1978—1988 [D]. Brigham Young University,1996.

Maeroff, G. I. School and College: Partnerships in Education [R]. Princeton, NJ: The Carnegie Foundation for the Advancement of Teaching, 1983.

Maeroff, G. I., Callan, P. M., & Usdan, M. D. The Learning Connection: New Partnerships Between Schools and Colleges [M]. New Yourk, NY: Teachers College press, 2001.

Mahlios, M. C. & Carpenter, R.L. Political Economy as a Conceptual Framework for the Analysis of School-University Cooperation [J]. Education, 1982, 103 (1): 15-21.

Mariage, T. V., & Garmon, M. A. A Case of Education Change: Improving Student Achievement through a School-University Partnership [J]. Remedial and Special Education, 2003, 24(4): 215-234.

Maxson, S., & Schwartz, D. School University Collaboration for Reform in California: the DELTA Project [J]. The Clearing House, 2001, 74 (5): 251-256.

Mayers, C. M., & Schnorr, D. L.. Getting It Together : Effective Strategies for University/School Partnerships [J]. Education, 2003, 124(1): 108-114.

Metcalf, T. F. Making Sense of Collaboration: Perceptions of Participants in A School-University Collaboration [D]. Texas A&M University, 1994.

Miller, J. N. Perceptions of University Faculty, Administrators, and Staff Engaged in the Shared Governance of University-School District Partnerships [D]. Seattle University, 2010.

Miller, M. M. The Design Process of an Alternative Leadership Preparation Program: A Case Study of a School-University Partnership [D]. University of Virginia, 2008.

Mitchell, S. Effective Educational Partnerships: Experts, Advocates, and Scouts [M]. Westport, CT: Praeger Publishers, 2002.

Nelson, A. J. Characteristics of a School-University Partnership: a Grounded Theory Approach [D]. Illinois State University, 2006.

Nunley, C. R., Shartle-Galotto, M. K., & Smith, M. H. Working with Schools to Prepare Students for College: A Case Study [J]. New Directions for Community Colleges, 2000, 111(Fall): 59-71.

Oettinger, L. A. M. A Case Study of an Emerging School-University Partnership [D]. Ohio University, 1998.

Ortiz, H. The Effects of School-University Partnerships on Middle School Restructuring: A Survey [D]. Fordham University, 2002.

Parent, S. B. Collaborative Evaluation in a School-University Partnership [D]. Brigham Young University, 1999.

Parsons, T., & Platt, G. M. The American University [M]. Cambridge, MA: Harvard University Press, 1973.

Ravid, R., & Handler, M. G. The Many Faces of School-University Collaboration: Characteristics of Successful Partnerships [M]. Englewood, CO: Teacher Ideas Press, 2001.

Richards, M., Elliott, A., Woloshyn, V., & Mitchell, C. Collaboration Uncovered : the Forgotten, the Assumed, and the Unexamined in Collaborative Education [M]. Westport, CT: Bergin & Garvey, 2001.

Rose, J. D. OTUS: The Story of a School-University Partnership [D]. Indiana University, 1994.

Schlichtemeier, K. Creating School-University Partnerships for Educational Renewal: A Case Study of the Brigham Young University/Public School Partnership [D]. University of California, Los Angeles, 1996.

Sirotnik, K. A., & Goodlad, J. I. School-University Partnerships in Action : Concept, Cases, and Concerns [M]. New York, NY: Teachers College Press, 1988.

Smedley, L. Impediments to Partnership: A Literature Review of School-University Links [J]. Teachers and Teaching: Theory and Practice, 2001, 7 (2): 189–209.

Smith, A. Perceptions of a University-School Collaborative Partnership [D]. The University of Alabama, 2009.

Stanza, D. J. A Case Study of a School-University Partnership in a State Takeover District [D]. Columbia University Teachers College, 1993.

Tell, C. A. The Oregon PASS: Delivering on the Promise of a K–16 System [J]. Peer Review, 2003 (Winter): 21–23.

Thomas, S. L. School-University Partnership Reform: A Study of the Factors that Strengthen and Weaken Collaboration [D]. University of Southern California, 2004.

Torre, N., & Shields, J. S. S. Strides toward Equity in an Urban Center: Temple University's Professional Development School Partnership [J]. The Urban Review, 1999, 31(3): 243–262.

Trubowitz, S., & Longo, P. How It Works : Inside a School-College Collaboration [M]. New York, NY: Teachers College Press, 1997.

Tsui, A.B.M., Edwards, G., & Lopez-Real, F. Learning in School-University Partnership: Sociocultural Perspectives [M]. New York, NY: Routledge, Talor and Francis, 2009.

Wangemann, P. Successful University-Public School Partnerships: the Union of Theory and Practice［D］. Brigham Young University,1988.

Warren. L. L., & Peel, H. A. Collaborative Model for School Reform through a Rural School/University Partnership［J］. Education, 2005, 126(2): 346–352.

Wechsler, H. S. Access to Success in the Urban High School: The Middle College Movement［M］. New York, NY: Teachers College Press, 2001.

Whitney, L. C. School-University Partnerships: Interacting, Teaching, and Learning［D］. The Claremont Graduate University, 1996.

Wood, D. B. School-University Partnerships: an Exploration of the Relationship［D］. The College of William and Mary, 1996.

Wooldridge, N. D. A Process for Co-Constructing Community-School-University Partnerships to Transform An Urban High School and Widen the Post-Secondary Opportunities for Urban Youth［D］. University of Southern California, 2009.

Zimpher, N. L., & Howey, K. R. University Leadership in Urban School Renewal［M］. Westport, CT: American Council on Education and Praeger Publishers, 2004.

后　记

本书是在我的博士论文基础上修改完成的。本书能够得以出版，首先感谢我的导师刘宝存教授。在三年攻读博士期间，刘老师给予了无尽的关怀与帮助。博士论文的选题、框架确定和修改，刘老师都给予了悉心指导，没有刘老师的指导，我的博士论文是很难完成的。在找工作的过程中，刘老师也给予了我许多帮助。师恩难忘，我唯有继续努力，才能报答刘老师的这份情谊！

感谢北京师范大学国际与比较教育研究院的所有老师，尤其是在博士论文开题过程中给予我宝贵意见的高益民教授、谷贤林教授、马健生教授、曲恒昌教授、肖甦教授。我的博士论文框架结构的调整直接得益于他们的宝贵意见。

感谢我的硕士生导师郑富兴教授。在博士论文的选题与思路探寻过程中，郑老师给予了我耐心的指导，在平时的学习和生活中，郑老师也给予了不少帮助。感谢四川师范大学的刘世民教授，刘老师一如既往地关心我的学业和生活。感谢华南师范大学的董标教授，董老师馈赠的著作《毛泽东教育学》一书对我博士论文的写作思路启发很大。感谢中山大学的郭忠华教授，在撰写博士论文期间，我曾就所运用的结构化理论的相关问题请教了郭老师，郭老师给予我详尽的解答。

感谢劳凯声教授、石中英教授、檀传宝教授、郑新蓉教授、朱旭东教授等，在他们精彩的方法论课程教学中，我学到了很多。感谢北京师范大学哲学与社会学学院的李红教授、田平教授，在她们的哲学原著选读课程上，我不仅学习了一些西方哲学家的主要思想，更重要的是获得了哲学思维的训练。

感谢四川省教育科学研究所研究员王真东老师。2009年我考取博士研究生时，王老师不仅欣然同意我继续深造，而且为了减轻我的经济负担，继续为我提供在《教育科学论坛》杂志社做编辑工作的机会。在寒暑假回成都看望王老师时，王老师每次都告诉我放心学习，而且告诉我，毕业时如果愿意回去继续工作，他会非常欢迎，而如果有更好的就业选择，他也会全力支持我。王老师的这份恩情，我将永远铭记！

感谢中国教育科学研究院国际与比较教育研究所王素所长、田辉副所长以及姜晓燕老师、李建忠老师等给予我工作上的帮助与支持。

感谢在背后一直默默支持我的所有亲人，亲人的支持是我这么多年来能够不断前行的巨大动力！尤其感谢我的母亲！在父亲2015年不幸患病去世后，母亲独自一人承担了家庭的责任，但母亲从来没有抱怨过。这么多年来，母亲为我付出了很多，这份伟大的母爱，是我永远的财富，值得我一生珍惜与报答！

张永军

2019年教师节

图书在版编目（CIP）数据

合作共生：美国的U-S伙伴协作 / 张永军著. — 上海:上海教育出版社,
2020.10
（基础教育国际比较研究丛书 / 顾明远主编）
ISBN 978-7-5720-0293-9

Ⅰ.①合… Ⅱ.①张… Ⅲ.①高等教育－合作－中小学教育－教育研究
－美国 Ⅳ.①G639.712

中国版本图书馆CIP数据核字(2020)第185791号

策　　划　袁　彬　董　洪
责任编辑　毛　浩
书籍设计　陆　弦　周　吉

基础教育国际比较研究丛书
顾明远　主编
合作共生：美国的U-S伙伴协作
张永军　著

出版发行　上海教育出版社有限公司
官　　网　www.seph.com.cn
地　　址　上海市永福路123号
邮　　编　200031
印　　刷　上海展强印刷有限公司
开　　本　640×965　1/16　印张17　插页3
字　　数　204 千字
版　　次　2020年10月第1版
印　　次　2020年10月第1次印刷
书　　号　ISBN 978-7-5720-0293-9/G·0217
定　　价　58.00 元

如发现质量问题，读者可向本社调换　电话：021-64377165